SV

Hommage à Hrabal

Herausgegeben von Susanna Roth

Suhrkamp

Erste Auflage 1989

Hinweise zu dieser Ausgabe am Schluß des Bandes
Satz und Druck: MZ-Verlagsdruckerei GmbH, Memmingen
Printed in Germany

Inhalt

Siegfried Unseld, Das große Fragezeichen des Wunderbaren. Prolog zu *Hommage à Hrabal* 9
Susanna Roth, Emigrant der Ewigkeit 15

Wer ich bin

Wer ich bin 1 23
Bilder, von denen ich lebe 37
Wer ich bin 2 57
Lob eines Berufes 61
Wer ich bin 3 65
Das schönste Silvester 69
Wer ich bin 4 72
Bilder, die mich umschwärmen 78
Wer ich bin 5 81

Gespräch Am Damm zur Ewigkeit 87
Gespräch mit Karol Sidon 96
Gespräche mit Sergio Corduas 101
Prager Ironie 101
Interview mit einem verrohten Pierrot 107
Gespräch mit mir selbst 112

Wer er ist

Ludvík Vaculík, Auf Hrabal-Fang 125
Karel Marysko, Dem Freund 127
Josef Hiršal, Bohouš' Start 133
Josef K., Hrabals *Verlorenes Gäßchen* 141
Bohumil Hrabal, *Keine Kollektion. Mathias. 1947-1948* . 149
Hilde Ziegler, Rabal 156
Sylvie Germain, Hrabal – ein Archipel 159

François Fejtö, Ein Dichter in dürftiger Zeit 164
Petr Král, Er akzeptiert die Wirklichkeit 168
Emanuel Frynta, Kneipengeschichte und Surrealismus . 176
Péter Esterházy, Wollen Sie das Goldene Budapest sehen? 187
Jindřich Toman, Fressen, Essen. Und andere Unterschiede zwischen Hašek und Hrabal 204
Josef Škvorecký, Amerikanische Motive bei Hrabal . . . 216
Miklós Mészöly, Pardon 228
Hans Manz, Bemerkungen eines späten Lesers 233
Jiří Kolář, Hommage à Hrabal: Drei Collagen 236

Hrabals Leben in Bildern

Seiten 241-276

Anhang

Zeittafel 277
Autoren 283
Quellen- und Übersetzerhinweise 289
Zum Bildteil 293

Hommage à Hrabal

Siegfried Unseld
Das grosse Fragezeichen des Wunderbaren
Prolog zu *Hommage à Hrabal*

Ich hatte nicht erwartet, daß Bohumil Hrabal am Morgen des 14. April 1988 am Prager Flughafen warten würde, um uns abzuholen. Fast zufällig sah ich eine Erscheinung, die mich freilich zuerst und zunächst an Papst Johannes Paul, an Woityła, an den Schauspieler erinnerte, aber dann war es doch der alte Meister, der sich freute über meine Freude, ihm wiederbegegnen zu können. Wir fuhren ins Hotel, das Taxi bezahlte er, legten unsere Sachen ab, und sogleich ging es zur ersten Station unserer Reise, dem jüdischen Friedhof. Die bizarr eingekeilten, aufeinandergeschichteten Gräber kann ich, seitdem ich das zum ersten Mal sah, nicht vergessen. Am Grab des Rabbi Löw stehen wir staunend, hat er damals schon den computergesteuerten Roboter erfunden? Als wir unsere Bildung zeigen wollten und Rilke zitierten: »Weiser Rabbi, hoher Liva, hilf uns aus dem Bann der Not«, meinte Hrabal, immerhin, der Weise habe seine Tochter in die Not verstoßen, weil sie einen Christen liebte! Wir wandern über den Altstädter Ring, vorbei an Kafkas Geburtshaus, an dem Kleinsthaus, das Ottla für ihn gekauft hat. Wir schlendern über die Karlsbrücke. Vor der Statue des heiligen Nepomuk bleibt Hrabal stehen: Man muß die fünf Sterne um sein Haupt sehen, auf ihnen stehen die Buchstaben t – a – c – u – i: ich habe geschwiegen. Auch Hrabal kann das sagen, ich habe geschwiegen. Dann fragt er mich doch, ob ich wüßte, daß Nepomuk sich geweigert habe, dem König Wenzel die Beichte seiner Gattin zu offenbaren, und deshalb sei er gefoltert und in der Moldau ertränkt worden, die fünf Sterne sind Zeichen der Lichterscheinung in der Moldau, die zum Auffinden der Leiche geführt und die spätere Verklärung Nepomuks bewirkt haben, die des Märtyrers, des Beichtgeheimnisses, des Patrons bei Wassernot und schuldloser Verdächtigungen. Wie sehr wir Tschechen einen solchen Patron brauchen, meinte Hrabal, wie oft sind wir solchen schuldlosen Verdächtigungen als Bedrohungen ausgesetzt. Freilich, Hrabal lacht und zitiert die Fürstin Libuše aus dem 6. Jahrhundert: »Das tschechische Volk soll nie sterben.« – Wir begleiten Hrabal noch zum Goldenen Tiger, seiner Stamm-, Haus-, ja seiner Heimatkneipe; Frauen drängen sich an ihn, seine mitleiderweckende Alleinigkeit zieht barmherzige Schwestern und hilfsbereite Mütter an; doch meist sitzt er da hinter seinem Bierglas und schweigt. Hört zu, wie die Leute um ihn herum reden, das sind die »Bafler«, sie sprechen ihre Sprache, nicht Umgangssprache, sondern einen Slang, über den Hrabal reflektierte: »Der Slang stört die Sprache schöpferisch in Richtung Überraschung, Verfremdung, Unverhofftheit. Slang ist Abwehr des Konventionellen und Erstarrten, ist Bemühung um Verbotenes, ist Experiment in und mit der Sprache, ist manchmal auch Ironie und Provokation.« Hrabal braucht das Hören dieser Sprache. Gerade an diesem Ort glaubt man ihm, wenn er sagt, er könne nie sein Land verlassen. Dieser Einzige, der von den Großen der sechziger Jahre heute noch in Prag lebt, will nicht ins Ausland, will nicht ins Exil. Aber Prag – der Goldene Tiger – dies ist sein Exil.

Am nächsten Morgen fahren wir früh zu dem neuen jüdischen Friedhof, um Kafkas Grab zu besuchen, doch der Friedhof ist geschlossen; wir umfahren ihn, Hrabal weiß, wo man an der Begrenzungsmauer dem Grabe am nächsten kommt; er sucht zwei Steine und wirft sie über die Mauer auf Kafkas Grab. Wieder am Altstädter Ring, immer noch das Herz der Stadt. Hrabal zeigt uns den Salon der Frau Berta Fanta, wo früher tschechische Dichter aus- und eingingen, wo Kafka mit Einstein zusammentraf. Unübersehbar das Rathaus, die astronomische Uhr, die Häuser aus der Zeit der Gotik und des Barock. In der Mitte des Rings das Denkmal des Jan Hus; wir mußten schnell an ihm vorübergehen. Hrabal liebt weder das Denkmal noch den, der auf dem Stein steht. Jan Hus sei zu fanatisch gewesen und sein, das in Konstanz gesprochene und die Hinrichtung auslösende »Nein zur Lüge« sei doch wirklich zu wenig menschlich. So leuchtete es in Momenten auf, das Wunder von Prag, fast zur selben Zeit haben in verschiedenen Sprachen Kafka den *Prozeß* und Hašek den *Schwejk* in benachbarten Gassen geschrieben, der Unbedingte und der listig Überlebende; es gibt es also noch, Rilkes Prag, Mozarts Prag, Smetanas Prag, Keplers Prag; es gibt nicht mehr das Prag der sechziger Jahre, das ich noch erlebte, das Feuerwerk künstlerischer Hochleistungen wie die Filme Formans, Krejčas Inszenierungen, Holans Gedichte, Havels Stücke, eben die »Bafler« und die *Tanzstunden für Erwachsene und Fortgeschrittene*. Hrabal geht mit uns durch das Museum Prag, doch dies Alte, das den Charme dieser Stadt ausmacht, das Zerbröckelnde, nicht Renovierte, erzeugt auch Staub, der sich wie ein Schleier über Fenster, Straßen, Autos legt. Und ein Schleier des Bedrücktseins liegt auch über den Menschen, die doch Weltmeister im Überleben und Weltmeister im Freundlichsein sind. In der Meiselgasse habe Apollinaire, so Hrabal, den ewigen Juden getroffen, und in der Nepomuk-Kapelle der Nikolauskirche habe Apollinaire vor den böhmischen Edelsteinen gestanden und in ihrem Spiegel tief erschrocken sein eigenes Gesicht entdeckt, das Gesicht der Eifersucht. Wir waren Stunden bei den böhmischen Madonnen und waren hundemüde, als Hrabal uns aufforderte, eine Sammlung von Monstranzen in einem Kloster des Hradschin anzusehen. Wir zögerten, folgten ihm schließlich, er zog uns durch eine Gegend, in der es noch viele deutsche Aufschriften gab; sonst in Prag versucht man ja aus verständlichen Gründen das Deutsche zu löschen, ganz gelingt es nicht, denn aus der Moldau kann man doch schwer die Vltava machen, denn nur im Grunde der Moldau, nicht in dem der Vltava, wandern die Steine, und drei (deutsche) Kaiser liegen begraben in Prag ... Wir Tschechen, meint Hrabal, sind Chauvinisten, das soll man nicht vergessen. Sein Blick in die Geschichte: die Germanen, die Deutschen kamen und gingen oder wurden gegangen, die Slawen kamen und blieben; auch jetzt würde bleiben, was ist; freilich, der Streit, wer mächtiger ist, Politik oder Geschichte, sei noch nicht ausgefochten ... Dann im Kloster die Sammlung der Monstranzen; in der Massierung haben diese Vasa sacra etwas Monströses, etwas Heidnisches. Wer hat sie zusammengetragen, die Nazis vielleicht, die auf Befehl Himmlers auch jüdische Kultgegenstände aus aller Welt in Prag als Dokumente einer ausgestorbenen Rasse sammelten? Vergangenheit, Erinnerung, Schuldgefühl. »Meine Texte«, so hat Hrabal einmal geschrieben, »sind vorläufig die Strafe dafür, daß ich zwischen Verbrechen und Schuldlosigkeit schwanke und die endgültige Abrechnung wie auch den Urteilsspruch hinausschiebe ... Erst jetzt schlage ich die Hände über mir zusammen, wenn ich mir meine Vergangenheit bewußt mache, ich kann mir selbst keine Absolution erteilen, und so bin ich wenigstens standhaft darin, daß ich durch den Text und im Text das Gefühl meiner Schuld trage. Und dabei lächle ich schief. Das ist mein Galgenhumor ... meine Prager Ironie.« Und wieder taucht Hrabal in den Goldenen Tiger ein, diesmal gesprächig, man kann sich vorstellen, wie er anfängt, in einem einzigen Satz seine satzzeichenlosen *Tanzstunden* zu erzählen: »Wie jetzt zu Ihnen, mein Fräulein«, es ist jene Paraphrase auf Joycens Monolog, von dem Hrabal meinte, »dieses Schlummerlied ohne Interpunktion sei deshalb ohne Interpunktion, weil Joyce in Frau Molly die Erde symbolisieren wollte, die bekanntlich keine Grammatik kennt«. Und er stellt mich am Tische den Leuten vor, die da hinter ihrem Bierglas sitzen, ich sei sein deutscher Verleger, erinnere ihn an Odysseus, weil ich immer auf Reisen sei und dann doch immer wieder heimkehre. »Der Goldene Tiger ist eine so heiser geschriene Kneipe, eine kleine Universität, wo die Leute sich unter dem Eindruck des Biers Geschichten und Begebenheiten erzählen, die die Seele verletzten, und über den Köpfen schwebt in Form von Zigarettenrauch das große Fragezeichen des Absurden und Wunderbaren im menschlichen Leben.« Wir ließen ihn dort und gingen in der Dämmerung in Richtung auf unser Hotel, Prag in der Stunde der Dämmerung, in der Stunde »zwischen Hund und Wolf«; gerade jetzt dominierte die Moldau, die ganze Stadt scheint auf sie ausgerichtet zu sein. Und am Abend die Lichter, sie zeigen doch ein kleines Stückchen des goldenen Prag.

Bei alledem: ein Dichter im Exil im eigenen Land, das erlebte Aufscheinen dessen, was einmal war, die Gegenwärtigkeit der hrabalschen Motive und Figuren, Wirklichkeit und Fiktion, das Vermeiden des Neins der Lüge – wir konnten nicht viel über seine eigenen Arbeiten sprechen, ich wollte ihm zum

75. Geburtstag eine Gesamtausgabe vorschlagen, zwölf Bände würde sie mindestens umfassen, er wehrte ab, nein, keine Gesamtausgabe, nur eine Auswahl. Bekenne er sich nicht zu all dem, was er geschrieben habe? Doch. Aber sein Bekenntnis sei das eine, das andere das, was ihm wirklich überlieferungsfähig erscheine. Bitte, so bedrängte er mich, nicht gesammelte, sondern ausgewählte Werke; doch auch die Auswahl wollte er selbst nicht treffen, Susanna Roth sollte dies tun und sie mit uns diskutieren. Ich deutete ihm als Überraschung eine *Hommage à Hrabal* an, sie sollte eine Collage werden aus Texten von ihm, »Wer ich bin«, und Texten über ihn, »Wer er ist«: Gespräche, Erinnerungen, Essays, Erzählungen und dann Bohumil Hrabals Leben in Bildern. Er zögerte, ein solches Ruhm- und Preis-Buch sei doch wohl nur für einen Autor, der gestorben sei, für einen »toten Autor« also. Ich widersprach dem und konnte da auf Beispiele im eigenen Verlagshaus verweisen, auf Beckett und Frisch. Ihn freuten die Bilder zu seinem Leben. Er übergab mir noch ein Photo, das ihn als Reiter zeigte. Ritter, Tod und Teufel. Oder: Reiter über den Bodensee?

Früher Morgen, letzter Morgen.

Wir sind auf der Karlsbrücke verabredet. Auf der Karlsbrücke starb er, dreißig Jahre alt, schrieb Rilke und meinte jenen Krieg.

Schon Menschen auf der Brücke, schon Gewimmel, Kinder klettern an den Heiligenstatuen empor. Jubeln, Schreie, Paar um Paar geht an uns vorbei, Milá Holka, Hezká Holka, singt ein Glasglockenverkäufer und läutet. Wo ist Hrabal?

Vor dem heiligen Nepomuk steht eine Schulklasse, und die Lehrerin sagt: Johann von Nepomuk ist in Pomuk, im Süden Böhmens, um 1350 geboren. Er studierte Jura in Prag und Padua, leistete 1386 seinen juristischen Doctor decretorum, wurde Kanonikus, Archidiakon und später Generalvikar des Erzbischofs.

Aber wo ist Hrabal?

Und die Lehrerin sagt: Nepomuk geriet in Streit mit dem König Wenzel und wurde am 20. März 1393 in die Moldau gestürzt.

Und wo ist Hrabal?

Die Lehrerin sagt: Nepomuk wurde 1729 heiliggesprochen und ist heute der Schutzpatron der Flößer, Schiffer, Müller, der Patron der Verteidiger des guten Rufs.
Aber wo ist Hrabal?
Und wie die Lehrerin mit ihrer Schulklasse zum nächsten Heiligen geht, sehen wir, daß da zu Füßen des Nepomuk ein alter Mann sitzt. Ist er alt? Ist es ein Mann? Ist es Hrabal? Ist es Dr. jur. Hrabal, Verteidiger des guten Rufs seiner Landsleute? Oder ist Nepomuk aus seinem Abbild herausgestiegen? Wessen Geschichte hat die Lehrerin erzählt? Ist die Zeit zurückgelaufen? Ist sie stehengeblieben? Steht sie still? Wir sind in Prag. Das ist Hrabal.
Wir verlassen die Brücke, die Uhr im Judenviertel läuft rückwärts. Er führt uns daran vorbei zum Jesuitenseminar. Er hat dem Glasglockenverkäufer zwei Glocken abgekauft, er läutet sie und schenkt sie uns. Gegenüber dem Jesuitenseminar haben die Hurenhäuser gestanden, sagt er. – Geistlichkeit und Prostitution so nah beisammen, wie verträgt sich das, frage ich. So brandet an die Klosterpforte das ganze Elend dieser Welt, schrieb Rilke ernst, und Hrabal antwortet fröhlich mit dem Hinweis auf das Erzbischöfliche Bordell zu Salzburg. Hat der Rabbi den Stab gehoben und aus dem Heiligen den Satyr gemacht?
Wir gehen zurück zur Brücke, wir steigen ins Auto, wir fahren an. Er steht vor der Brücke. Hinter ihm der Torbogen, der Brückeneingang. Er hebt eine Hand zum Gruß, dann beide Hände, segnet er uns? Gibt der Heilige Vater, der Woityła, der Schauspieler, der Schutzpatron, der Verteidiger des guten Rufs uns seinen Segen? Oder fallen ihm seine frühen Gedichtzeilen ein: »Man kann uns nicht von der Freiheit entlausen. Brüder.« Wir fahren, und er steht mit den erhobenen Händen in der Ferne, wird zur Statue, eine von den vielen, die dort stehen, geht über in den Kreis der Heiligen, in den Stein, in den Stoff, aus dem sein Prag gemacht ist.

Susanna Roth
Emigrant der Ewigkeit

»Einst glaubte ich, die Frühlingsvögel besängen in der Morgendämmerung das Aufgehen der leuchtenden Sonne. Heute weiß ich, in diesen kurzen Minuten schreien sie vor Entsetzen über das Licht.«
Bohumil Hrabal

Als Bohumil Hrabal fünfundfünfzig Jahre alt wurde, krönten Freunde und Leser ihn zum »König der tschechischen Prosa«. Die damalige Geburtstagsfeier in einer Kneipe von Kersko lösten gewissenhafte Hüter des Gesetzes gewaltsam auf – eines von unzähligen Paradoxa in Hrabals Leben, die meist in seine Literatur Eingang gefunden haben (diesen »Überfall im Wald« hat der Autor Jahre später in der Romantrilogie *Hochzeiten im Haus* geschildert). Seither sind zwanzig Jahre vergangen, Hrabal ist der unbestrittene König geblieben und inzwischen zum Nestor der tschechischen Schriftsteller geworden – und den Machthabern ist er in mancher Hinsicht noch immer ein Dorn im Auge.

In den während der sechziger Jahren veröffentlichten Bafler-erzählungen hatte das scheinbar sorglose Geschwafel der Kneipengeschichten überwogen, voll von tragikomischem Humor und grotesken Hyperbeln, die den Leser zum Lachen provozierten. Anfang der siebziger Jahre vermittelt der Verlust geliebter Menschen (innerhalb weniger Jahre starben Hrabals Eltern und der Onkel Pepin, seine wichtigste Muse) den Impuls zu einer literarischen Rückkehr an den Ort der Kindheit, um »durch den Text eine Schönheit zu retten, die längst von der gnadenlosen Zeit verschlungen war«, einer Rückkehr an die Ufer der Elbe, die der Leser in der Trilogie *Das Städtchen am Wasser* nachvollziehen kann. Hrabal schreibt gegen das Vergessen und das Verfälschen der Vergangenheit an, und in den neueren Texten tritt immer klarer in den Vordergrund, was Emanuel Frynta bereits 1968 in die Worte faßte: »Hrabal sieht den Menschen als tragisches Wesen, Mißerfolgen, Qualen, Tränen und dem Tod verschrieben. Ein Wesen, das umso tra-

gischer ist, als es in den meisten Fällen gegen die grausamen Zufälle des Schicksals keinen Schutz gibt...«
Hinter den endlosen Sätzen der Hrabalschen Antihelden waren auch früher Einsamkeit und Angst vor dem Alleinsein verborgen, nun wird dieses Bewußtsein vermehrt thematisiert, am prägnantesten vielleicht in *Allzu laute Einsamkeit*, einem der Schlüsseltexte für das Verständnis von Hrabals Ethik und Ästhetik. Der Altpapierpacker Haňťa, ein Baron Münchhausen, der dazu verdammt ist, in einem Keller Bücher einzustampfen, macht klar, daß neben dem Mythos von Nymburk der Mythos von Sisyphus bestimmend geworden ist: es geht nicht mehr nur um die Rettung der Kindheit, sondern um die Rettung einer ganzen Kultur. Diese Erzählung ist eine scharfe Kritik an der sogenannten Normalisierung, an der »Wüste des organisierten Vergessens« oder der »Welt ohne Gedächtnis« (Milan Kundera). Wie die Mechanismen funktionieren, die in Gang gesetzt wurden, um die Zivilisation des Vergessens zu installieren, hat Hrabal wiederholt am eigenen Leib, respektive an seinen eigenen Texten, erfahren: praktisch alles mußte umgearbeitet werden, um in den sechziger wie auch seit der zweiten Hälfte der siebziger Jahre veröffentlicht zu werden. Das ist gewiß mit ein Grund, weshalb Gedächtnis und Vergessen eine derart wichtige Rolle spielen. Und gerade die Beschäftigung mit dieser Problematik zeigt die geistige Verwandtschaft zwischen Hrabal und Kundera, trotz des diametral entgegengesetzten Stils ihrer Werke.
(Es ist gerade das Gegensätzliche, was den einen an der Wortkunst des andern fasziniert: Kundera nennt Hrabal »eine der glaubwürdigsten Verkörperungen des magischen Prag, eine wunderbare Verbindung von volkstümlichem Humor und barocker Phantasie«, Hrabal bewundert die perfekt durchdachte Struktur von Kunderas Romanen sowie dessen Essays). Das imaginäre Böhmen des einen ist nämlich gar nicht so weit entfernt vom konkreten Elbstädtchen oder dem Prag der Kloaken und Kanalisationen des andern.
Während der Satz »Der Kampf des Menschen gegen die Macht ist der Kampf des Gedächtnisses gegen das Vergessen« als Motto über dem *Buch vom Lachen und vom Vergessen* wie auch

der *Allzu lauten Einsamkeit* stehen könnte, ist dennoch die Botschaft eine andere. Bei aller Verwandtschaft zwischen diesen beiden Schriftstellern ist Hrabals Schlußfolgerungen Kunderas skeptischer Pessimismus fremd: sie bleiben hoffnungsvoll. Er warnt zwar vor der Vernichtung von Werten, glaubt aber letztlich an deren Unzerstörbarkeit. Er glaubt an das Weiterleben der Jugend in der Literatur, selbst wenn deren Stätten zerstört sind, an die Unversehrbarkeit des Buches, selbst wenn man es zu Altpapier preßt: »... die Inquisitoren auf der ganzen Welt verbrennen die Bücher vergebens, und wenn die Bücher Gültiges enthalten, hört man sie im Feuer leise lachen, denn jedes ordentliche Buch zeigt immer woandershin und über sich selbst hinaus.« Diese Überzeugung führt den Schriftsteller dazu, seine schwierige Rolle in der Gesellschaft wahrzunehmen und, gleich Sisyphus, immer wieder von neuem anzufangen, um eine Schönheit zu schaffen, wenn auch deren Wesen nur von wenigen wahrgenommen werden sollte.

Der vorliegende Band wurde zu Ehren des fünfundsiebzigjährigen Hrabal zusammengestellt; er vereinigt die Stimme des Autors mit vielen anderen, die sich seiner erinnern oder über dessen Literatur sprechen. Dem deutschen Leser bietet er eine Gelegenheit, mehr über das Leben und das Werk dieses berühmten und trotzdem noch unbekannten Prager Oberbaflers zu erfahren. Eine Reihe von größtenteils unveröffentlichten autobiographischen Aufzeichnungen älteren und neueren Datums wird ergänzt durch ausgewählte Gespräche, in denen der Autor sich nicht nur über sein vergangenes Leben, sondern auch über seinen Außenseiterkomplex, die Prager Ironie, sein Verständnis von Schreiben und Literatur und vieles andere mehr äußert. Enthalten sind neben Erinnerungen und Essays von alten Freunden, deren Bekanntschaft bis in die dreißiger, vierziger und fünfziger Jahre zurückreicht (Karel Marysko, Jiří Kolář, Josef Hiršal, Emanuel Frynta), Zeugnisse von Autoren, die den Schriftsteller erst spät und dank Übersetzungen kennen und schätzen gelernt haben, was um so bemerkenswerter ist, als Hrabals Wortkunst in erster Linie auf seiner vielschichtig und virtuos verwendeten Sprache gründet und diese sich einer

adäquaten Übertragung entzieht (François Fejtö, Sylvie Germain, Hilde Ziegler, Hans Manz). Kenner von Hrabals Gesamtwerk äußern sich zu einzelnen Aspekten seines Schaffens: zur frühen Lyrik (Josef K.), dem Verhältnis zur Wirklichkeit anhand von Erzählungen über die Zeit des Personenkults (Petr Král), der oft zitierten Verwandtschaft mit dem großen Vorgänger Jaroslav Hašek (Jindřich Toman) sowie der Beziehung zur amerikanischen Kultur (Josef Škvorecký). Die beiden ungarischen Erzählungen (Péter Esterházy, Miklós Mészöly) sind zwei künstlerische Geburtstagsgrüße aus jenem Land, in dem Hrabal jenseits der Grenzen seiner Heimat den bisher größten Erfolg hat, wo alle seine Bücher fast ebenso schnell ausverkauft sind wie in der Tschechoslowakei.
Zusammen mit Josef Škvorecký gehört Ludvík Vaculík zu jenen Autoren, die man heute häufig als »Generation« bezeichnet und mit der kurzen Blütezeit der tschechischen Kultur während der sechziger Jahre in Verbindung bringt. Das Trio Hrabal-Škvorecký-Vaculík verkörpert auf paradigmatische Weise das Schicksal jener Literatur nach 1968: während Hrabal zu Hause bleibt (»Ich bin weder ein innerer noch ein äußerer Emigrant. Ich bin ein Emigrant der menschlichen Unendlichkeit und der Ewigkeit.«) und nach achtjährigem aufgezwungenem Schweigen seit 1976 wieder publizieren darf, wandert sein Freund nach Kanada aus, wo er nicht nur sein literarisches Werk fortsetzt, sondern auch den bedeutendsten Exilverlag gründet. Vaculík, von dem bis heute offiziell nichts erscheinen konnte, wird in einer Art »Selbsthilfe« für die mit Publikationsverbot belegten Autoren zum Herausgeber der »Edition hinter Schloß und Riegel« (Edice Petlice), der produktivsten Samisdat-Reihe, die seit 1973 fast vierhundert Titel herausgebracht hat. Unter den ersten zwanzig figurieren vier Manuskripte Bohumil Hrabals (*Die Schur, Ich habe den englischen König bedient, Das Städtchen, in dem die Zeit stehenblieb* und *Der sanfte Barbar*), von denen nur das erste in Buchform erschienen ist. Diese beiden Schriftsteller schrieben ihre Beiträge also nicht nur als Kollegen des Jubilaren, sondern auch als dessen Interims-Verleger, die Aufgaben wahrnehmen (oft gegen den Willen Hrabals, immer aber im Interesse der tschechischen Li-

teratur), die von den staatlichen Verlagen vorläufig noch nicht befriedigend gelöst werden.
Bleibt zu hoffen, daß des Autors sehnlichster Wunsch, nämlich sein Werk in seiner Heimat gedruckt zu sehen (ohne Auslassungen und Veränderungen aus fremder Feder), bald in Erfüllung gehen wird.

Wer ich bin

Wer ich bin

1

Es würde mir im Traum nicht einfallen, die politischen Verhältnisse, in denen ich lebe, verändern zu wollen. Niemals habe ich mir gewünscht, die Sprache oder die Welt zu verändern, wenn ich Marx, wenn ich Rimbaud, wenn ich Mallarmé zitierte, wollte ich immer nur mich verändern, denjenigen, den ich in greifbarer Nähe hatte, mich selbst. Daher betrachte ich mich stets als Zeugen, niemals als schlechtes Gewissen der Zeit, dazu hat es nie gereicht, denn ich war von Kindheit an voller Bewunderung für die Wirklichkeit, die nicht ich geschaffen hatte, die bereits da war, bevor ich es war, ich, der ich mir nichts anderes wünschte, als sie widerzuspiegeln, weil selbst die furchtbarsten Ereignisse so viel Schönheit für mich hatten. Immer war ich dieser Schellenober, der mit der Schelle in der Hand unter der Sonne spaziert, und diese scheinbare Narrenkappe begleitet mich bis heute. Ich fühlte mich immer dadurch geehrt, daß ich als Fahrdienstleiter Zeuge des Zweiten Weltkriegs war, ich traute meinen Augen nie, so erschütternd waren diese drastischen Ereignisse, ebenso wie damals, als der Krieg zu Ende ging, da sah ich so viel schönes Entsetzen nebeneinander und hatte Anteil an so viel Leid in der Liebe, daß ich deswegen noch heute schlecht schlafe, denn mein scheinbar gewöhnliches Leben ist an sich schon dramatisch. Ich fühle mich dadurch geehrt, daß ich mit diesem Volk lebe, an dessen Qualitäten ich ebenso zweifle wie an meiner Moralität, eigentlich bin ich ein wenig ein Lästerer, ein Ketzer in den Dingen, durch die dieses Volk in einer gewissen idealen Ordnung lebt, auf die es hofft, die schließlich sogar auf seinem Wappen stehen, ich bezweifle sehr, ob die Wahrheit siegen wird, ich zweifle sehr daran, daß wir ein Volk sind, das sich die Wahrheit wünscht und seine Hoffnungen darauf setzt, ohne daß ich deswegen jenen die Größe abspreche, die diese Wahrheit geprägt und dafür bezahlt haben, wie Magister Jan Hus, wie der gute Georg von Podiebrad und letztlich auch Professor Masaryk. Nun lebe ich in eingeschränkter Souveränität, die Breschnew uns als unsere Wahrheit klargemacht hat, und dieser Satz stört mich nicht, ebensowenig wie jener, daß die Wahrheit siegen wird. Ich lebe genau so, wie ich gelebt habe und auch dann leben würde, wenn auf der Burg der Statthalter der Habsburger herrschte. Ich habe, um mich selbst zu schmieden, so viele Qualen mit mir selbst und so viele Qualen mit meinen Nächsten, daß ich keine Zeit habe für irgendwelche Veränderungen der politischen Verhältnisse, ja ich weiß nicht einmal, wovon jene sprechen, die sich diese Veränderungen herbeiwünschen, denn ich möchte nur mich selbst verändern, ich wünschte mir, jene Himmel zu erreichen, in denen ich von mir sagen könnte, ich bin, wer ich bin ... Ich bin nur mein eigenes schlechtes Gewissen, vorläufig. Von allem, was mir zugestoßen ist, habe ich stets gedacht, daß es nur mir zustoßen könne, darum habe ich das, was ich zu schreiben begonnen und was ich fertig geschrieben habe, immer präsentiert, als hätte es jemand anders geschrieben, so verlegen haben sie mich gemacht, meine ersten Texte, daß ich mich dafür schämte. Erst als ich dann in die Welt hinauszog und lernte, mich den anderen hinzugeben, als ich mich in der Kneipe freute, daß das, was nur mir zugestoßen war, auch anderen zustieß, erst das machte mir dann Mut, weil ich trotz allem nicht so allein war. Und so habe ich viele Jahre lang den anderen gelauscht, so daß meine größten Geheimnisse, meine größten Unverschämtheiten, meine größte Verlassenheit und auch meine so zärtlichen Vertraulichkeiten nicht nur meine heimlichen Gebrechen sind, sondern auch die der anderen, mit größerer Intensität, mit größerer Spannung oszillieren sie in ganzen Gruppen, so daß ich angefangen habe, all das, was den anderen zustößt und zugestoßen ist, als etwas anzusehen, was mir zugestoßen ist, ich freue mich um so mehr, wenn es mir dann tatsächlich zustößt, und so gebe ich das, was den anderen zugestoßen ist, lieber sofort als etwas Eigenes aus. Und auf diese Weise festigte ich mich irgendwie in den anderen, irgendwie bekam ich den Mut, auf dünnes Eis zu treten, auf ein Dach, durch das die Seele einzubrechen drohte, ich ermunterte mich, all das, von dem ich glaubte, es gehöre allein mir, in den Kneipen zu suchen. Meine Kneipen, sie waren nie ein Büro, nie eine Art Beichtstuhl, ich bin nicht nur in die

Kneipen gegangen, um Fragen zu stellen, sondern auch, um einfach so dazusitzen und nicht Gewalt zu üben, damit ich mich nicht benehme wie Reporter, wie Meinungsforscher, so saß ich also da und trank und lauschte und wartete, bis auf einmal irgend jemand nicht absichtlich, sondern unter dem Eindruck des Augenblicks selbst zu erzählen anfing, so wie ich, wenn ich mich nicht an die Schreibmaschine setzen will, jedoch es muß, so also begann auch jener andere von etwas zu erzählen, was unsozial, empörend, ja sogar widerlich schien, was Mord, was Unzucht nahekam ... in solchen Momenten in der Kneipe habe ich das Gefühl, zu mir selbst zu sprechen, als mein öffentlicher Ankläger und Beichtvater zugleich, daß all das, wovon ich glaubte, es sei einzig und allein nur mir selbst zugestoßen, etwas Allgemeines ist, daß sogar dieser Erzähler und Selbstankläger nur gekommen, nur geboren worden ist, um mir zu helfen, meine Andersartigkeit, meine Eigenheiten, meine geheimsten Wünsche und Perversionen zu tragen ... Ich versuche, mein tiefes Nichtwissen dadurch zu erlangen, daß ich mein Bewußtsein so gut wie möglich ins Unterbewußtsein verschiebe und erst dann versuche, mein vergangenes Leben mit der Helle des Bewußtseins zu beleuchten, um mich selbst zu retten, um langsam zu genesen. Meine Literatur und folglich meine Texte sind nichts anderes als die Suche nach meiner verlorenen Zeit, ich bin verblüfft darüber, zugleich aber amüsiert es mich, deshalb hebe ich das Vergnügliche an meinen Texten derart hervor, ich amüsiere mich selbst an der Schwierigkeit einer solchen Suche. Ich betrachte alle meine Retardationen keineswegs als gewollt, bemühe mich nicht, das zu schreiben, was ich weiß, sondern jenes zu erfahren, was ich noch nicht weiß. Ich tue also nicht so sehr, was ich will, sondern was ich nicht will, ich weiß, daß man nicht gegen den Wind pinkeln, daß man sich die Hände nicht an Dingen verbrennen soll, die man nicht löschen kann. Allein stehe ich vor meinem Gericht, und mein inneres Gericht ist ein großes Infragestellen, Anklage und Verteidigung zugleich, ich bin mein eigener Staatsanwalt und mein Verteidiger. Meine Art zu schreiben bringt ein vorzeitiges Kreuzen von Parallelen mit sich, ein Sich-selbst-ins-Wort-Fallen, denn auf mechanischem

Weg kann man nicht nach vorn gelangen, nur auf dem Weg des gestörten inneren Monologs, durch ein Eingreifen äußerer Ereignisse. Dadurch aber sind meine Texte mein Weg, um mich von Tag zu Tag, von Monat zu Monat, von Jahr zu Jahr in schöpferischer Spannung zu halten, nicht etwa ad infinitum, sondern bis zu dem Augenblick, da mein letztes Stündlein schlagen wird, da ich vielleicht die Quittung sehen werde, die Rechnung für meine Auslagen in dieser gigantischen Kneipe, die die Welt für mich darstellt. Bislang mache ich nur Rechnungen ohne den Wirt, bislang weiß ich bloß, daß ich auf Pump lebe, daß alle meine Auslagen eingetragen sind auf dem Rahmen einer Tür, die offensteht und durch die hindurch ich diese wunderschöne Welt sehe, von der ich nur das abschreibe, was einmal mein mildernder Umstand sein wird, obwohl ich genau weiß, daß ich mir das bloß einrede, denn das, wovon ich glaube, es könnte meine Schuld verringern, die Schuld dafür, daß ich lebe, wird eher etwas sein, was mir die Suppe versalzen, was mich belasten, wofür man mich für vollkommen schuldig erklären wird ... Meine Texte sind vorläufig die Strafe dafür, daß ich zwischen Verbrechen und Schuldlosigkeit schwanke und die endgültige Abrechnung wie auch den Urteilsspruch hinausschiebe, daß ich eben ein bißchen das wurde, was ich schon immer hatte sein wollen, ein poète maudit. Erst jetzt, da ich vor mir selbst erschrecke, da ich vor mein Gericht vorlade, was tief in meinem Unterbewußtsein schlummert, erst jetzt schlage ich die Hände über mir zusammen, wenn ich mir meine Vergangenheit bewußt mache, ich kann mir selbst keine Absolution erteilen, und so bin ich wenigstens standhaft darin, daß ich durch den Text und im Text das Gefühl meiner Schuld trage. Und dabei lächle ich schief. Das ist mein Galgenhumor ... meine Prager Ironie.

Ich hatte immer den Vorteil, keine echte Bildung und kein echtes Wissen zu haben, so setzte ich alles auf das Erlebnis. Meine Bildung wurde aber nie umgeschmolzen, sie konnte sich nie qualitativ verwandeln, nie einen Sprung anderswohin machen, und dies aus dem einfachen Grund, weil ich immer etwas beknackt war. Und vor allem, weil ich viel lese, ich lese also viel, und wenn ich viel zitiere, dann vergesse ich zu sagen, woher und von wem ich das Gesagte habe. Eigentlich bin ich ein Leichenfledderer, ein Plünderer hehrer Sarkophage. Dergestalt ist mein Charakter, in dieser Hinsicht bin ich ein Neuerer und ein Experimentator, immer bin ich auf der Lauer, wo sich etwas von toten oder lebenden Schriftstellern und Malern stehlen läßt, und dann verwische ich wie ein Fuchs mit der Lunte die Spuren, die zum Tatort führen. Gründlich ausgeraubt habe ich das Grab der Herren Louis Ferdinand Céline, Ungaretti und Albert Camus, des Herrn Erasmus von Rotterdam, des Autors von *Idioten zuerst*, von Ferlinghetti und von Kerouac. Eine Perle auf dem Grund habe ich aus Jakob Boehmes Augen geklaubt, ebenso wie seinen herrlichen Satz – Der Mensch kann sich nicht von seiner Epoche lösen. Die Melancholie der ewigen Bauten habe ich Leibniz entwendet – oder Friedrich Nietzsche? Und aus dem Grab des Herrn Roland Barthes habe ich – Die Kunst macht aus dem Wissen ein Fest – geraubt, das sind nur einige Proben, im Grunde genommen ist jeder meiner vernünftigen Gedanken immer gestohlen, Platons Satz von der Zeugung im Schönen mit eingeschlossen. Doch weiter, was ich auf meinem und nur meinem Sprungbrett auch immer und jemals Schönes geschrieben habe, das haben mir stets die anderen gesagt, ich bin eigentlich ein Taschendieb, der Gäste in Kneipen und Restaurants ausnimmt, genau so, als würde ich ihnen den Überzieher oder den Regenschirm klauen. Der Größte bin ich allerdings im Erschwindeln von Situationen, in denen ich nie war, wenn ich vorgebe, Bücher gelesen zu haben, die ich nicht kenne, wenn ich Begebenheiten bezeuge, die ich nicht erlebt habe, Schwüre leiste, die Meineide sind, wenn ich mit Taten prahle, die ein anderer vollbracht hat, wenn ich so tue, als hätte ich Augenzeugen gesehen, ich bin eine Nutte, die vorgibt, aus Liebe zu lieben, ich bin großmäulig und verschlagen, und lügen ist für mich so natürlich wie für den Fisch das Wasser, das Fegefeuer für meine Sünden muß so groß sein, daß verdiente Knastbrüder und Himmelsvandalen allein nur deshalb ins Paradies eingelassen werden, damit ich endlich an der Reihe bin, ehe ich in die Hölle gestürzt werde. Vor allem aber, mögen dieses Fegefeuer, dieser Himmel, diese Hölle

endlich da sein! Damit es auf der Welt endlich etwas gibt, und wäre es nur, wie wenn Kinder Himmel und Hölle spielen. Ich möchte nichts mehr, als daß dies sich verwirkliche, dann bin ich erlöst, dann habe ich nicht umsonst gelebt.
Ich bin ein Mensch, der, blickt er auf sein glorreiches Leben zurück, wie es ihm so schön zwischen den Fingern zerronnen ist, von dem Glauben erfüllt wird, daß es ein ewiges Leben gibt. In diesem Augenblick habe ich nicht den Eindruck, sondern die Gewißheit, daß ich im Kataster des Lebens dort auf der anderen Seite der Dinge stehe, auf der anderen Seite des ewigen Lebens, vor dem es kein Entrinnen gibt. Es ist, wie wenn man in die Frühlingssonne blickt, eine angenehme Verblendung, wie der geliebte Alkohol. Dieses ewige Leben ist nichts anderes als eine schöne, schreckliche Eintönigkeit, in der immerfort dieselben Flageolett-Walzer erklingen. Der Tod ist daher etwas, das mich nicht mehr betrifft, denn er ist eine angenehme Grenze, man braucht nur das Haupt zu neigen und dort wieder einzutreten, von wo man bei der Geburt ausgetreten ist. Jeden Tag, wenn ich der Möglichkeit des Sterbens begegne, bin ich jenem süßen Geheimnis nahe, hinter dem das Königreich des Lichts liegt. Der Gefahr des Todes weiche ich nicht mehr aus, ich nehme diese Gefahr nicht mehr wahr, denn ich fürchte mich nicht mehr. Ich wünsche mir nichts weiter, als in der Unfreiheit des Lichts zu verweilen. Die alte Welt läßt mich nicht mehr los und kommt mir dennoch entgegen. Ein verwüsteter Friedhof ist ein Triumph des Lichts. Meine Gegenwart ist endgültig verloren zu Gunsten des regressus ad originem. Diese Welt ist auch für mich schon verloren, und ich kehre dorthin zurück, wo ich noch nie war. Mein Leben lang habe ich gelogen, ohne es zu wollen, weil ich in einer Welt lebe, die nichts anderes ist als Lüge, an deren Ende man aber die Wahrheit des Lichts sieht. Ich liebe Sklerose, Vergeßlichkeit und Fehlleistungen, ich sehe an mir selbst und beobachte mit Freuden, wie die Imbezillität auf mich zukommt, wie ich alle meine berühmten Gedächtnislager ausverkaufe, ich bin glücklich, mich der Debilität als dem Gipfel des menschlichen Lebens zu nähern. Für mich gibt es keine Gefahren mehr, ich habe keinen Grund, wen auch immer vor der Gewalt der

Zweifel und des Zweifelns zu warnen, alle Ratschläge, die ich erhalten, alle Ratschläge, die ich erteilt habe, sind letztlich nichts als Eitelkeit über Eitelkeit, jeder Mensch und also auch jede menschliche Gemeinschaft sehnt sich nach nichts anderem, als sich auf eigene Kosten kopfüber ins Unglück zu stürzen, was das Positive hat, erst nach dem Fall und ganz unten auf dem Grund zu erkennen, welches das wahre Licht ist. Lux in tenebris, wenn es zu spät ist. Und durch dieses Zuspätsein wird eine Wahrheit gewonnen, die stets mehr ist als jede Fiktion. Fiktion ist nur ein herrliches Hinausschieben der Erkenntnis. Fiktion ist allerdings immer mehr als Weltanschauung, als jedwede politische Idee. Ein Epilog ist immer schöner als ein hoffnungsvoller Prolog. Die Alten stehen immer im Vordergrund, weil sie ihre lichtumflutete Jugend in greifbarer Nähe haben ...

Ich sitze im Goldenen Tiger, spiele mit dem Bierdeckel und kann mich wieder einmal nicht sattsehen an diesem Emblem, zwei schwarze Tiger drehen sich in meinen Fingern, wie immer knicke ich gedankenverloren die Ecken der Bierstrichliste um, eines, dann das zweite, nach dem dritten das vierte Bier und dann das fünfte, manchmal bringt Bohouš mir das erste Bier, er zieht aus seinem weißen Jackett einen weißen Papierstreifen, dessen Ecken er mir schon im voraus lächelnd umknickt, ich sitze in einer Gesellschaft, wo auch immer ich mich hinsetze, dort ist meine Gesellschaft, das ist mein Ritual, nicht nur meines, sondern das aller Menschen, die Bier trinken gehen, der Tisch bildet eine Gesellschaft, die redet. Das sind solche Gespräche am Kneipentisch, Unterhaltungen, bei denen man sich im Sprechen von den Streßsituationen des Tages erholt oder einfach so plaudert, aber auch das ist Erholung, fühlt sich der Mensch elend, sind banale Gespräche über banale Begebenheiten und Ereignisse die beste Medizin, manchmal sitze ich da und schweige verstockt, überhaupt gebe ich beim ersten Bier ganz klar zu verstehen, daß es mir unangenehm ist, irgendwelche Fragen zu beantworten, so sehr freue ich mich auf dieses erste Bier, und es dauert eine gewisse Weile, bis ich mich an diese tyrannisch laute Kneipe gewöhne, bis ich mich auf so viele Gäste, so viele Gespräche einstelle, es ist, als wollte jeder, daß das, was er sagt, gehört wird, jeder denkt in dieser Kneipe, daß das, was er gerade sagt, beachtenswert sei, und so posaunt er seine banale Botschaft hinaus, auch ich gehöre zu diesen Schreihälsen, nach dem zweiten Bier halte ich gleichfalls das, was ich sage, für ungemein wichtig, und daher schreie ich, ich habe ein geschärftes Auge und gröle meine Sätze in der törichten Annahme, nicht nur mein Tisch, nein, die ganze Welt müsse sie hören. So sitze ich da und spiele ständig nervös mit den Bierdeckeln, halte beispielsweise zehn davon in der Hand, wie Spielkarten, mische sie und lasse sie auf den Tisch fallen, ich trinke bedächtig und setze dann das Spiel mit den Deckeln und der Strichliste fort. Nun sitze ich hier, ich bin nicht allein, mische mich allerdings nicht ins Gespräch, sondern höre zu. Wie viele Zehntausende solcher Gespräche habe ich schon geführt, wie viele zehntausend Menschen haben in all meinen Kneipen abwechselnd mit mir gesessen, wie viele zehntausend Menschen habe ich vielleicht nicht mit meinen Reden, sondern mit meinem Dialog besudelt, der manchmal in einen Vortrag mündet, in der Regel nicht von mir, sondern von den anderen, wenn wir dann schließlich alle verstummen und der Begebenheit lauschen, die in Kneipengefasel, in Kneipengeschwätz ausufert, wie Professor Václav Černý es bezeichnet, oder aber in Kneipengeschichten, wie Eman Frynta als Kenner es sagt. Herr Ruis, der Violonist des Dvořák-Quartetts, erzählte von ihrem letzten Konzert in Bílina, wie trist und verwahrlost die Stadt war, abgeblättert durch Regen und Nachlässigkeit, wie Zigeuner und einige Betrunkene über den Hauptplatz schlenderten, abends jedoch anständig gekleidete Leute zum Konzert erschienen und ganz Bílina sich in aufmerksame, gerührte Zuhörer verwandelte. Neben mir unterhielten sich einige Gäste über Pilze, über den Reizker, ich wartete, bis sie das Wesentliche sagen würden, aber keiner sagte das Wesentliche über den Reizker, also erlaubte ich mir zu sagen ... Meine Herren, der Reizker ist ein mystischer Pilz, die Ringe enthalten die mystische Botschaft dieses Pilzes, denn diese grünlichen, sich verengenden Kreise drechseln bei jedem Reizker einen grünen Nabel heraus, den Mittelpunkt dieser sich konzentrisch verkleinernden Kreise, und dieser Punkt inmitten des Huts ist der Mittelpunkt des Denkens, er ist das, was die buddhistischen Mönche betrachten, der Bauchnabel, durch den sie sich an der Nabelschnur zurückspulen bis zum ersten Bauch unserer Urmutter, der ersten Frau mit glattem Bauch, dem Anfang des Menschengeschlechts, das alles, meine Herren, sage ich, läßt sich als Botschaft aus den konzentrischen grünen Kreisen des rötlichen Pilzes herauslesen, aus diesen Ringen, die das reinste, wesentliche Symbol des menschlichen Anfangs und der menschlichen Gegenwart enthalten ... Aber, meine Herren, Sie, die Sie so gern essen, ich verrate Ihnen ein Rezept, wie die spanischen Holzfäller den Reizker im Wald zubereiten. Eine Schicht Wurst, eine Schicht Reizker, dann in Streifen geschnittene Paprika, eine Schicht Speck, dann in Scheiben geschnittene Tomaten und dann eine Schicht Reizker, und so eine Schicht auf die andere, erst zuoberst wieder Wurst, alles wird über dem Feuer gebraten, und wenn es fertig ist, kann man es mit geriebenem Käse bestreuen ... Und ich schrie diese beiden Botschaften hinaus, da man mich sonst nicht gehört hätte und ich außerdem den Eindruck hatte, daß ich so schreien müsse, damit es nicht nur in Prag, sondern im ganzen Bezirk, im ganzen Land, in ganz Europa gehört werde, darum schreie ich Tor immer so gern, weil ich glaube, daß das, was in mir ist, allen gehört ... Und ich saß im Goldenen Tiger, blickte in die Gesichter der Gäste, und ja, nicht Gefasel, nicht Geschwätz, manchmal, Herr Václav Černý, ist eine so heiser geschriene Kneipe eine kleine Universität, wo die Leute sich unter dem Einfluß des Biers Geschichten und Begebenheiten erzählen, die die Seele verletzen, und über den Köpfen schwebt in Form von Zigarettenrauch das große Fragezeichen des Absurden und Wunderbaren im menschlichen Leben ... Ich verstummte, dieser Reizker und die konzentrischen grünen Kreise, dieser grüne Punkt mitten auf dem rötlichen Hut des Pilzes, Omphalos, der Nabel der Welt, durch den hindurch man bis zum glatten Bauch der Urmutter Eva gehen kann ... und so lief ich mitten im Gespräch gedankenverloren bis in die Kindheit zurück, als ich zum ersten Mal in einem Gasthaus war, das mich dermaßen bezauberte, daß die Kneipe zu meinem Schicksal wurde. Mein Vater nahm mich mit, auf dem

Motorrad Laurin und Klement, wenn er als Brauereiverwalter zu jenen Gaststätten fuhr, die seine Brauerei mit Bier belieferten, wir fuhren durch Dörfer und Städtchen, ich erinnere mich, daß jede dieser Kneipen mir verlassen vorkam, so trostlos vormittags und nachmittags, fast ohne Gäste, immer war es in diesen Landgasthäusern düster, es glänzten nur matt der Zapfhahn, der Tresen, Vater machte den Wirten die Steuern, er saß stets in der Küche und ich im Ausschank, dort war es fast immer kühl, ich aber trank nur Limonade, eine nach der andern, diese herrlich rote und gelbe Limonade, die in den Gläsern schäumte, einige Gäste saßen im Halbdunkel, und nur der Umstand, daß sie ihr Bierglas hoben oder ein Weingläschen in sich hineinkippten, zeugte davon, dort saßen Menschen, einige rauchten, ein Streichholz flammte auf, und ich war glücklich in diesen Kneipen, manchmal wurde ich in die Küche hinter dem Ausschank eingeladen, dort war fast immer die Wirtin, und sie schien mir unendlich müde, diese Wirtinnen konnten sogar kaum gehen, sie stützten sich auf die Möbel, erhoben sich von den Stühlen, als hätten sie Rheuma, und ich bekam Suppen, Kuttelsuppen und Gulasch, und wieder trank ich rote und gelbe Limonade, eine nach der andern, bis ich satt war, auf dem Tisch glänzten vor meinem Vater blendende Papiere, von Vaters Fingern stieg der Zigarettenrauch empor, der blaue Rauch von Ägyptischen, ich mußte Vater immer Ägyptische kaufen, Vaters Stimme war einschmeichelnd, ruhig und eindringlich, der Wirt saß da und hörte, was Vater ihm riet, und ich wußte nicht, worüber sich die beiden unterhielten, als sprächen sie in einer Fremdsprache, immer aber hatte der Wirt etwas nicht in Ordnung, es war wie mit mir in der Schule, Vater war der Lehrer und ich der Schüler, der die Hausaufgaben nicht ordentlich gemacht hatte, auch der Herr Wirt blickte zu Boden, doch Vaters Stimme versprach Hoffnung, sie machte dem Wirt Mut, so daß schließlich alle lachten und sich lange die Hände drückten, sie sahen sich in die Augen, Vater ließ die Blätter auf dem Tisch liegen, und der Wirt drängte Vater immer ein oder zwei Flaschen Schnaps auf, dann begleiteten sie uns bis vor die Tür und halfen das Motorrad anschieben, und ich wußte, sobald wir abgefahren waren, würde sich die ganze Kneipe von meinem Vater erholen, der vermutlich nur deshalb Verwalter war, weil er dem Herrn Wirt etwas Trauriges ausrichtete, etwas, wovor der Herr Wirt sich fürchtete ... Und ich trank in der nächsten Kneipe wieder rote und gelbe Limonade, eine nach der andern, ein Jahr später fürchtete ich mich bereits, die Küche zu betreten, ich saß nur im Ausschank und horchte hinter der Glastür, wie Vaters Stimme dem Herrn Wirt etwas Unangenehmes in Erinnerung rief, dieser wehrte sich und wandte etwas zu seiner Verteidigung ein, manchmal lief der Wirt in den Ausschank, goß sich einen Schnaps ein und kehrte blaß in die Küche zurück, Vater nahm ihn an der Schulter und redete ihm mit sanfter Stimme zu, so wie er mir zärtlich zuredete, ich müsse mehr lernen und die Lumpereien lassen, was sollte denn aus mir werden, wenn ich so schlecht lernte? Und so fuhr ich gern mit Vater herum, nach der Schule und vor allem in den Ferien, jeden Tag fuhr ich mit Vater in seine Kneipen im Nymburker Bezirk, ich kannte sie schon auswendig, am stärksten aber war ich vom Gasthaus Zur Stadt Kolín in Lysá beeindruckt, dort war eine derart vulgäre Wirtin, daß Vater errötete, sie lachte, winkte ab und spielte alles ins Aus, alle diese Sorgen um Bier und Steuern. Und ich saß im Ausschank, wo die Sonne hineinschien und ein großer Asparagus und eine Nähmaschine standen, und ich trank eine rote Limonade nach der anderen und dazwischen gelbe, und ich lauschte voller Wonne, welche verbotenen Wörter die Frau Wirtin gebrauchte, die aber, wenn sie in den Ausschank kam, mir eine weitere Limonade gab, sie streichelte mich, und wenn sie mich ansah, so hatte sie schöne Augen, vor denen ich ganz zerging. In anderen Kneipen hatte ich bereits das ganze Lokal ausgekundschaftet, den Tanzsaal und den Theatersaal, ich ging in den Garten, wo eine Kegelbahn und Tische standen ... Und so fand ich Gefallen an den Gasthäusern und den Kneipen, und ich fühlte mich verlegen, wenn Vater mich in ein Restaurant mitnahm, wo es Tischtücher gab und auch einen schwarzgekleideten Kellner, da saß ich dann kleinlaut, und war es möglich, dann spazierte ich lieber vor dem Lokal auf und ab, bis Vater herauskam und wir wieder in eine Dorfkneipe fuhren ... in diesen Dorfkneipen, wo man mich schon so gut kannte, als gehörte ich mit zur Familie, dort war ich glücklich, ich ging durch das ganze Lokal, manchmal auch in den Hof und den Stall, einige Kneipen, und die mochte ich am liebsten, hatten auch noch eine Metzgerei, ich bekam Kranzwurst, das war ganz mein Stil, eine Limonade nach der anderen zu trinken und dazu Wurst zu essen ... Als ich schon auf der Realschule war, trank ich bereits Bier. Wohin ich mit meinem Vater kam, machte ich Reklame für das Bier. Ich trank eins nach dem andern und kam auf den Geschmack, laut sagte ich, wie süffig und herrlich dieses Bier sei, das sagte ich und trank mit solchem Genuß, daß sich nicht nur die Wirte, auch die Gäste wunderten ... Und so fuhr ich in dieselben Kneipen und trank ein Bier nach dem andern, und Vater löste auch weiterhin mit seiner ruhigen Stimme mit dem Wirt Probleme der Belieferung und der Steuern, jedesmal war etwas nicht in Ordnung, ich aber saß im Ausschank und unterhielt mich nach dem dritten Bier mit den Gästen, am liebsten aber fuhr ich mit Vater nach Kolín ins Elbviertel zu den Vodvárkas, dort ging es von früh an hoch her, Herr Vodvárka war ein Mann von Welt, stets guter Laune, hier mußte Vater nicht mahnen, nichts bemängeln, denn Herr Vodvárka war für mich der Gipfel, und er ist es bis heute geblieben. Wenn dieser Herr Vodvárka nach Nymburk kam, erschrak Vater jedesmal, mußte er mit ihm nach Prag, so wurde das für mich zu einem ungeheuren Erlebnis, kaum daß wir im Šmelhaus angekommen waren, alle drei Monate fuhren wir nach Prag und immer nur ins Šmelhaus, und als wir den Saal das erste Mal betraten, klatschte Herr Vodvárka dem Geiger sogleich einen Hunderter auf die Stirn, und seither spielte die Kapelle uns alle drei Monate zur Begrüßung Kolín, Kolín ... und dann saßen wir da, und Vater erinnerte jede Stunde daran, daß es Zeit sei, nach Hause zu gehen, Herr Vodvárka aber tanzte und sang, verschenkte Lächeln und Witze, und ich saß da, und je mehr ich trank, desto mehr umarmte ich jeden, der Herrn Vodvárka die Hand schüttelte, und so vergnügten wir uns im Šmelhaus, bis man zusperrte, und Vater war unglücklich, weil er nicht so viel trinken durfte, da er Motorrad und später dann einen Škoda fuhr, und er war entsetzt, wohin er da geraten war, denn Herr

Vodvárka versprach jedesmal, wenn er alle drei Monate kam, daß sie zunächst in der Brauerei alles erledigen müßten und dann nur auf einen Sprung ins Šmelhaus gingen ... und so begleitete die Šmelhaus-Musik uns bis auf die Straße hinaus, und auf der Rückfahrt im Morgengrauen weckte Herr Vodvárka in Nehvizdy auch noch den Wirt, und wieder tranken wir Bier und Kaffee, und Herr Vodvárka ließ die Musikanten wecken, und sie spielten für uns, und Herr Vodvárka weckte noch den Krämer, kaufte Schokolade und schenkte sie den Frauen, die er ebenfalls eingeladen hatte, indem er zuvor an alle Fenster geklopft und die Menschen, die guten Herzens waren, zu kommen aufgefordert hatte, und die Musik spielte und es wurde gesungen, und Vater saß da und sah auf die Uhr und war entsetzt, daß er in zwei Stunden wieder im Kontor der Brauerei sitzen mußte. Und diese Ketten von Kneipen aus der Kindheit und der Jugendzeit, und dann meine Kneipen in Nymburk, wohin ich jeden Samstag und Sonntag vormittags wie nachmittags ging, um Billard zu spielen, meine Kneipe Unter der Brücke bei den Pospíšils, wo ich Klavier klimperte, wo wir mit den Jungs vom Elbviertel Karten spielten, mit meinen Freunden auf Leben und auf Tod, mit gewöhnlichen Jungen und Jünglingen aus den Häuschen im Elbviertel, dann meine Gasthäuser und Kneipen und die kleinen Hotels, während ich als Versicherungsagent Böhmen bereiste, und dann meine Tageskneipen, als ich mit Galanteriewaren durch halb Böhmen fuhr und meine Ware für die Firma Harry Karel Klofanda feilbot, jeden Tag in der Kneipe zum Mittagessen, zum Abendessen und morgens zum Frühstück, als ich am liebsten in ganz gewöhnlichen kleinen Hotels übernachtete, und dann mein Prag, wo ich tagtäglich in der Kneipe sein mußte, in Libeň, in Žižkov, in Vysočany, auf der Kleinseite und in der Altstadt, eigentlich habe ich ein Vierteljahrhundert nur in meinen Kneipen zu Mittag gegessen, selten und eher irrtümlich geriet ich in ein anständiges Restaurant, in ein Hotel, dort war ich immer ungern, ich war sogar verlegen und faßte mich erst wieder, wenn ich ins Freie hinaustrat und in die erste Kneipe ging, da fühlte ich mich wohl, da waren meine Leute, meine Pikkolos und meine Geschäftsführer, mit

ihnen schloß ich Freundschaft, da war ich zu Hause, in der Familie ...
Ich sitze im Goldenen Tiger und bin zurückgewandert zu meinen Kneipen, jetzt habe ich über mich selbst erfahren, daß eigentlich alles mit meinem Vater anfing, als ich mit ihm umherfuhr, um eine Limonade nach der andern zu trinken, damit Vater die Rechnungen und Steuern dieser unglücklichen Wirte in Ordnung brachte. Nun sitze ich im Goldenen Tiger, ich lächle, diesen langen Augenblick lang habe ich niemanden gehört, als hätte ich in einem stillen Wald gesessen, denn ich bin durch die Kneipen meines Lebens zurückgewandert bis in diese erste Kneipe auf dem Land bei Nymburk.

Bilder,
von denen ich lebe

Ich erinnere mich nur an das viele Licht, jemand nimmt mich an der Hand, um mich auf den Arm zu nehmen und zu wiegen, es ist draußen auf dem Hof, mich widert die ganze Schauklerei an, wahrscheinlich hat der erste, der mich so weit hochgehoben hat, aus dem Mund gerochen, ein bedrohliches Gesicht kommt mir immer näher, in verzweifelter Abwehr schlage ich mit aller Kraft in dieses ganz und gar fremde Gesicht, bis heute spüre ich den Schlag meines Fäustchens auf der Haut. Ich erinnere mich, daß mich noch einige Male jemand wiegen wollte, dann ließen sie von mir ab ...

Ich erinnere mich, Mama liegt im Bett, ich liege auf ihr, sehe ihr Kinn, schmiege mich an sie, und plötzlich fängt Mama zu singen an ... Schlafe mein Kindchen, was raschelt im Stroh, ... die Mutter ist gestorben, der Vater ist froh ... Freit sich der Vater ein ander jung Weib ... Ich erinnere mich, daß ich den Tränen nahe war ... bekommen die Kinder den Knittel auf den Leib ... Und als Mama zu Ende gesungen hatte, sagte sie ... Und jetzt bin ich tot. Und sie schloß ihre Augen. Bevor ich weinend zusammenbrach, schlug ich Mama mit aller Kraft ins Gesicht ...

Ich erinnere mich: Ich schleppte aus der dunklen Küche eine schwere glitzernde Vase auf den hellen Hof, hob sie mit Mühe gegen die Sonne, sah, wie vom Garten her Mama gelaufen kam, und als sie tief vornübergebeugt die Hände nach der glitzernden Vase ausstreckte, ließ ich die Vase fallen, sie zersplitterte im Licht auf dem Betonhof ... Mama, bumm, sagte ich.

Ich erinnere mich an die Sonne in dem Zimmer, das zur Straße hinausging, und als ich die Augen öffnete, hörte ich rufende Stimmen, trampelnde Stiefel, knarrende Riemen, und als ich mich aufsetzte, sah ich eine Gruppe Männer in Uniform, es waren Soldaten, sie scharten sich um die Pumpe und pumpten Wasser und beugten sich vor und schöpften Wasser in ihre Hände und spritzten sich das Wasser ins Gesicht, und so über

und über von Wasser begossen, stellten sie sich in Reihen auf und schwanden mir aus den Augen, stiegen hinauf, zum Exerzierplatz, nach Plecnikary, nach Hády, zur Glajdovka.
Ich erinnere mich an solch einen sonnigen Morgen, das Fenster war halb geöffnet, eine Menschenhand tauchte dort auf, stieß das Fenster etwas weiter auf, dann legte die Hand etwas Grünes zwischen die Fensterflügel, als ich das zum ersten Mal sah, erschrak ich, danach kam Großmutter, nahm den Gegenstand, packte ihn aus, es war ein in ein Rebenblatt eingewickeltes Stück Butter, auf dessen Oberfläche ein Zweiglein abgedrückt war. Dann wartete ich zweimal in der Woche auf diese Hand, es war die Hand der Butterfrau, eines Frauenzimmers aus Líšeň, diese Hand legte dort zweimal die Woche während der Morgenstunden ein Viertel Kilo in Rebenblatt eingewickelte Butter ab.
Ich erinnere mich an die Ausblicke aus diesem Fenster, stets am Nachmittag, Tag für Tag, klang eine wehmütige Musik herauf, ganz erstaunt sah ich durch dieses Fenster auf die Straße hinaus, dreimal, viermal am Tag bewegte sich dort ein Trauerzug hinauf, mich schauderte vor den Begräbnispferden und vor dem glänzenden schwarzen Wagen, unter unseren Fenstern blieb der Leichenzug immer stehen, die Straße stieg an, da war eine große Steigung, der Angestellte mit dem schwarzen Federbusch klemmte einen Ziegelstein hinters Rad, und die Pferde verschnauften, ich betrachtete den glänzenden Sarg, die Menschenkolonne in schwarzem Gewand, die hinterm Wagen waren in schwarze Schleier gehüllt, immer mußten sie jemanden stützen, der weinend zusammenbrach, an den Wagenecken hingen riesige Kränze, dann hob der Kutscher die Peitsche, die Pferde zogen an, ich erinnere mich bis heute, wie unter ihren Hufen der Sand und das Katzengold zur Seite spritzten, wie sich das Fell auf den Pferdehintern kräuselte, und der Zug schleppte sich noch weiter aufwärts zur Kurve, wo der Weg dann noch steiler anstieg, bis zum Friedhof...
Ich erinnere mich, wie mich Großmutter immer wieder zum Weinberg mitnahm, sie setzte mich ins sonnige Gras, und selbst behäufelte sie mit der Kratze Erdäpfel, Paradeiser, Fisolen, ich spielte mit den Blumen, und als die Sonne gewandert

war, kam Großmutter zu mir und trug mich ein kleines Stück weiter, ins Gras, in die pralle Sonne, so trug sie mich mehrere Male, denn in diesem Weinberg waren Bäume. Später lernte ich, von selbst der Sonne nachzugehen, ich liebte die Sonne, selbst wenn große Hitze herrschte und Großmutter barfuß im Schatten saß, lächelte ich im gleißenden Sonnenlicht, denn von dort aus schien mir, als wäre Großmutters Gesicht unter dem vorgezogenen Kopftuch schwarz... Ich erinnere mich, wie Großmutter die buschigen Stachelbeerzweige hochhob, wie die Beeren reihenweise emporsprangen, wie der Flaum der Früchte in der Sonne schimmerte, Großmutter pflückte sie geschickt, ich versuchte es auch, aber immer zerstach ich mir am Strauch die Finger. Danach führte mich Großmutter weiter, dorthin, wo sich die Reihe über den Hügel zog, Großmutter konnte auf Bäume klettern, ich erinnere mich an ihre Hände, wie sie nach den Zweigen griffen, wie sie Zwetschgen und Ringlotten pflückte, sie legte sie in die hochgeraffte Schürze, ich blickte nach oben und erschrak vor dem, was ich dort sah, Großmutter bestand lediglich aus nackten Beinen und dann nur noch dem Rocksaum, die eine Hand hielt sich an einem Ast fest und die andere pflückte, ich blickte nach oben und beruhigte mich erst, als Großmutter am Baum heruntterglitt und ihre nackten Füße auf die Erde klatschten, sie knüpfte die Schürze auf und schüttelte die Zwetschgen in den Korb.
Ich erinnere mich an etwas Schreckliches, an etwas, bei dem ich dachte, ich würde sterben, ich würde nicht mehr dasein, ich erinnere mich, man führte mich aus jenem sonnenhellen Zimmer hinaus, sogar meine Großmutter nahm mich an der Hand, und plötzlich stand da ein fremder Mann vor mir, er hielt vor sich und in den Händen eine Art riesigen schwarzen Rock, zielte mit etwas auf mich, und ich dachte, er wolle mich erschießen, daß dieses Gerät so etwas wie Großvaters Gewehr sei, das dort in meinem Zimmer an der Wand hing und vor welchem ich mich fürchtete. Und der Mann fuhr mit dem Gerät samt schwarzem Rock an mich heran, und ich bekam einen Weinkrampf und rannte weg, Großmutter lief mir nach, faßte mich um die Taille, ich schlug mit den Beinen um mich, und der Mann kroch unter den schwarzen Rock und verschwand,

während ich im Weinkrampf zusammenbrach ... Erst später erfuhr ich und sah mich selber, wie ich weinte, wie Großmutter mich um die Taille hielt, es war eine Photographie ...
Ich erinnere mich an das helle Zimmer bei Großmutter, immer wenn ich aufwachte, hörte ich über mir das majestätische Werk der Pendeluhr, immer wenn sie schlug, mußte ich vor Wonne schlucken. Außerdem hing über jenem Bett ein großes Bild, ein schöner Mann, der einen Bart hatte wie mein Großvater, er riß sich das Hemd auf und zeigte sein rotes Herz, ich erinnere mich an die Dornen, die sich in das Herz des Mannes bohrten, der aber lächelte und hob seine Hand mit dem tröstenden Finger hoch. Dann war da das Bild einer jungen Frau, sie trug ein blaues Kleid, hatte ihren Blick nach oben gewandt, und auch sie hatte es aufgerissen und zeigte auf ihr Herz mit dem brennenden Busch, und dieses Herz war von blauen Blümchen umwunden. So lag ich also und sah all das, wenn ich die Augen aufschlug, wenn ich mich entspannte, wenn ich diese beiden auf dem Kopf stehenden Bilder vor Augen hatte. Vor mir, auf den furnierverzierten Schränken, da sah ich Wolken, Eulen und Affen, von den Schränken oben sahen mich gestrenge Tierchen an, die der Großvater geschossen und hatte ausstopfen lassen, das wußte ich aber noch nicht, und so blieben mir nur die strengen Blicke des Marders und des Spechts, diese starren Blicke schwarzer Augen aus Glas. Über der Tür zur Küche konnte ich ganz gut ein Bild betrachten, das mich beunruhigte. Irgendein bärtiger Mann in brauner Kleidung und mit überkreuzten Hosenträgern kniete mit einer Säge auf einem Brett, das er zersägte, und er belehrte mit erhobenem Finger das Jesuskind. Dieses Bild hatte die Form eines Ovals, und auf diesem Oval waren ringsherum Medaillen. Gerne betrachtete ich dieses Bild, und einmal, da stieg ich auf einen Stuhl, und als ich versuchte, diese Medaillen zu entziffern, waren das keine Auszeichnungen, sondern kleine Bildchen, zwölf ebenso ovale Bildchen, keines größer als ein Ei, auf denen der Kreuzweg, das Leben Jesu Christi aufgemalt war. Und dann erinnere ich mich noch an ein Bild. Darauf waren nackte Menschen, sie waren rot, einige badeten im Fluß, andere fuhren nackt auf einem Boot unter einem Baum, in dessen Ästen ein

Blitz saß. Erst mit sieben Jahren erkannte ich, es war kein Blitz, sondern ein riesiger Pfau. Dann war da noch ein Bild. Wenn ich es aus der Nähe betrachtete, war es ein Geschmiere, lauter Kleckse und Flecken. Trat ich etwas zurück, dann erkannte ich auf dem Bild das Gesicht eines Mannes mit Mütze, die Mütze hatte beim Schild einen Knopf. Erst später erfuhr ich, daß es ein Bild des Malers Josef Šíma war, er hatte es meiner Mutter zu ihrer Hochzeit geschenkt ...

Ich erinnere mich noch an einen gelben Stock, der an einem aus Hauern und Geweihen gezimmerten Kleiderrechen hing, er hing neben dem Gewehr mit dem Riemen, und vor diesem Gewehr fürchtete ich mich sehr. Der Stock war hell und hatte rund herum bis zur Spitze Bildchen. Ich erinnere mich nicht mehr, was auf diesem Stock zu sehen war, aber wenn ich ihn anfaßte, und ich faßte ihn gern an, ertastete ich hier ein Menschengesicht, dort irgendein Obst. Wenn ich dann in der dunklen Küche frühstückte, richtete Großmutter die Betten, ich sah ihr zu, wie sie sich das Bettenmachen angelegen sein ließ, sobald sie die Federbetten gerichtet hatte, warf sie rote Decken darüber, die an den Rändern mit grünen Blättern verziert waren. Sie strich sie mit der Hand glatt, doch war ihr das zu wenig, jedesmal nahm sie den gelben Stock, packte ihn an der Spitze und strich damit das Obere der Betten glatt und glättete es so lange, bis sie ihren Blick mit Wohlgefallen auf diesen Decken ruhen lassen konnte.

Ich erinnere mich, wenn Großmutter in der Küche saß, da sah man durch das Fenster zum Hof jedesmal und immer wieder nur Licht und Sonne und die grüne Wand aus wildem Wein, Großmutter saß in der Küche fast im Dunkeln, nur silberne Linien umrissen ihr Gesicht, der Herd war aus blauen Kacheln, und auch hier zeichneten sich im Dämmerlicht nur die Silberstreifen vom Blech der Backröhre ab, und rund um die Platten leuchteten die polierten Messinggriffe an der Röhre und am Ofenkessel, wo die Blechdosen mit den Aufschriften MEHL, KAFFEE und SALZ standen. Dieses Geschirr erregte mich von klein auf. Nicht nur die Teller, auch die Schüsseln waren aus Blech, das Blech war emailliert, und auf allen diesen Dosen und Tellern waren Zweiglein mit kleinen roten Erdbeeren zu

sehen. Aus diesen Blechtellern löffelte ich gerne Suppe, und immer, wenn ich sie zu Ende aß, tauchten diese leuchtend roten Erdbeeren vor mir auf. Im Sommer füllte Großmutter solche Teller mit Stachelbeeren und Ribiseln …
Ich erinnere mich an meinen Großvater, wie er auf dem Hof stand, aus seinen Haaren und seinem Bart sprühte die Sonne, er stand in der Sonne und reinigte mit einer Bürste seinen Hut und pfiff dabei. Wenn er mir die Hand reichte, mußte er sich etwas bücken. Er führte mich irgendwohin, und dort war ich sehr brav, Großvater schüttelte einem Mann die Hand, dieser kniete vor mir nieder, dann maß er mit einem gelben Bandmaß meine Arme und Beine, und rund um den Hals, ich wunderte mich darüber, und wieder maß er mit diesem gelben Bandmaß die Beine und rund ums Bäuchlein, ich erschrak und stampfte mit den Füßchen auf, doch der Mann besänftigte mich, als wäre ich ein Begräbnispferd … Hohoho! Ich erinnere mich, daß Großvater und ich noch einmal in dieses Gebäude gegangen sind, man nahm kein Maß mehr, sondern zog mir so einen komischen Anzug an, einen Anzug aus lauter Stücken, aus lauter Stoffteilen, einfach so zusammengenäht, ich erinnere mich, die Stiche, die Fäden hielten die Stoffstücke gerade so zusammen. Und dieser Mann, er hieß Herr Ošlejšek, kniete vor mir, zerrte und trennte das, was er mir angezogen hatte, wieder auf, und wieder besänftigte er mich, als wäre ich ein Pferd … Hohoho! Und dann erinnere ich mich, daß mich Großmutter in einen Sonntagsanzug steckte, ich betrachtete mich, und Großvater führte mich hinaus auf den Hof, in die Sonne, und ich ließ meinen Blick hinunter bis zu den Schuhspitzen gleiten, und ich sah, daß ich einen neuen Anzug hatte, der von Herrn Ošlejšek genäht worden war, daß ich auch ein Brusttäschchen hatte, und da kam Großvater und steckte mir in dieses Täschchen eine Taschenuhr am Kettchen, und dann pfiff er vor sich hin, und als er aus dem Garten wiederkam, brachte er ein Blumensträußchen, kniete vor mir nieder, ich drückte mein Kinn aufs Jäckchen und sah, wie mir Großvaters Hand mit einer Stecknadel das Sträußchen ansteckte … Und dann kam Großmutter in ihrem Sonntagskleid, ich erkannte es sofort an seinem Duft, sie hielt ein Gebetbuch und nahm mich bei der Hand, und wir

gingen die Straße hinunter, dann gingen wir noch lange, ich sah viele Menschen, und wir betraten ein gewaltiges Gebäude, es war viel Sonne darin, Musik wurde dort gespielt, und die Menschen sangen, daß ich darüber erschrak, ich sah mich um, und plötzlich begriff ich, daß ich in einer Kirche war, daß Christus auf mich niederblickte, den ich schon von jenem Bild über meinem Bett her kannte. Und ringherum waren überall Blumen und Düfte, und die Menschen knieten nieder, genauso wie Großvater und Herr Ošlejšek mit dem Bandmaß vor mir niedergekniet waren, ich sah Großmutter, wie sie kniete und ihr Kinn auf die Brust preßte, und so kniete auch ich mich hin und drückte mein Kinn in das Sträußchen, das Großvater mir angesteckt hatte. Ich erinnere mich, daß das alles schrecklich lange dauerte und ich von all diesem Duft und Licht und der dröhnenden Musik so müde geworden war, daß ich einschlief, ich erinnere mich, daß mich Großmutter huckepack nach Hause trug, so wie sie immer aus dem Akazienhain das Gras für die Ziege in einem Bündel nach Hause trug, ich erinnere mich, seit dieser Zeit überkam mich immer in der Kirche der Schlaf, ich hatte mit der Müdigkeit zu kämpfen, die Augen fielen mir zu, Großmutter nahm mich immer mit in die Kirche, und ich erkannte an dem neuen Anzug, daß es Sonntag war.

Ich erinnere mich an Polná als ein Städtchen mit nur einem Marktplatz, auf dem eine riesige Kirche hoch in die Wolken emporragte, an der Kirche hing unter dem Himmel eine schwarze Uhr. Dann erinnere ich mich an die Brauerei, in der wir wohnten, doch an Mama erinnere ich mich überhaupt nicht. Es war der Erste Weltkrieg, ich aber wußte nichts davon. Von der Brauerei habe ich nur den sonnigen Hof im Gedächtnis behalten, die Fässer, die Faßbinder, die in der Sonne arbeiteten, das Vordach und die großen Pferde, den Kutscher Močuba, der Stiefel trug, einen langen Schnurrbart hatte und nach Pferdemist roch und immerzu mit diesen Pferden sprach. Der Weg durch die Brauerei führte zu einem Häuschen hinunter, und da wohnten wir. Im Wohnzimmer und in der Küche war es fast immer dunkel. Ich erinnere mich, in der Küche standen weiße Möbel, doch sah man nur ihre weißen Umrisse und den weißen Hocker. Ich erinnere mich, wie ich im Hof mit einer Flasche spielte und sie zerschlug und mir den Handrükken zerschnitt. Es floß schrecklich viel Blut, doch tat es erst weh, als mir ein Mann im weißen Kittel die Hand nähte, er hieß Doktor Michálek.

Ich erinnere mich, ich saß im Dämmerlicht der Küche und blickte auf den Hof hinaus in die Sonne, dort tauchte ein Mann in grauer Militärkleidung auf, er trug eine Soldatenmütze, und an dieser Mütze glänzten schwarze Knöpfe. Dieser Mann stieg den Weg hinab und trug ein Päckchen unterm Arm. Dann verschwand er und erschien in dieser Uniform in der Küche, und jemand, vielleicht Mama, sagte mir, es sei Papa. Das ist das einzige Bild meines Vaters in Polná, dann kam er öfters nach Hause, er war der Buchhalter der Brauerei, er ging auch in eine Behörde und teilte dort den Frauen Maisbrot aus. Diese Frauen waren in Wolltücher gehüllt und wirkten auf mich immer wie bei einem Begräbnis, als folgten sie einem Sarg, so, wie ich das bei Großmutter aus dem Fenster gesehen hatte. Dieses sonnenumflutete Bild des hinabsteigenden Soldaten in Uniform habe ich bis heute bewahrt, wie eine Photographie. Das ganze Haus roch nach Schimmel, der Flur führte auf der anderen Seite zur Straße hinaus, wo die Schule war. Die Tür war zwar verschlossen, doch hörte ich, wie die Kinder draußen schrien und johlten. In die Stadt ging ich immer durch die Brauerei, ich durchschritt die Gasse, und plötzlich flog mein Blick über den Marktplatz, hier war ich am liebsten, ich trug ein rotes Jöppchen und hatte einen steifen Hut mit Hahnenfedern gefunden, und weil ich einen großen, kahlgeschorenen Kopf hatte, blieb mir der Hut auf den Ohren hängen. Und bald fand ich heraus, daß dieses mein Kleidungsstück und dieser Hut auf die Leute eine solche Wirkung ausübte, daß sie stehenblieben und Gespräche mit mir anknüpften. Und ich antwortete immer so, daß die Leute lachen mußten. So durchstreifte ich am liebsten das Städtchen, entdeckte immer neue und neue Gassen, bis ich hinter die Stadt geriet. Dort liefen Soldaten auf einem festverzurrten Balken über den Bach, ich versuchte es auch, glitt aber ab und wäre fast ertrunken. Ich erinnere mich nur an ein gelbes Licht. Als ich aufwachte, sah ich, daß ich in einem Bett lag, das

Federbett war blendend weiß, irgendein Kind stand neben mir und legte Heiligenbilder auf das Oberbett.
Ich erinnere mich, in dem Häuschen in der Brauerei erschien eine große Frau, sie trug schwarze Kleider und hatte hohe Schnürstiefel an. Wenn ich in ihr Gesicht sehen wollte, war es so weit oben, fast so weit oben wie die Uhr an jenem Kirchturm auf dem Marktplatz. Und dann erschien in der Küche ein weißer Korbwagen, und die Küche war ganz in das Weiß von Tüchern und Windeln an weißen Schnüren getaucht, in der Küche ging es lustig zu, das Fenster wurde geöffnet, und in der Zugluft flatterten die Windeln. Sie sagten mir, daß ich einen Bruder Sláveček bekommen habe, sie legten ihn auf den Tisch, wickelten ihn aus und wickelten ihn um, und dann wickelten sie ihn wieder in ein weißes Kissen und schnürten es mit einem Wickelband fest. Von diesem Augenblick an war ich verloren, alles drehte sich nur noch um das Kind, selbst auf dem Hof, in der Sonne, immerzu wehten an der Leine weiße Windeln, die im Zugwind flatterten, ich erinnere mich, die Dienstmagd, jene Riesin, sie hieß Mařena, ging umher und befühlte die Windeln und legte sie in den Korb.
Ich erinnere mich, daß ich gerne zu Begräbnissen ging. Irgendwie war das wie die Erinnerung an Großmutter und an ihr Fenster. In dem roten Jöppchen, den Hut mit der Hahnenfeder auf dem Kopf, schloß ich mich mit ernster Miene dem Trauerzug an, ging immer mit den Musikanten, ließ mich gerne von den Trompeten betäuben und hatte den Eindruck, daß die Begräbnismusik quietschte. Danach ging jedes Begräbnis ins Gasthaus, und ich saß bei den Musikanten, und während sie spielten, nippte ich von ihrem Schnaps. Und so kehrte ich einmal in die Brauerei zurück und war dermaßen betrunken und aufgedreht, ich erinnere mich, die sogenannte Zuglampe brannte bereits, ich saß auf dem Hocker, sah die Köpfe, die sich über mich beugten, an den Schnürstiefeln erkannte ich Mařena, ich wollte die Schnürsenkel meiner Schuhe aufbinden, konnte aber um nichts in der Welt die Schleifen aufnesteln. Und die Küche und die Menschengesichter drehten sich vor meinen Augen, ich erinnere mich, daß ich aufschrie: Haltet den Hocker, haltet den Hocker! Und irgend jemand

weinte, es wird wohl Mama gewesen sein, und Mařena sagte: Er ist betrunken ...

Ich erinnere mich an die Gruppen jener Frauen in Wolltüchern, die auf das Brot warteten, Papa teilte die Karten aus, ich erinnere mich an die Frauen, aber an Papas Gesicht kann ich mich nicht erinnern. Ich wollte die Frauen trösten, die herumstanden und sich angstvoll unterhielten, wie wird das Brot sein? Ich erinnere mich, daß ich, um sie aufzumuntern und zu erheitern, zu ihnen sagte: Ich weiß, die Armen bekommen das Maisbrot, und die Reichen bekommen das weiße. Und ätsch, wir haben zu Hause eine Kiste Zucker unterm Bett ...

Ich erinnere mich, diese Mařena, jene, die niemals lachte, und die, wenn sie mich ansah, mich so finster anschaute, mochte mein Brüderchen so sehr, daß sie sich am Tisch, auf dem er im Kissen lag, dauernd über ihn beugte, sie mochte ihn so sehr, daß sie ihn immerzu anlachte und mit ihm schäkerte, und sie beugte sich sogar vornüber und küßte ihn, berührte ihn mit ihrem ganzen Gesicht, ich sah, wir ihr Lächeln mein Brüderchen völlig bedeckte. Ich erinnere mich, daß mich diese Magd Mařena ans Ende der Stadt geführt hat, wo sie wohnte, und ich ging dann gerne hin, es war eine ganz gewöhnliche Bauernhütte, sie hatte sogar nur eine einzige Stube, dort war ein Tisch, und rings um den Tisch waren Kindergesichter, Mařenas Geschwister, ich saß mit ihnen zusammen und hatte wie sie das Gesicht auf dem Tisch, der geschrubbt und angenehm anzufassen war. Wir sahen uns gegenseitig an, und Mařenas Geschwister waren ein wenig erschreckt durch diesen Hut und das Jöppchen. Um ihnen eine Freude zu machen, nahm ich sie mit in die Stadt, auf dem Marktplatz hatte Herr Hazuka eine Konditorei, ich brachte die drei Kinder mit, bestellte Mohrenköpfe für sie, und als wir uns sattgegessen hatten und Herr Hazuka sich sattgefragt und alles erfahren hatte, was ich ihm über die Brauerei, über Mařena und überhaupt über alles, was ich wußte, hatte sagen können, als er sich sattgelacht hatte, bedeutete er mit der Hand, daß wir schon genügend Mohrenköpfe gegessen hätten. Und wir liefen hinaus, die Kinder rannten weg, blieben erst in der nächsten Gasse stehen, ich erinnere mich an ihre drei Köpfe, wie sie hinter der Hausmauer hervorlugten, ich erinnere mich an ihre Finger, wie sie die Mauerkante umklammerten, wie sie mich anguckten, als ich ihnen langsam nachging, ich erinnere mich, daß ich wußte, daß sie Ehrfurcht vor mir hatten und mich bewunderten, wie ich sie mit so vielen Mohrenköpfen hatte umsonst bewirten können.

Ich erinnere mich, daß ich zum Bahnhof kam und die Lok und die Waggons bewunderte, und als der Zug abfuhr, kam irgendein Reisender heraus, er warf die Fahrkarte weg, ich wartete, bis er gegangen war, hob die Fahrkarte auf, und am nächsten Tag wartete ich schon in aller Früh auf den ersten Zug, ich stieg in diesen Zug ein, und als der Schaffner kam, reichte ich ihm die Fahrkarte, die ich am Vortag gefunden hatte, und als der Schaffner mich fragte, wohin ich führe, sagte ich: Zur Großmama. Er setzte mich in Šicendorf ab, und der Vorsteher schickte mich mit dem ersten Zug wieder zurück nach Polná. Einmal erschien in der Brauerei ein Auto, ein Laster, heimlich kletterte ich hinten hinauf, dort standen leere Treberfässer, ich kroch in eines der Fässer, und bis das Auto wieder losfuhr, war ich eingeschlafen, und als ich aufwachte, sah ich durch die Luke in Reichweite den Fahrer, Herrn Brabec. Ich kratzte ihn am Ohr und sagte, um ihn heiter zu stimmen: Herr Brabec, do bin i ...

Ich erinnere mich noch an den Herrn Volenec, das war ein Mann in Reithosen, und ihm gehörte die andere Brauerei in Polná, ich erinnere mich, ich sah ihn entweder auf dem Pferd oder neben dem Pferd, wie er es am Zaumzeug hielt. Ich erinnere mich, daß das Pferd so schlank war wie Herr Volenec, während die Pferde, mit denen Herr Močuba das Bier ausfuhr, so aussahen wie Herr Močuba, sie waren dick, und während das Pferd des Herrn Volenec den Kopf immer hochhielt, ließen die Pferde des Herrn Močuba, wenn sie standen, die Köpfe knapp über dem Boden hängen. Ich erinnere mich, das Pferd fürchtete sich vor Herrn Volenec, er hielt es am schaumbedeckten Zaum fest, und das Pferd bäumte sich auf, und Herr Volenec zerrte an dem Zaum, ich erinnere mich, in den Augen des Pferdes stand der Schrecken, die Angst, während die Pferde des Herrn Močuba ihren Kopf immer wieder über seine

Schulter legten, und Herr Močuba stützte, umarmte sogar seine Pferde, dauernd brummelte er ihnen etwas zu. Man erzählte von Herrn Močuba, daß er schrecklich gerne Schnaps trank, daß er für ein großes Glas Schnaps imstande war, eine Maus zu verschlucken, die er dann mit diesem Schnaps herunterspülte. Als ich das hörte, weinte ich bitterlich und bedauerte die Maus.

Ich erinnere mich, daß mich die Leute in Polná so sehr mochten, daß ich Zugang zu allen Haushalten hatte, ich erinnere mich, daß ich mich gern aus den Fenstern im ersten Stock lehnte, daß ich den Ausblick aus diesem ersten Stock liebte, auf den Brunnen und die buschigen Bäume und vor allem auf die weißgetünchte Kirchenwand, die wirklich mit dem Turm bis in die Wolken hochragte. Um den Leuten eine Freude zu machen, stand ich in dem langen roten Jöppchen vor der Kirche, sah hinauf, beugte den Kopf weit nach hinten, bis ich mir den Hut festhalten mußte, schaute auf das riesige Zifferblatt. Und auf die Frage, wohin ich da schaue, antwortete ich: Wohin? Dauernd glotz' ich und glotz' ich und weiß immer noch nicht, wie spät es ist ... Und die Leute gingen weiter und lächelten und waren zufrieden mit dem, was ich gesagt hatte, und ich dachte mir solche Antworten auf ihre Fragen aus, um sie zu unterhalten. Und so waren alle Leute in Polná meine Freunde, alle fragten mich aus, was Mama und Papa machten, wo mein Brüderlein wäre, und weshalb ich nicht zu Hause sei? Und ich antwortete nicht mehr ganz wahrheitsgemäß, dachte mir allerlei aus und war glücklich, daß die Leute über meine Antworten lachten. Ich erinnere mich, daß ich zu Ostern mehr als zweihundert Eier nach Hause brachte, so viele Leute hatte ich besucht. Nicht zu jeder Hochzeit wurde ich eingeladen, doch ich kam und setzte mich hinzu, ich erinnere mich, alle Augen waren auf mich gerichtet, und ich breitete meine Arme aus, als wollte ich die ganze Tafel umarmen, und rief: Das alles gehört mir ... Und ich saß beim Hochzeitsmahl, und die Leute wunderten sich, woher ich gekommen sei.

Ich erinnere mich noch an einen Sonntagnachmittag, ich sah auf die Ärmel meines roten Jöppchens am Brunnenrand, ich blickte auf den Grund hinab und entdeckte dort die hineingeworfenen Sechser, funkelnde Münzen, ich beugte mich so weit vornüber, daß ich in den tiefen Brunnen auf dem Marktplatz stürzte, es war bereits Mittag, ich hörte die Uhr schlagen, ich hörte die Mittagsglocke läuten, und wieder sah ich nur das viele Licht ... Ich erinnere mich nur, daß man mir erst später sagte, eine Frau habe gesehen, wie ich in den Brunnen fiel, eine Frau im Rollstuhl am Fenster im ersten Stock, daß es ziemlich lange gedauert habe, bis man mich halbertrunken herausgezogen hätte, Herr Doktor Michálek, der das Wasser aus mir herausklopfte, habe mich der Welt wiedergegeben ...

Ich erinnere mich an das Kriegsende. Plötzlich war der Marktplatz voller Menschen, und alle schrien und sangen, und alle hatten heitere Gesichter wie bei einer Hochzeit, ich erinnere mich, damals wollte keiner wissen, warum ich auf die Uhr hochschaute, und auch nicht, was ich über Mama und Papa sagen würde, die ganze Zeit über beachtete mich damals keiner, sie schubsten mich sogar beiseite, immerfort schauten sie zu den Fahnen hoch, gingen auf dem Marktplatz herum, wie ich in roten Hemden, und sangen nur und riefen Hurra! Ich erinnere mich, daß lauter kleine Adler auf dem Boden lagen, ich las sie auf, ein großer schwarzer Adler, der vom Rathaus heruntergerissen worden war, lag auf dem Boden, und die Menschen zertrampelten ihm jubelnd die Flügel, ich sah zu, wie die Menschen auf dem Marktplatz Fahnen in schwarzen und gelben Farben verbrannten, ich erinnere mich, wie die Soldaten kamen und sich die Abzeichen von den Mützen rissen und auf ihnen herumtrampelten, ich erinnere mich, wie Herr Doktor Michálek eine Rede hielt und mit der Hand aus seiner Wohnung im ersten Stock auf den Marktplatz winkte. Ich erinnere mich nur, daß die Menschen auch mich umarmten und mir zuschrien: Der Krieg ist aus! Ich aber wußte das nicht, ich begriff von alledem gar nichts. Und während die Menschen andauernd jubelten, war ich traurig, ich sah, daß mir die Menschen keine Beachtung schenkten, daß mein rotes Jöppchen und mein Hut mit der roten Feder überhaupt keinen mehr interessierten, und daß der Krieg zu Ende war, erkannte ich allein daran, daß mir irgend jemand diesen meinen österreichischen Polizistenhut mit der Hahnenfeder abnahm, und

bevor ich ihn daran hindern konnte, auf dem Marktplatz vor der Kirche zertrat ...
Ich erinnere mich, ich war sechs Jahre alt, wir zogen von Polná nach Nymburk um, an die Fahrt im Zug erinnere ich mich nicht, ich erinnere mich, wie Großvater wieder vor mir niederkniete, mir ein Sträußchen an den Rockaufschlag steckte, meine Hand nahm und mich von der Brauerei auf einem Feldweg und am Fluß entlang und über eine lange Brücke in ein Schloß, in die Schule brachte, zur Einschulung in die erste Klasse, ich sah Kinder, wie ich eines war, ich erinnere mich an meinen Lehrer, er war ganz vertrocknet und klein und trug eine Brille, die funkelte, er war freundlich zu mir, aber ich erinnere mich, daß ich entsetzt war, daß mich dieses Entsetzen über die Schule auch weiterhin begleitete, in der Schule, auch wenn die Sonne hineinschien, schien es mir, als herrschte dort immer Dämmerlicht oder gar Dunkel.
Ich erinnere mich an den Schulranzen, den ich auf dem Rücken trug, an die Schiefertafel und an den Griffel, ich erinnere mich an die Schulfibel, ich erinnere mich, daß ich zum Nikolaus noch eine Fibel bekam und dann zu Weihnachten eine weitere, weil ich das, was wir in der Fibel gelernt hatten, immer herausgerissen habe. Die Brauerei war hier ganz anders als in Polná, in Polná war sie fast ein Teil der Wohnung, in der wir wohnten, hier in Nymburk lag die Brauerei hinter einem großen Garten, sie war hoch und fast so groß wie die Kirche in Polná, nach und nach eroberte ich den Raum, zunächst die Ställe, wo am Abend und am Sonntag drei Paar Pferde und zwei Paar Ochsen standen, dann die Mälzerei und die Tenne, und erst später traute ich mich und warf einen Blick in den Maschinenraum, wo mich am meisten die auf den Wellen angebrachten Messingtrichter interessierten, in welche der Maschinist Öl goß. Und dann die Gesindestube und der Malzboden, und ganz zuletzt das Sudhaus und der Gärkeller und die riesige Eisgrube. Mama habe ich als Fräulein in Erinnerung, so ist sie mir immer vorgekommen, immer wie ein Fräulein, sie lachte gern. Papa erstaunte mich mit seinem Fahrrad, auf das er stolz war. Es war ein Rad der Marke B.S.A. und hatte Holzfelgen und Rennreifen. Das Fahrrad war sehr leicht, Papa ließ es die

Leute, die sich für Fahrräder interessierten, immer wieder in der Hand wiegen. Und wieder lag die Küche nach Norden, sie war immer dunkel, das Fenster jedoch strahlte hell, weil es zum lichtdurchfluteten Garten schaute. Hier zogen sich ganze Alleen von Zwetschgen und Ringlotten, dann die Allee von Äpfeln und dann die Allee von Nüssen entlang. Im Sommer weckte mich ein Geräusch, das ich noch nie gehört hatte. Ich lief hinaus, und in der Wiese unter den Obstbaumalleen standen drei Männer in Hemden und schnitten mit den Sensen die Wiese, die in sirrender Bewegung niedersank und gleichmäßige Wellen aus duftendem Gras bildete ...

Ich erinnere mich, daß einmal, als ich von der ersten Klasse nach Hause ging, zwei junge Männer in Kaufmannskitteln auf den Marktplatz heraustraten und mit vollen Händen Sechser um sich warfen, die auf dem Boden klingelten und umherkullerten, während ich dastand, verblüfft durch das, was ich da sah. Ich sammelte sie auf, doch kaufen konnte ich nichts mehr dafür, es gab bereits ganz andere Münzen. Ich erinnere mich an die Brücke, die mir strahlend weiß vorkam, die Brücke über dem Fluß, von der aus man die Brauerei in weiter Ferne sah. Für den Weg von zu Hause bis zu dieser Brücke brauchte ich schrecklich lange. Am Rande der Brauerei, dort, wo die Felder begannen, wehte manchmal ein so starker Wind, daß ich gar nicht erst in die Schule ging. Ein anderes Mal gab es solch ein Hochwasser, daß der Fluß die Brückenbögen berührte, und im Elbviertel strömte das Wasser bis unmittelbar zum Gasthaus und zum Kaufladen. Diese Brücke überquerte ich einige Male auf dem Geländer, bis Papa es mir untersagte. Als ich in der ersten Klasse war, sah ich, wie mitten auf der Brücke ein Mann auf dem Rücken lag, zwei Männer knieten auf ihm, der eine versuchte, dessen Fäuste zu öffnen, als hielte der Liegende Münzen darin fest, ich sah, daß der Liegende ein schreckliches Gesicht und Schaum vor dem Mund hatte, und der andere versuchte, ihm mit einem Taschenmesser die Zähne auseinanderzubringen. Auf eben dieser Brücke sah ich kurz vor Mittag auf dem Heimweg aus der Schule, wie Maurer einen anderen Maurer untergehakt führten, sein Gesicht war voller Kalk, die Augen hielt er fest veschlossen, und die Maurer, an jeder Seite einer, brachten ihn ins Krankenhaus. Als ich ans Ende der Brücke kam, stand dort ein halb fertiggebauter Kiosk mit Gerüst, eine verlassene Mörtelpfanne lag da ...

Ich erinnere mich, daß ich, wenn der Frühling kam, gern barfuß in die Schule ging wie meine armen Mitschüler. Es tat mir gut, die feuchtwarme Erde mit nackten Fußsohlen zu berühren, gerne nahm ich Lehm und Sand unter den Füßen wahr, gerne watete ich durch Morast und Wasser. Ich lernte Fische fangen, und im Sommer stand ich gerne im Wasser, trübte das Wasser mit den Füßen und fing darin Kaulköpfe und Ukeleie. Ich steckte sie in den Hamen oder fädelte sie an den Kiemendeckeln auf ein Schnürchen, an dessen Ende ich ein Streichholz gebunden hatte. Fast jede Minute fing ich so ein Fischlein, manchmal biß ich es sogar tot. Ich erinnere mich, wie ich das lebendige Fischlein in den Mund nahm, und wie es nicht bloß knirschte, sondern wie sich auch der kleine Körper aufbäumte. Ich erinnere mich, daß es im Elbviertel, auf meinem Heimweg, ein Schwimmbad mit Holzkabinen gab, dort badete ich nie, ich badete bei den Sandbänken hinter der Brauerei, bei der Eisenbahnbrücke, wo die Weiden und der Sand waren. Dafür wußte ich im Herbst und im Winter, wenn ich aus der Schule kam, in welcher der Holzkabinen das Schloß aufgebrochen war, dort saß ich dann mucksmäuschenstill und horchte. Im Flur unseres Hauses entdeckte ich die Tür, die auf den Dachboden führte, das Dach war aus Zinnblech, und erstmals lauschte ich gerne dem Regen, und überhaupt, wenn es zu regnen anfing, trommelte das Dach dermaßen, daß man es auch bei geschlossener Tür hören konnte. Auf diesem Dachboden hielt ich mich gerne auf. Ich verschwand dort für ganze Stunden. Da führte auch eine Tür aus der Braumeisterwohnung hin, der Braumeister stellte dort Sachen ab, die er nicht mehr gebrauchen konnte. Ich aber war von diesen Sachen begeistert. Da standen merkwürdige Möbelstücke, spanische Wände mit Zeichnungen von nackten Frauen und Blumen drauf. Und dann standen dort zwei Vasen, so groß wie ich, aus Splittern und Glasscherben zusammengekittet. Ich öffnete alte Seemannskisten und fand darin alte Ansichtskarten, sogar alte Armeesäbel, und dort stieß ich auch auf Schachteln mit Briefmar-

ken. Und wenn es zu regnen anfing, wirbelte der Regen auf dem Zinndach, als wäre ich in der Trommel drin, die ich vom Christkind bekommen hatte, und auf die ich so gerne mit den Schlegeln schlug ...
Ich erinnere mich, daß die Küchenmöbel aus Polná auch hier, in Nymburk auftauchten. Auch hier standen sie im Dämmerlicht, und auch hier sah ich sie nur als weiße Linien, den Umrissen entlang. Überdies ließ Mama ein kleines weißes Tischchen mit zwei Stühlchen und zwei Bänkchen mit Lehnen schreinern. Ich erinnere mich, wenn ich etwas ins Heft zu schreiben hatte, dann quälte mich das Schreiben zu Hause so sehr, daß ich das Tischchen bei schönem Wetter auf den Hof in die Sonne schleppte und dort meine Aufgaben machte und ein bißchen weniger litt. Daran, wie das Wohnzimmer aussah, als ich sieben war, erinnere ich mich überhaupt nicht mehr. Ich weiß nur, daß die Sonne dort so hell hereinschien, daß ich die Möbel gar nicht erkennen konnte. Das Licht strömte durchs Fenster, und jedes Fenster war außen von Weinranken umrahmt. Ich erinnere mich, daß auch die Magd Mařena mit uns hergekommen war, dieses riesige Frauenzimmer, immerzu in diesen Schnürstiefeln, die bis über die halbe Wade reichten, doch unter dem langen Rock versteckt waren. Sie war sehr streng mit mir, zu meinem Bruder Sláveček dagegen war sie sehr nett. Dieser Slávek wurde plötzlich jemand, wie ich es in Polná gewesen war. Plötzlich unterhielt er sich mit jedem, der zu uns kam, plötzlich konnte er sogar Bier holen und Schnaps oder Likör einschenken, plötzlich antwortete er auf die Fragen wie ich in Polná, so daß sich unsere Familie mit Slávek brüstete, und ich machte eine saure Miene dazu, weil ich das alles nicht mehr fertigbrachte, und so kam ich immer erst gegen Abend nach Hause, manchmal verkroch ich mich unters Bett, und man zog mich schlafend wieder hervor. Ich erinnere mich, daß ich, wenn es noch hell war, mich auf dem Dachboden verkroch, oder aber im Klosett herumdrückte ...
Ich erinnere mich, daß ich einmal aus der Schule kam, und plötzlich miaute etwas in den Reben unter dem Fenster, und dort entdeckte ich ein kleines Kätzchen. Es hatte ein rosiges Näschen, und unterhalb des Kinns und an den Pfötchen war es

weiß, der Rücken war grau gestreift. Ich weiß nur, daß es sehr traurig war, und als ich darüber staunte, schmiegte es sich an mich, und ich lernte etwas kennen, was ich bis dahin nicht gekannt hatte, daß ich plötzlich ganz zärtlich wurde, in diesem Moment wußte ich sogar, daß ich dieses Kätzchen nie mehr verlieren durfte, daß es zu mir gehörte, und es schmiegte sich an mich, und ich setzte durch, daß es bei uns bleiben konnte. Es schlief bei mir, und wenn ich am Morgen Sehnsucht nach ihm hatte, lief ich einfach so im Hemdchen hinaus und rief es in der Wiese, und immer kam es von der Mälzerei in mächtigen Sprüngen herbeigelaufen, und ich drückte es an mich, es war feucht und duftete nach Gras, und dann lagen wir zusammen im Bett, das Katerchen streckte sich neben mir lang, und ich nahm mich sehr in Acht, daß ich es nicht erdrückte, unsere Gesichter lagen nebeneinander. Damals war ich schon im Kino gewesen, es wurden Stummfilme gespielt, und einer davon hieß Serpentin der Maurer, heute glaube ich, daß es Lupino Lane war, und so bekam der Kater den Namen Serpentin.
Ich erinnere mich, daß wir noch ein Zimmer hatten, das immer abgesperrt war. Vor den nach Süden gelegenen Fenstern des Zimmers standen zwei Bäume, zwei Apfelbäume, wir hatten vergessen, die Äpfel zu pflücken, und im Winter, da konnten wir die Äpfel sammeln, die im Schnee unter den Buchsbäumen lagen, sie waren immer frisch und gelb, und ihr Fruchtfleisch war wie gepreßter Schnee. Dieses Zimmer ließ mir keine Ruhe, oft lugte ich durchs Schlüsselloch hinein und sah nur einen Topf aus Steingut. Ich quälte mich damit, was darin verborgen sei, bis ich einmal entdeckte, daß ein Schlüssel im Schloß steckte. Ich sperrte auf, und das Zimmer war leer, da stand wirklich nur dieser Topf aus Steingut, und es herrschten eine so große Stille und Leere und modrige Luft in dem Zimmer, daß ich erschrak und rasch hinter mir wieder zusperrte …
Ich erinnere mich, daß ich einmal auf dem Heimweg von der Schule war, wir rutschten vom Schober, es waren auch Buben aus dem anderen Elbviertel dabei, die in der Schule so oft durchgefallen waren, daß sie immerzu in dieselbe Klasse gingen. Sie brachten mir dort bei, die Geschlechtsorgane zu be-

trachten, ja selbst die Mářa Hůlková zeigte uns ihr Geschlechtsorgan, und sie lachte dabei. Ich erinnere mich, daß ich dann zu Hause aufs Klo ging, mir mein Höschen herunterzog und mein Geschlechtsorgan anschaute, ich betrachtete es so lange, bis mich etwas dazu zwang, nach oben zu sehen. Dort oben, im obersten Fenster, die anderen waren übertüncht, dort tauchte das Gesicht des Hausmeisters auf, nur das Gesicht, das auf mich herabblickte, ich bekam schreckliche Angst vor diesem Gesicht, ich konnte mich fast nicht rühren vor Schreck, so stand ich da, dieses Gesicht hatte plötzlich die Hand beim Ohr, und diese Hand drohte mir mit dem Finger. Als ich hinausrannte, stand der Hausmeister schon an der Tür seiner Deputatwohnung, am Klosett lehnte eine Leiter, und der Hausmeister drohte mir mit dem Finger, bevor er im Flur verschwand ...

Ich erinnere mich noch, wie ich an einem Nachmittag in den Wald ging, ich ging so lange durch das Wäldchen, bis mich die Angst überfiel, ich hätte mich verirrt. Dann hörte das Wäldchen auf, und ich stand am Rand eines sandigen Abhangs und staunte. Dort unten, zwischen den Wiesen, schlängelte sich ein Bach, dort unten war ein Wehr, und darüber gurgelte das Wasser, im Hintergrund, dort, wo die Sonne unterging, lag im Grünen ein Dorf, dort waren Dächer, staunend stieg ich hinab zum Bach, es war im Sommer, ich zog mich aus und stieg in das Wasser, die Ufer waren zum Greifen nah, ich spürte unter den Fußsohlen den sandigen Grund, und vor allem sprudelte der kleine Wasserfall des Wehrs in meine Hand, das Wasser reichte mir bis zum Bauch, ich tauchte ein und hielt den Kopf dem Wasserfall entgegen, das Wasser floß mir über die Augenbrauen, und durch diese Tröpfchen sah ich eine verwischte untergehende Sonne, und das war und ist mein schönstes Bild, von dem ich bis heute lebe ...

Ich erinnere mich, daß ich, als ich lesen gelernt hatte, zwei Bücher bekommen habe. Das eine hieß *Vom Schlemperchen zum Schlemperjahn*, ich konnte es auswendig, ich kringelte mich vor Lachen, wenn ich es immer wieder und wieder las ... Das pummlige Zilinchen führte zwei Hündchen am Schnürchen ... Und das zweite Buch hatte ich wohl irrtümlich bekommen. Es hieß *Unverstanden*, und geschrieben hatte es ein Herr Montgomery. Das war ein schrecklich anstrengendes Buch für mich, ich las es gezwungenermaßen, etwa so, wie ich gezwungenermaßen lernte. Ich wurde immer traurig über dieser Lektüre, und als ich fühlte, daß der Junge in dem Buch ein schlechtes Ende nehmen würde, las ich es nicht zu Ende, ich hatte Angst, daß auch ich ein schlechtes Ende nehmen könnte. Heute aber weiß ich, daß auch ich ein wenig unverstanden war, so wie übrigens die meisten Kinder, daß ich es also nicht ganz irrtümlich zu Weihnachten bekommen hatte, sondern das Buch vielmehr einen höheren Sinn in sich barg, den ich erst heute verstehe. Ich habe das Buch heute noch, habe es aber nicht gewagt, es zu Ende zu lesen, so daß jener Junge für mich weiterlebt, so wie ich …

Wer ich bin
2

Das ist ein Mensch, der nie allein ist mit sich selbst, hier stehe ich an der Brüstung des Klosters Strahov, unter mir der Abhang des Seminargartens, im Hintergrund der Veitsdom und die Burg. Hier stehe ich, fast kahlköpfig, mit zerfurchter Stirn, auf der ich wie ein römischer Soldat alles mit mir trage. Grausame Fältchen rund um den Mund, der eingefallen ist dank gezogenen Zähnen und Prothesen. Die Augen tiefliegend durch Schlaflosigkeit und Trinken. Mein Gehirn ist Aschenputtels Nuß, statt Kleidern habe ich den Kopf voller Gerümpel, Grenzsituationen, Zusammenstößen, Gesichter von anderen, Fetzen von Sätzen, Begebenheiten, bis mir der Kopf tost und platzt. Eine Telegraphenstange dank der Tatsache, daß ich im Genick sechs Wirbel verrenkt habe. Ich liebe die laute Einsamkeit, den schweigsamen Schrei, Tennisplätze, Grübchen in Mädchenrücken. Ich trage ein blauweiß gestreiftes Leibchen, das ich mir in Nürnberg gekauft habe, als ich aus dem Ratskeller kam, wo ich Weizenbier getrunken hatte, prickelnd wie Champagner. Und darüber trage ich eine blaue Jacke von Burbery's, die ich mir kaufen mußte, weil sie mir auf Zypern so sehr gefiel, mit leicht hochstehendem Kragen, und ich halte den achten Band von Pijoans Kunstgeschichte in der Hand, der Reißverschluß der Burbery's Jacke ist offen bis zum Bund. Ein fescher Kerl. Hinter mir ragt die königliche Burg empor, ich wiederhole für mich selbst, was sich alles auf der Burg abgelöst hat, böhmische Fürsten, böhmische Könige, die Habsburger, Präsidenten, dann Hitler und wieder Präsidenten, dann Chruschtschow und Breschnew, und wie diese Potentaten, die sich durch diese Flügeltüren drängten und aus den Fenstern dieser Burg neigten, so habe ich alles in mir angehäuft ... Nun stehe ich hier und starre vor mich hin. Es ist offensichtlich, dieses Land ist viel zu schön, als daß sich mächtige Nachbarn nicht dafür interessierten, in diesem Augenblick, da ich hier stehe, bin ich nicht nur in mir selbst Schritt für Schritt zurückgegangen, sondern auch im Schicksal dieses Landes, das jetzt von der Sowjetarmee besetzt ist, so wie tausend Jahre zuvor von der ottonischen Renaissance. Man kann nichts dagegen tun, und also ist es gut so. Mein Urgroßvater pflegte sich dermaßen zu besaufen, daß er nur selten bis nach Hause kam, sondern im Straßengraben schlief. Erst nachdem mein Großvater Tomáš und sein Bruder ihn fast erwürgt hatten, schlief Opa nicht mehr im Straßengraben, sondern im Bett. Die Großtante Fany sprach gern deutsch, und ein entfernter Vetter fiel in der Reichsuniform vor Stalingrad. Hier vor mir ragt engelsgleich das Strahov mit seinen gestutzten Flügeln empor, ohne Priester, ohne Dominikaner. Als meine Großmutter Kateřina Hochzeit feierte, wurde gerade ihre Schwester geboren. Der älteste Bruder Methud schalt seine Mama, es zieme sich nicht, ein Kind zu gebären, wenn man die Tochter verheirate. Dann bekam Methud zwei Kinder, und beide waren stumm. Er ging regelmäßig in die Kirche, überzeugt davon, daß die stummen Kinder eine Strafe dafür waren, daß er über seine Mutter gelästert hatte. Als seine stummen Kinder heranwuchsen, nahmen Priester sie mit nach Kremsier, dank ihrer Stummheit verkauften sie Devotionalien und Priestergewänder. Die entfernte Base Milada heiratete den Metzger Špiz, der aus einer Metzgerfamilie stammte, als Zweitgeborener jedoch Theologie studierte. Doch der älteste Sohn starb, und so mußte der fast fertigstudierte junge Herr nach Hause zurückkehren und metzgern. Milada metzgerte mit, bis die Rote Armee kam, dann wurde sie Kommunistin und nach achtundvierzig Leiterin eines Staatsbetriebs, und sie wollte vom Metzgern nichts mehr wissen. Das ist nur ein kleiner Teil meiner weitverzweigten Familie. Vincek, mein Vetter, sang während des Protektorats in der Deutschen Oper. Danach schlug er sich auf die Seite der Kommunisten. Das ist ein kleiner Teil meiner Familie, und eigentlich bin auch ich es, so wie ich das Schicksal der Prager Burg bin, das Schicksal dieses Landes, das so schön ist, daß stärkere Nachbarn es immer durch Gewalt oder blutige Freundschaft an sich gerissen haben. Als in jenem Jahr neununddreißig die Deutschen kamen, brachte ich, da ich betrunken war, einige junge Reichssoldaten mit in die Brauerei, sie wußten nicht, wo sie schlafen sollten. Als die Soldaten der Roten Armee kamen, nahm ich einige Sowjetsoldaten mit nach Hause, sie wohnten so lange bei uns, bis sie vom Kommando abbefohlen wurden oder aber von selbst gingen. Auch das bin ich. Wer auch immer zu mir kommt, wem auch immer ich begegne, ich höre ihm so aufmerksam zu, daß ich mich selbst vergesse. So wechsle ich spielerisch auf die andere Seite hinüber, so höre ich auf den anderen, dem ich immer recht gebe. Erst wenn es dann zu spät ist, erwache ich wieder aus meiner Betäubung. Ist das mein Vorteil? Oder mein Fehler? Ja, ich bin, wer ich bin. Ich bin eigentlich bereits jene andern, alles, was außerhalb meiner selbst ist. Ich bin bloß ein Photoapparat, ein Tonband. Unter dem Prisma des Hauslehrers schneide ich nur meine Bilder heraus, meine Gespräche. Dieser bessere Mensch in mir, mein Lehrer, rät mir, stets zu denen zu halten, die ich geliebt habe, als ich noch ein Kind, ein junger Mann war. Zu den Verrückten, den Gewöhnlichen, den Arbeitslosen, den Versagern, zu denen, die noch keine sind, doch bereits nah am Abgrund stehen, zu Kindern und schönen Fräuleins, zu Menschen, die in Baracken oder umgebauten Wagen leben, zu nicht sehr gebildeten Menschen, die vielleicht gerade deshalb gewöhnliche Dinge und Gespräche lieben, zu Menschen, denen auf der Welt nichts anderes geblieben ist, als ihre Ehre zu haben und sich schämen zu können, Menschen, die stottern und Fehlleistungen vollbringen, wenn jemand sie anstarrt, die in ihrem Garten Kartoffeln und Rüben anpflanzen und Schweine füttern ... An diese Menschen denke ich jetzt, wenn ich an der Brüstung des Klosters Strahov stehe, hinter mir glänzt die Burg in der Sonne, ich trage ein blaugestreiftes Leibchen, das ich mir in Nürnberg gekauft habe, darüber die blaue Jacke, den Kragen kokett hochgeschlagen, in der Hand halte ich ein aus dem Spanischen übersetztes Buch über die moderne Kunst ... und jetzt betrachte ich meine Schuhe, sie sind braun und perforiert, und ich habe sie in Larnaca auf Zypern gekauft, wo Zenon aus Kition, der Gründer der Stoa, geboren wurde, als er lebte, hatten die Griechen ihr Imperium bereits den Römern überlassen, translatio imperii, und Zenon blieb nichts anderes übrig, wenn er richtig denken wollte, als aus der Niederlage einen Sieg zu machen, auf Kosten der Elemente zu leben und aus der Vogelperspektive die Leiden seines Volkes und folglich auch seine eigenen Leiden zu ertragen. Hier stehe ich, die Stirn gekrönt von zehn Falten, hier stehe ich wie ein alter Bernhardiner und blicke weit in die Ferne, bis zurück in die Kindheit und zu den frühen Přemysliden dieses Volkes, mit dem ich nun lebe …

Lob eines Berufes

Ein Herr Fahrdienstleiter wird man nicht einfach so. Zuerst muß der Betreffende nämlich bei der Bahn eine Reihe von Betätigungen und Prüfungen hinter sich bringen. Mich hatte man vorerst beim Oberbau ins Büro gesteckt, wo ich Pläne von Ladegleisen zeichnete und Unterlagen ablegte. Wenn die Sonne schien, sagte ich nachmittags zum Ingenieur: »Falls mich wer sucht – ich bin in der Ablage.« Und ich ging Unterlagen ablegen, ging ins Archiv, nahm ein Brettchen mit und sagte zu dem Angestellten, der alte Kurverts wendete und neue daraus machte: »Falls mich wer sucht – ich bin zum Hausbesorger gegangen.« Und ich ging mit dem Brettchen zum Hausbesorger, und als ich ein bißchen daran herumgeschnitzt hatte, sagte ich: »Falls mich wer sucht – ich bin in die Werkstätten Schrauben holen gegangen.« Und ich ging zum Baden. Natürlich hat mich einmal mein bester Freund so gründlich gesucht, daß man mich in Badehosen an der Elbe entdeckte. Da meinten die vom Oberbau, es wäre besser, ich käme an die frische Luft, Gleise unterstopfen. Das war eine schöne Arbeit! Ganz verliebt war ich in den Trupp des Streckenmeisters, die Hälfte davon waren Wandergesellen, die das europäische Flußsystem durchzogen und nicht müde wurden, große Wasserläufe stromauf und kleine Bächlein stromab zu wandern und über Tiroler Flüßchen zu streiten, die gar nicht auf der Landkarte existieren, und dabei wechselten wir Schienen aus und unterstopften die Schwellen. Unsere Strecke verlief in einer Phase längs der Strecke eines anderen Streckenmeisters, wo wiederum ein Trupp arbeitete, der beim Unterstopfen fortwährend Theater spielte, denn die meisten waren Laienspieler aus den umliegenden Dörfern. Als die beiden Trupps dann endlich nebeneinander arbeiteten, ergaben sich so herrliche Gespräche, daß ich nur staunend lauschen konnte.

Ein Fest für einen Oberbauarbeiter war der nächtliche Rundgang, für den es den nächsten Tag frei gab. Es war ein großes Abenteuer, wenn ich abends den gewaltigen Schlüssel, die Laterne und eine Blechbüchse mit Knallkapseln in Empfang nahm, dazu noch ein Merkbuch, in das sich jeder Bahnhäuschenwärter eintrug. Natürlich war es für mich ein Riesenereignis, als die Wahl des Streckenmeisters auf mich und einen weiteren Arbeiter fiel, die Tretdraisine aufs Gleis zu stellen, und wir auf Streckenkontrolle fuhren. Vorn in der Draisine war eine Art Sitzbänkchen, auf dem unser zentnerschwerer Streckenmeister saß, und wir beide hinten traten in die Pedale zweier aneinandergekoppelter Fahrräder mit Lenkstangen, und das Gefälle fuhren wir freihändig mit verschränkten Armen hinunter. Nur schade, daß ich damals nicht mit dabei war, als die Tretdraisine bei Nebel von Poříčany losfuhr und man einen Güterzug mit Schublok hinterdrein fahren ließ, der Güterzug fuhr von hinten in die Draisine und schleuderte sie in die Felder, der Streckenmeister hing über dem Kondensator, und so fuhren sie bei Třebestovice aus dem Nebel hinaus, und ein Fuhrmann zeigte dem Lokführer (die Trasse führte hier an der Straße entlang), wen er da aufgeladen hatte. Schade, daß damals statt des Herrn Streckenmeisters nicht ich dort hing! Das mußte ein Erlebnis fürs Leben sein!

Ich sollte allerdings ein Herr Fahrdienstleiter werden, und deshalb versetzte man mich nach einem Jahr woanders hin. Ich wurde persönlicher Referent des Streckenmeisters vom Hauptbahnhof, wir hatten einen Trupp von zweihundertfünfzig Arbeitern und mehr, die wir prompt an die Eisenbahnwerkstätten ausliehen. Zweimal wöchentlich zogen wir einen Karren dorthin, um Arbeitsschuhe, Schuhsohlen und Scheine für Schwerarbeiter auszugeben, Krankenscheine auszustellen, Kinderzulagen auszuzahlen und das eine Mal Vorschüsse und das andere Mal Nachzahlungen. So kam ich in allen Werkstätten herum und wußte, wo wer zu finden war, ich konnte derart mit dem Hammer auf einen Kessel schlagen, daß jedesmal der Kesselbauer herauskroch, den ich suchte. Schön war es vor Nikolaus, für einen Tag verwandelten sich die ganzen Werkstätten in die größte Spielzeugwerkstatt. So viele Spielsachen, von geschickten Arbeiterhänden angefertigt und mit derart bunten Farben bemalt, hab' ich mein Lebtag nicht gesehen.

Aber da ich Fahrdienstleiter werden sollte, wurde ich nach einem halben Jahr zu den Signalmeistern versetzt, wo ich die

Materialbewegung erfaßte und in Rechnung stellte, und die Hollerithmaschinen in Prag stellten uns danach die Monatsbilanz auf. Sonst hatte ich eine Freifahrkarte, durfte sogar auf Lokomotiven mitfahren, fuhr die Signale und deren Einzelteile in unserem Abschnitt kontrollieren, und zur Erntezeit kaufte ich Obst ein. In Mlejníce Äpfel, in der Umgebung von Libáň Birnen und Zwetschgen. Und so war ich schon ein bißchen vorgebildet und konnte Telegraphist werden, um danach eine Zeitlang als persönlicher Kondukteur zu fahren und dann vorübergehend Personenzugschaffner, vorübergehend Zugführer, vorübergehend Rangierer zu werden. Und erst dann wohnte ich in Königgrätz und besuchte dort den Bahnbetriebsdienstlehrgang. Nach den Prüfungen war ich also angelernt in Dobrovice und durfte schon Uniform tragen. Zum erstenmal in Fahrdienstleiteruniform auszugehen, ja eigentlich überhaupt in Eisenbahneruniform, kommt einer Hochzeit gleich. Alles mußte genau nach Maß geschneidert sein, die Stiefel mußten wie Lackschuhe glänzen. Noch während des Königgrätzer Lehrgangs war ich einmal barfuß durch die Stadt spaziert. Doch in Uniform barfuß zu gehen, das traute ich mich nicht mehr. Das wäre einem Sakrileg gleichgekommen. Kurzum, aus mir wurde ein ernsthafter Mensch. Als Fahrdienstleiter erlaubt sich auch keiner, zur Uniform braune Schuhe zu tragen. Der Fahrdienstkontrolleur hatte die Gewohnheit, im Güterwaggon mitzufahren, und betrachtete sich den Dienst des ausübenden Fahrdienstleiters durchs Fernglas. Der stieg auch unverzüglich vom Zug und knöpfte einen vergessenen Knopf zu, denn ein solcher Fahrdienstleiter ist eine Zierde des Bahnhofs, gleichwie in der Natur der Papagei oder ein Eisvogel. So diente ich in Kostomlaty, doch die Vorstellung, wie gut ich mich ausnehme, ließ mich so zerstreut werden, daß ich nie in meinen Taschen die Signalpfeife finden konnte, wenn ich das Signal Vm 9: Zugschaffner, auf die Plätze! pfeifen sollte. Also pfiff ich das Signal auf den Fingern, der Herr Stationsvorsteher ärgerte sich und gab mir mehrmals seine Pfeife, dann bezog er die Pfeifen dutzendweise, aber es nutzte trotz allem nichts. Und so geschah es, daß Reisende mit Kindern, wenn sie sich unserer Station näherten, die Fenster herunterließen und zu ihnen sagten: »Seht, das da ist der Herr Fahrdienstleiter, der immer auf den Fingern pfeift.« Nie in meinem Leben habe ich etwas mit so viel Liebe gemacht wie diesen Bahnhofsdienst. Und hatte ich Nachtschicht, dann wurde mir vor lauter Staunen ganz feierlich zumute, wenn der Stationsgehilfe die Petroleum- und Öllampen und die Laternen anzündete, wenn im Stationsbüro in einem fort die Telefon- und Telegrafenapparate ratterten und knatterten und zirpten und piepsten und die Rädchen im Sicherheitsblock so tickten, daß ich immerzu den Eindruck hatte, ich bin in einem Uhrmacherladen oder in einer Singvogelhandlung. Und bei alledem wußte ich, mein Dienst war ein verantwortungsvoller Dienst, weil ich in dem mir anvertrauten Abschnitt die sichere Durchfahrt sämtlicher Züge regeln mußte.

Heute bin ich wieder ganz woanders, doch sollte ich mich für einen der Berufe entscheiden, die ich jemals ausgeübt habe, dann möchte ich wieder ein Herr Fahrdienstleiter sein. Einerseits ist ein Fahrdienstleiter immer ein junger Mann, und andrerseits wäre ich zu guter Letzt Vorsteher irgendeiner kleinen Station geworden, im Sommer hätte ich eine weiße Hose und ein lichtblaues Jackett getragen, und als Vorsteher hätte ich den Fahrdienstleiter belehrt, wie ungeheuer wichtig es ungeachtet guter Dienstausübung ist, daß ein rechter Eisenbahner auf sein Äußeres achtet, daß er stets eine saubergebürstete Uniform, blitzblankpolierte Schuhe und ein sauberes Hemd anzuhaben hat, denn jeder Eisenbahner ist eine Zierde des Bahnhofs, gleichwie in der Natur ein Eisvogel oder der Papagei.

Wer ich bin
3

Erst heute weiß ich, daß die siebzig Jahre, die mir in den Rükken blasen, eine natürliche wie auch eine künstliche Sklerose mit sich bringen, erst jetzt, da meine Frau schon den vierten Monat pensioniert und also ständig mit mir zusammen ist, weiß ich, was die Hölle ist, die der Mensch überwinden muß. Wegzugehen, das wäre billig, für drei Kronen fünfzig zehn Deka Bauernpressack, nein, ich muß es auf mich nehmen, meiner Frau zuzuhören, sie anzuhören, aber meine eigenen Sachen zu denken, ja sogar mehr noch als nur das Eigene zu denken in dieser scheinbar goldenen Zeit, als ich mehr als ein Vierteljahrhundert frei hatte, Zeit nur für mich, eine Zeit, die ich jedoch nicht schätzte, sondern sinnlos vergeudete wie ein verschwenderischer Erbe.
Die natürliche Sklerose macht mir keine Sorgen, denn sollte ich alles im Kopf behalten, was ich gelesen, was ich erlebt, was meine albernen automatischen Texte, wie psychische Assemblagen und Collagen, mir gebracht haben, wäre ich schon längst reif für die Klapsmühle, aber so, wie der Körper sich durch Schwitzen und jede andere Ausscheidung der Speise- und Getränkereste entledigt, so gibt es auch im Kopf eine Art Signalanlage, die alles Unwesentliche ausradiert, all das, was dem Körper schaden könnte. Und dann diese Protuberanzen auf der Sonne, und diese herrlichen Veränderungen des Luftdrucks, die diese schönen Aphasien mit sich bringen, wenn der Mensch wie vom Blitz getroffen dasitzt und sich nicht zu erinnern vermag, wie man Tisch und wie man Stuhl sagt, welche Telefonnummer er hat, wie sein Freund mit Vornamen heißt ... Das ist die vortreffliche Situation des Radierens und Ausradierens, ein Schnitt im Gehirn, eine Injektion Säure, die psychisches Verstummen verursacht. So sitze ich manchmal da, getroffen von meiner sklerotischen Natur, so, wie die schwachsinnigen Greise in Dolní Berkovice auf ihren Bänkchen sitzen, im Sommer sitze ich da und betrachte aufmerksam meine nackten Beine, ich staune über die Zehen, ganz beson-

ders interessiert mich die gebrochene, abstehende kleine Zehe, ein andermal öffne ich die Hände und schaue sie an, als sähe ich sie zum ersten Mal. Das ist die Zeit, da selbst die Hoffnung vergangen ist, daß sich etwas ändern könnte, wenn es regnete, wenn das Barometer Strich um Strich zum schönen Wetter der zwölften Stunde fiele, oder wenn der Zeiger von zehn Uhr Regenzeit vorrückte auf fünf Minuten nach eins, es ist die Zeit, da ich horche, wann der Schmerz im Nacken nachläßt, wann Angst und Furcht verschwinden. Einst wußte ich diese Imbezillität zu genießen, die vom Wetter und vom Katzenjammer herrührt, ich genoß, was da mit mir Entsetzliches, aber auch Schönes geschah, jetzt aber habe ich schon mehr als vier Monate meine Frau zu Hause, die aus der Tiefe ihrer weiblichen Seele all das haßt, was ich geliebt habe. Ich hab' so gern nicht gefrühstückt, denn sobald ich esse, füllt mein Gehirn sich mit Speise, und das sprühende morgendliche Denken verschwindet, dieses Denken, das vielleicht einem Hungergefühl entspringt, vielleicht, weil ich zum Frühstück gern nur schwarzen Kaffee trinke und zwei, drei starke Zigaretten rauche, erst in diesem Augenblick erwache ich aus der Nacht, in der ich immer schlecht schlafe, so daß ich morgens keine Lust zu leben habe, ich möchte nicht auf der Welt sein, erst die erste Zigarette belebt mich für den Tag, von der zweiten wird mir immer übel, bei der dritten werde ich fahl, falls ich sonnengebräunt bin, das aber ist mein Ritual, das war mein morgendliches Ritual, meine Messe, ich schlürfte meinen Kaffee und rauchte gierig, rauchte so, wie man im Knast raucht ... und während ich rauchte und trank, sah ich aus dem Fenster, irgendwohin ins Nirgendwo, in den Himmel, ich schaute nur so und versuchte, mich durch dieses Nichts-Versuchen in eine Nullsituation zu versetzen, an nichts zu denken, nur mir selbst zu lauschen, ob nicht irgendein Motiv auftaucht wie ein Klecks auf der Oberfläche eines abgestandenen Teichs, ob etwas sich offenbart, ein erster Satz, mit dem ich den großen Pullover des Textes aufzudröseln beginne, denn das Schreiben, mein Schreiben ist stets ein aufgefangener erster Faden, ich weiß aber voll Begeisterung, daß, sobald ich die Maschen auf der Schreibmaschine aufgeschlagen habe, sobald ich schnell zu schreiben anfange, ich so lange schreiben muß, bis ich den ganzen Pullover aus dem Unbewußten aufgetrennt und neugestrickt habe ... Das war meine schöne Zeit, mein Luxus. Jetzt gibt mir meine Frau zum Frühstück Kaffee und Kuchen, Butterbrote, sie schaut mich streng an und sagt von Zeit zu Zeit: das Ungesündeste auf der Welt ist, auf nüchternen Magen Kaffee zu trinken und zu rauchen ... Aber denk daran! Ich werde nicht allein hier zurückbleiben! Und sie hat Tränen in den Augen ob der Vision, daß ich in Kürze sterben und sie allein zurückbleiben könnte. Und so rauche ich also, schaue aber nicht mehr aus dem Fenster ins Unbekannte, denn sie schreit mich an: Schau nicht so blöd! Und so vergeht mir sogar die Lust auf den Kaffee, auf das Rauchen, seit vier Monaten hat meine Frau mir alle meine Fäden durchschnitten. Und dann verrammelt meine Frau im voraus meine Zeit mit all dem, was ich einkaufen soll, und daß nachmittags vielleicht der Fensterputzer kommt, daß ich mein Zimmer streichen, meine Zähne flicken, mir Anzüge nähen lassen soll, daß ich mir die Hände nicht wasche, warum ich nicht täglich die Zähne putze, warum ich die Unterhosen nicht wechsle, warum ich so blöd schaue, wer solle denn die Hemden waschen, wenn ich sie ständig trage, bis sie vor Schmutz stinken ... Und so ist hier neben den Flecken auf der Sonne, neben dem ständig wechselnden Wetter, neben dem sich nähernden Siebzigsten und der natürlichen Sklerose meine Frau, oft frage ich sie aus, ob sie nicht doch irgendwo ein Kind habe, ob sie es nicht weggegeben habe, wie schön es doch wäre, wenn wir ihre Kinder, selbst schon verheiratete, adoptierten, meine Frau würde sich dann um die Enkel kümmern wie alle anderen Großmütter auch, und sie wäre glücklich, wenn ich nicht zu Hause wäre, wenn ich ihnen nur Geld gäbe und mich aus dem Staub machte. Aber meine Frau hat, genau wie ich, keine konkreten Jugendsünden, sie ist allein, genau so, wie ich allein bin ... Und meine Frau hat nur mich als einzige Sorge, und sie hat auch noch die Courage, mich zu erziehen, sie hat den Mut, von mir zu verlangen, daß ich sie unterhalte, mit ihr ins Theater, ins Kino, in die Gesellschaft gehe ... wogegen ich mir nichts anderes wünsche, als allein zu sein. Und ich muß allein sein, ich muß diese Einsamkeit an mir selbst erarbeiten! Wenn aber Jiří Mucha seine *Kalte Sonne* im Knast geschrieben hat, warum sollte ich nicht schreiben können, wie ich immer geschrieben habe, als meine Frau noch arbeiten ging, was hindert mich daran, mir diese exklusive Einsamkeit zu erkämpfen, mir die Ohren zuzuhalten, mich selbst zuzubrettern, um taub und blind zu werden, wie ich es törichterweise beschrieben habe, als ich etwas über die laute Einsamkeit inmitten der Biergäste zusammenkritzelte ... Jetzt muß ich anfangen, so zu leben wie diejenigen, über die ich schreibe, inmitten der Familie, inmitten von Leuten und Verwandten. Hier ist meine Schreibmaschine, und hier bin ich! Und ich halte diesen Anfangsfaden fest, hier ist der Löffel, mit dem ich nicht wie jenes Kind des heiligen Augustin das ganze Meer umzuschöpfen versuche, hier ist aber eine Finsternis, in der ich dasitze und durchs Schlüsselloch in ein erleuchtetes Zimmer spähe, auf die andere Seite meiner Augen. Das Schönste am Schreiben ist, daß niemand einen dazu zwingt. Jetzt aber fühle ich, daß das Schreiben meine Therapie ist, meine psychiatrische Klinik ... meine Telefonseelsorge.

Das schönste Silvester

Es begann schon im Mai. Unser neunjähriger Kater Et'an kehrte eines Morgens nicht aus dem Wald in die Hütte zurück. Ach, der fuhr ungern ins Wochenende! Jedesmal, wenn wir aus Kersko zurückkamen, legte er sich alsbald auf dem Hof in Libeň in den Staub und schnaubte schaudernd die frische Luft aus und graute sich schon davor, daß er am Freitagabend wieder mit uns in den Wald fahren mußte. Als er uns entlaufen war, lockte und suchte ich ihn den ganzen Tag, dann rief ich die ganze Woche über tagtäglich seinen Namen in die Wälder von Kersko, aber Et'an blieb verschwunden. Nach einem Monat hörte ich aus dem Wald ein dünnes Katzenstimmchen, und aus dem Dunkel kam ein grauschwarzer kleiner Kater angetotzelt, dahinter ein schwarzes Kätzchen und noch ein kleiner Kater. Da wußte ich gleich, daß unser famoser Et'an nicht mehr lebte, und deshalb goß ich den Kätzchen Milch ein, und dann fuhren meine Frau und ich immer hin, um sie zu füttern, doch die Kätzchen waren wild und wollten sich nie auch nur streicheln lassen. Sobald unsere ausgestreckte Hand den Aktionsradius ihrer Wildheit berührte, flohen die Kater sofort aus dem Duftkreis der menschlichen Hand. So wuchsen die Kätzchen heran, versuchten die Gesetzesschranken ihrer Scheu zu durchbrechen, jedoch vergeblich. Es war stärker als sie, obwohl jedes Katerchen schon seinen Namen hatte. Das schwarzgraue hieß Runcajz, das schwarze hörte auf den Namen Schwarzwald, und das kleine hieß Mánička. Wo immer ich auch hinging, sie folgten mir, Runcajz immer als erster und Mánička zum Schluß. Streicheln ließen sie sich jedoch nicht. Dann kamen Kälte und Schnee, und die frierenden Tierlein zauderten, verkürzten die Entfernung ihrer Scheu um die Hälfte. Und als meine Frau und ich an Silvester vor dem Spiegel standen und uns für die Silvesternacht feinmachten, sah ich, daß meine Stirn voller Runzeln und die Glatze bis zur Schädeldecke zurückgewichen war, ich sah, daß silbriges Grau die Locken meiner Frau durchzog. Da kratzte es an der Tür unseres Häuschens im Wald. Ich öffnete, und da stand Runcajz, und nach langem

Zureden meiner Frau trat er in die Küche, und nach weiterem Locken kam Schwarzwald herein und mit ihm Mánička. Und als wir uns unsere drei Mieter ansahen, wie sie so zitterten und sich nicht trauten, uns in die Augen zu schauen, da legte meine Frau die für den Silvesterball bei den Nachbarn bestimmte Maske ab, und ich hängte die Schlittenschellen auf. Dann wärmten wir Milch und boten sie den drei Ankömmlingen an, und jeder bekam eine Portion Fisch. Die Tierlein rieben sich die eiskalten Köpfchen, meine Frau kniete nieder, legte sich neben dem Ofen hin, und als sie die Hand hob und sie dem Pelzchen der Kater näherte, fielen alle drei um, sie kippten sozusagen aus den Pantinen vor Schreck. Doch ließen sie sich streicheln, und dann hob einer nach dem anderen, Runcajz als erster, das Köpfchen und stieß es sacht in die hohle Hand meiner Frau, und die Menschenhand schloß sich ein wenig, und die wilde, nun auf uns gerichtete Kraft der Tierlein sprühte uns entgegen. Auch ich hielt meine Hände auf, und in jede schmiegte sich ein Katzenköpfchen, auch ich kniete nieder, auch ich rollte mich neben dem Ofen zusammen, und als meine Frau und ich den Kopf auf den Teppich legten, auf gleicher Höhe mit den Katzenaugen, erlauschte ich entzückt, wie ein Tierlein nach dem anderen Kommunikation mit uns aufnahm und zunächst zu maunzen und dann zu schnurren begann, und unsere Hände tauften und firmten das Schöne in Mensch und Tier und jenes Schöne, das sie verbindet. Und dann faßten die Tierlein Mut, öffneten die Augen und sahen uns in die Augen ... und meine Frau war von diesem Augenblick an wieder so schön wie eine Schönheitskönigin, und ich war von diesem Augenblick an in den Augen der Katzen ein krausköpfiger Beau. Und gegen Mitternacht zogen wir unsere Mäntel an und gingen mit den Katzen in den Wald hinter unserem Häuschen, bis zum Bach, und die Kater schnurrten vor Glück und kletterten auf Bäume und ließen sich in die Hände nehmen. Und während ich mit der Taschenlampe leuchtete, erläuterte meine Frau: »Runcajz, dies hier ist eine Fichte, und Mánička, das hier ist eine Birke, und Schwarzwald, hier sind schon Palmkätzchen, und der Strauch, an dem die Kätzchen sind, heißt Salweide, versteht ihr?« Und ich begriff in dieser

Silvesternacht, daß unser seliger Kater Et'an diese drei kleinen Kater zu uns geführt und uns heute zur Türschwelle geschickt hatte, wie es in der Legende des heiligen Rochus steht, wenn einer etwas verliert oder ein geliebtes Tierlein verlorengeht, findet er eines Tages vor seiner Tür ein zugewandertes, und des Verängstigten muß er sich annehmen, denn dieses hat ihm der Selige gesandt.

Wer ich bin
4

Zum Abendessen hatte ich zwei Hörnchen, die Kater mampften ein Viertel Hähnchen. So soll es sein, ich werde bald siebzig. Ich war im Wald, dort wurden Bäume gefällt. Fällt man den Wald, fallen auch die Vogelnester. Oh je! Gestern hat Herr Osten gesagt, er habe dort eine Patientin, die sich mit einem Schraubenzieher ein Auge ausgestochen habe, als sie versuchte, eine Colaflasche zu öffnen. Die Assistentin wußte nichts Gescheiteres, sagte Herr Dozent Osten drei Monate nach diesem Schraubenzieher im Auge, als, he, Mädel, hat Ihnen schon jemand gesagt, daß Sie dieses Auge verlieren werden? Tränen. Streß. Den Rest gab der Patient im Nebenbett: Ach, was is schon ein Auge, bloß is es oft so, daß auch 's zweite im Eimer is ... Der Husník, im Protektorat unser Kamerad, ein Schneider, der auch für die Wehrmacht Uniformen nähte, der ließ sich, um sich nützlich zu machen, im Jahre achtundvierzig anheuern und ging mit den Truppen Bauern liquidieren. Nicht physisch, aber er schrie sie an, und wenn sie nicht in Reih und Glied geradestanden, trat er sie gegen das Schienbein. Gut. Was aber sagt ihr dazu? Wir treffen den Husník an, und seine Alte führt ihn an der Hand, und wir sagen, was ist los mit dir, Husník? Du, der du die Bauern gegen's Schienbein getreten hast, bevor sie in Sennhütten und ins Grenzland verteilt wurden? Und Husník erkannte an den Stimmen, daß wir es waren, die tollen Herren Skribenten, und so erwiderte er ... He, Jungs, jetzt, da ich blind bin, hab ich's eingesehen, Jungs, jetzt, da ich blind bin, erst jetzt seh' ich, was für Kalberein ich gemacht hab', wozu ich mich hergegeben hab', jetzt, da 's zu spät ist ...
Zum Abendessen hatte ich zwei Hörnchen, die Kater aber mampften ein Hähnchen ohne Federn, das ist mir ein Abendbrot ... nicht mehr für mich, aber für meine Kater, die noch kein Jahr alt sind, während mir der Siebzigste droht ... Herr Professor Štork hat gesagt, er habe in einem amerikanischen Ärzteblatt gelesen, daß ein Mann, der von Kindheit an blind

gewesen war, im Alter von siebenundsechzig Jahren plötzlich sehend wurde, als der Blitz in ihn fuhr... Paulus, der zuvor der blinde Saulus gewesen war.
Filánek hat einen kleinen Gedenkstein auf Herrn Fridrichs Grundstück.
Mein Weib wird wieder staatsfeindliche Reden führen. Aber sie wird nicht einschlafen, bevor ich sie nicht in den Armen halte und ihr den Daumen reibe.
Der Föhn bläst in diesem Land, jedoch nicht nur einmal alle vier Jahreszeiten, sondern das ganze Jahr hindurch, ein Einbruch von Streßsituationen ohne Adaptationen, ein Morast von Banalitäten. Erst als ich erblindete, begann ich zu sehen. Schuld daran haben der warme Föhn, Zigarettenpapierchen, Konfettis, schottische Wechselbäder, dunkle Schatten, Sonnenstreifen, warm und heiß, Heißluft, Oktoberföhn. Straße, Asphalt, Spiegel. Blendung, Unmöglichkeit, in die Sonne zu sehen. Diese schleudert durch Protuberanzen und Sonnenexplosionen geomagnetische Renovationen vom Himmel herunter. Ach, Renovation, renovatio! Wann werde ich bloß die Zeit und den Ort finden, um mich zu erneuern, um von den zwei Wegen den meinen zu finden, meinen Gehsteig! Los dos caminos, die allgemeine Karte der Liebe, welche meine synthetische Karte bestimmt. Und es ist Il cyclo! Renovatio!
Also renovatio! Il cyclo! Los dos caminos, mein Weg wird nur noch zurückführen. Genug Zeitschrifteninformation! Ich will jetzt wissen, wer ich bin, wo ich stehe, wohin ich gehe und was gegen mich, was über mir, was unter mir ist. Los dos caminos!
Heute ist Föhn, Regenschauer gelben Birkenlaubs, zermalmte Spiegel, Lust, fruitio Dei, Waldesrauschen, aus dem Rundfunk erfahre ich, daß Lech Wałęsa den Nobelpreis bekommt... Die Bayern saufen beim Oktoberfest Maßkrüge von Bier, und sie singen eine ganze Woche lang... In München steht ein Hofbräuhaus, oans, zwoa, gsuffa! Auch ich habe im Hofbräuhaus getrunken, auch im Augustinerbräu, auch im Mathäser und im Spatenbräu! Und den Zeitungen liefert dieser Föhn mehr Erhängte und Sprünge aus dem Fenster, mehr Ertrunkene, denn München steht auf Kalkstein ... und wenn der Föhn kommt,

dann beben die Menschenseelen auf dem Kalkstein und zittern wie Zitternadeln ... und wer sich vor Föhn und Selbstmord retten will und keine Kraft mehr hat, eine ganze Woche lang Starkbier zu trinken, der muß sofort auf Granit, nach Regensburg, dort ist ein sensibler Mensch gerettet.
Ich aber lebe in einem Land, in dem der Föhn ständig bläst, wo Streßsituationen keine Adaptation, keine Aussöhnung finden, dieser Föhn, der in Bayern eine Woche lang im Oktober und eine Woche lang im Februar bläst, der weht bei uns unentwegt, jedenfalls für mich, mein ewiger Föhn, mein ewiger Spleen, meine ewige Schwermut, daß ich etwas verbrochen, jemanden umgebracht, daß ich die Todesstrafe verdient habe, obwohl ich unschuldig bin wie eine Lilie ... das ist unser Föhn ... ein Glück, daß meine Karten renovatio gezeigt haben, daß meine zwei Wege sich trennen und beide von Liebe getragen werden! Aber, mein Gott, Liebe wozu, zu wem? Ich habe eigentlich niemanden mehr, nur meine Katzen, über die ich einen Fortsetzungsroman von der Liebe schreiben will, die bitterhell und schön ist wie der Herbstföhn ...
Schaust du schon wieder so blöd? rief meine Frau empört. Schrecklich, dir zuzuschauen! Na mach schon, diese fünf Sträucher müssen zum Zaun hin versetzt werden, vorher aber muß man dort fünf tiefe Löcher graben ...
Ja, sage ich, man soll aber alles erst umpflanzen, wenn die Blätter abgefallen sind, wenn der November gekommen ist ...
Ich bitte dich, wo hast du das denn gehört? Das sagst du doch nur, um das Versetzen hinauszuschieben, ich seh das deinem Schnüffel an, daß du diese Löcher für die Sträucher nicht graben willst ... was sagst du?
Ich sage, ich werde es nicht tun, Pepík Sokol soll es machen, ich bin ganz schwach von diesem Föhn ...
Was für ein Föhn, vom Saufen, du sollst nicht saufen, dann bist du nicht schwach, also mach vorwärts, geh ins Dorf und hol diesen Pepík Sokol, er soll die Löcher graben, du aber bleibst bei ihm, damit er es nicht vermasselt, ich muß für ihn etwas kochen, auch du mußt was tun, nicht ständig anderswo sein, ständig träumen und ins Blöde starren ...
Ja, ich schloß die Augen, ich muß einen Fortsetzungsroman

von der Liebe schreiben, die hell und bitter ist und einen zum Selbstmord treibt wie der Herbstföhn, der in allen vier Jahreszeiten durch meinen Kopf und meine Seele bläst, das ganze Jahr lang, von Kindheit an bis zu diesem Augenblick, da ich spüre, wie meine Frau mich von irgendwoher mit bösen, gehässigen Augen anschaut.
Karel Hynek Mácha: ... wie der Amarant im Lenz erschlafft ...
Jan Amos Komenský: ist der Eber im Alter geschafft ...
Zwei Verse, zwei Textausschnitte, wenn ich traurig bin, wiederhole ich sie nacheinander, übereinander, hintereinander, abwechselnd so lange, bis ich langsam und leise zu lächeln beginne ...
Dann wiederum kann ich mich lange nicht erinnern, mir dieses Bild nicht vergegenwärtigen. Manchmal habe ich es fast, doch während es näherkommt, um klarer zu werden, weicht es wieder zurück ins unbewußte Unterbewußte. Heute ist es mir erschienen, als ich mit entzündeten Mandeln auf dem Rücken dalag und Sliwowitz in einen Lappen goß und ihn mir um den Hals wickelte ... Ja, jetzt entsinne ich mich an einen anderen Satz, den mein Freund Vaníček sagt, der, wenn er sich nach der Arbeit die Hände wäscht, zu singen anfängt oder aus heiterem Himmel schreit: Gefickt hamn se und nicht gekocht! Ein andermal verkündet er seinem Freund Huška: Dich hätt deine Mutta den Ziegen in die Tränke pissen solln! Dann wieder hört er auf, sich die Hände einzuseifen, er seift sie fast immer eine halbe Stunde lang, er hört also auf damit und schreit: Fäden am Arsch und Fläden am Boden! Wenn ich es nicht aufgeschrieben hätte, hätte ich vergessen, was Herr Vaníček, dieser Pandure, jeweils sagte, jetzt aber habe ich vergessen, was ich mir aufschreiben wollte, als ich mit den in Sliwowitz getränkten Mandeln dalag. Ja! Bei Kofrů, wo ich sonntags hingehe, um zu sehen, wie die Leute an der Peripherie einen Feiertag verbringen, wo man Billard spielt und Bier trinkt und wo fast jeder eine Krawatte und einen neuen Anzug trägt, dort schaue ich stundenlang zu, wie die Kugeln sich im Licht der Glühbirnen auf dem grünen Filz bewegen, wie sie sanft aneinanderprallen, sich gegenseitig wegstoßen, manchmal schnäbeln, mitunter fliegen diese Kugeln mit großer Geschwindigkeit,

dann wieder sind sie langsam wie in Zeitlupe und berühren sich so zärtlich, bis sie einschlafen, manchmal springen sie auf den Boden, und alle drehen sich um, als wäre ein Kronleuchter von der Decke gekracht, oder als hätte der Pikkolo ein Tablett voll Biermollen fallengelassen, hier im Ausschank saß neben Fußballspielern und vertrottelten Alten, die Fetzen von Sätzen vor sich hinschrien, ein Greis, der den Schankburschen scharf beobachtete, wie er das Bier zapfte. Hier Bei Kofrů wird Pilsner und zehnprozentiges Pragerbräu gezapft. Ich frage beunruhigt: He, Väterchen, worauf lauern Sie ständig? Und er antwortete, ohne mit der Wimper zu zucken: Ich pass' auf, daß er mir mein Prager nicht mit Pilsner verpißt, daß er mir das Prager nicht mit Pilsner panscht ...

Seules les évidences peuvent stupéfier – ich erinnerte mich an diesen Satz von Roland Barthes, als wir im Goldenen Tiger saßen und die Nachricht eintraf, daß in den frühen Morgenstunden der Koch von den Zwei Katzen in der hell erleuchteten Küche neben dem Hackklotz aufgefunden worden war, mit gespaltenem Schädel, und darüber hinaus fehlten ihm beide Hände, die zwar mit derselben Axt abgehackt worden waren, aber nicht mehr gefunden wurden. Kenner der Prager Unterwelt erzählen, daß Falschspieler so bestraft werden. Niemand hat je etwas herausgefunden, und so nannte man dieses Lokal Pfotenfutsch. Zur Erinnerung daran, daß beide Hände abgehackt, aber nie mehr aufgetaucht sind.

Als ich gestern zu den Kladivas kam, erzählte Lucie, Friseuse im Nationaltheater, daß der Violinist Herr Růžička tragisch gestorben sei, im Alter von zweiunddreißig Jahren. Jemand habe ihm alle Finger abgehackt, und dann sei er mit siebzehn Stichen erstochen worden, aber so, daß er erst nach einer gewissen Zeit starb. Er habe eine Zigeunerin zur Frau gehabt, eine nahe Verwandte der Golián, und dieser Herr Růžička war mit ihr für zwei Jahre nach Westdeutschland gefahren, wo er ein Engagement hatte, und als er ohne sie zurückkam, weil sie dort geblieben war, da hackte ihm jemand zur Erinnerung daran, daß er seine Zigeunerfrau verlassen hatte, alle Finger ab und erstach ihn, nicht gleich zu Tode, sondern so, daß der Violinist seine Strafe dafür, daß seine Frau dort geblieben war, auch auskosten konnte. Als wir im Goldenen Tiger an dem Tisch saßen, an dem immer die Montagssänger des Nationaltheaters sitzen, sagte einer von ihnen, die Todesanzeige hänge dort und man erzähle sich das, was die Friseuse Fräulein Lucie gesagt habe.

Unsere Augäpfel rotierten ob dieser Nachricht.

Tatsächlich, Roland Barthes, der am 26. März 1980 von einem Auto zu Tode gefahren wurde, hatte recht ... Nur das Offenkundige kann verblüffen ...

Bilder,
die mich umschwärmen

Erst jetzt sehe ich, wo mein Paradiesgarten lag, erst jetzt erkenne ich klar, wo mein Eden war. Eigentlich hatte ich zwei Paradiese, zwei Eden. Eines in Nymburk an der Elbe, in der Brauerei und dem Städtchen, von dem ich erst jetzt sage, es sei die Stadt, in der meine Zeit stehenblieb, und dann in Libeň, an der Peripherie, der Verlängerung meines Städtchens Nymburk, in Libeň, wo ich ein Vierteljahrhundert lang gelebt habe, gleich neben dem Flüßchen Rokyta und der Moldau, Na Maninách heißt es, wo mein Leben stehenblieb, oder wenn es nicht ganz stehenblieb, so verlangsamte und beruhigte es sich, mein Leben, meine Welt, in der Gasse Am Damm, die ich im nachhinein in den Damm zur Ewigkeit umbenannte. Das Städtchen, in dem die Zeit stehenblieb, und Am Damm zur Ewigkeit, das also sind meine beiden Zentren, das sind die Brennpunkte meines Lebens, das in eine Ellipse eingeschlossen ist, Brennpunkte, ständig verbunden durch die gekoppelten Achsen zweier sprühender Zentren. Erst jetzt sehe ich auch, daß es dort in Nymburk meine Mutter war, die mir mein grinsendes Gesichtlein aufzwang, und zwar, weil ich sie gehaßt habe, doch war für mich der Haß auf meine Mutter eine treibende Kraft, ständig bin ich vor meiner Mutter geflüchtet, wohin aber? Genau so, wie es in Libeň meine Frau war, vor der ich ständig flüchtete, wohin? Von meiner Mutter flüchtete ich zu den Frauen, meinen potentiellen Gemahlinnen, und von meiner Gemahlin kehre ich über die Frauen unablässig zurück zu meiner Mutter. Eine perfekte Ellipse ist mein Leben, meine Lovestories, mein Schicksal und auch meine Kunst, ohne meine Mutter und ohne meine Frau hätte ich vermutlich keinen Grund zu schreiben, meiner Erniedrigung Ausdruck zu geben, einer Erniedrigung, von der ich aber immer, sobald ich den Tiefpunkt erreicht habe, wieder abrupt in die Höhe fliege, in ein Gefühl vollkommener Befreiung und Freiheit. Wo auch immer ich in der Fremde war, habe ich mich stets verstoßen gefühlt, mir nichts anderes gewünscht, als auf kürzestem

Weg wieder dorthin zurückzukehren, von wo ich zur Reise aufgebrochen war. Zunächst nach Nymburk, dann nach Libeň.

Und erst im Wald von Kersko ist mir all das bewußt geworden, erst im Wald von Kersko habe ich begriffen, wer ich wahrscheinlich bin, woher ich komme, wohin ich wahrscheinlich aufbrechen werde, erst in Kersko ist mir bewußt geworden, wo meine beiden Paradiese und Eden waren, erst aus Kersko kehre ich gern nach Libeň zurück, um dort nichts mehr als leere Schneckenhäuser zu finden, genau so wie in Nymburk ... alles ist für mich tot, überall sehe ich, wie all das, was ich geliebt habe, zusammenstürzt und abgerissen wird, ich sehe, wie die Bäche und die Flüsse, in denen ich so gern gebadet habe, voller Schmutz und Schlamm sind, wie mein Paradies und mein Eden vollständig von einer Schicht aus Schrekken, Schmutz und Zerstörung überzogen und überschüttet sind, vielleicht nur, damit weder ich noch sonst jemand, dem ich von meinen Paradiesen erzählte, damit weder ich noch sonst jemand dort einen Abdruck, ein Abbild, eine Ahnung des einstigen Glanzes und der einstigen Schönheit vorfindet ... Aber ich weiß schon jetzt, daß die Wirklichkeit sich vergeblich vor mir tarnt und bis zur Unkenntlichkeit entstellt, ich brauche nur die Augen zu schließen, und es ist nicht einmal notwendig, unter den geschlossenen Lidern der vergangenen Schönheit zu folgen, diese ehemalige Wirklichkeit kommt von selbst auf mich zu, Bilder des Städtchens, in dem die Zeit stehenblieb, Bilder des Damms zur Ewigkeit, sie kommen von selbst, ungerufen, als wären sie so lange durch die Welt geirrt, bis sie einen Spiegel fanden, in dem meine goldenen Zeiten sich selbst sehen und so durch meinen Mund und durch meine Texte all das sagen können, was einmal war, nun aber nicht mehr ist. Die Inder behaupten, daß nach dem Tod alles verschwinde und vom Menschen nur die Seele übrigbleibe, nicht unähnlich einem Seidenhemdchen, das an einem Kleiderbügel flattert, und daß diese Seele eine Zeitlang auf der Welt seine künftige Mutter suche. Daß das Kind schon vor der Geburt in seine Mutter verliebt sei ... in einem bestimmten Augenblick schlüpfe die Seele dann während des Liebesakts in den Schoß der zuvor auserkorenen Mutter und komme wieder zur Welt ... Mein Städtchen, in dem die Zeit stehenblieb, und mein Damm zur Ewigkeit, alle diese kostbaren Bilder schwärmen durch die Luft, und ich denke, daß alle diese Bilder leidenschaftlich in mich verliebt sind, um in einem gewissen Augenblick, wenn ich zu jener gewissen Verliebtheit fähig bin, in mich zu schlüpfen, um durch mich und mein Schreiben auf die Welt zu kommen und so versöhnt zu sein, zumindest eine Zeitlang ... Wie soll man es sonst erklären, daß ich spüre, wie diese kostbaren Bilder unablässig auf mich einstürmen, mich umschwärmen, wie sie sich mir sogar im Schlaf noch aufdrängen, vermutlich ist es so, und es bleibt nichts anderes zu tun, als sich dem Ansturm der Bilder hinzugeben, die aus den beiden Brennpunkten der Ellipse sprühen, in deren Laken ich lebe, es bleibt nichts anderes zu tun, als demütig und geduldig zu sein und zu lauschen ... Ist es nicht so?

Wer ich bin
5

Jetzt, da ich nicht nur mich selbst beobachte, sondern die politische Entwicklung der Welt, stelle ich fest, auch die Kunst ist eine Widerspiegelung politischer Ereignisse. Sogar Goethe wollte Napoleon sehen, und als er in Weimar in dessen Antichambre saß, war er Zeuge, daß nicht nur Napoleons Generäle, die auf eine Audienz warteten, auch er selbst zitterte, einige Minuten bevor er dem Mann gegenüberstand, der Europa aufgerüttelt hatte. Selbst Beethoven war von Napoleon, von dessen Ideen und Taten, dermaßen begeistert, daß er die Eroika zu Ehren von dessen politischen Gedanken und der Konkretisierung der Verwandlung schrieb. Es ist unwesentlich, daß er die Eroika zerriß, als Napoleon sich selbst zum Kaiser krönte. Man muß auch sagen, daß das Kommunistische Manifest von Marx bei Mallarmé widerhallt, der Marxens Satz – Die Welt verändern – durch die moderne poetologische Devise – Die Wörter verändern – ergänzte. Man muß noch hinzufügen, daß auch Rimbaud seinen Teil beitrug und ihm das Ausmaß der Revolution des Jahres 1871 bewußt war, ich glaube, daß auch die Impressionisten durch ihre Kunst die Mythologie der bürgerlichen Welt nicht nur formal, auch inhaltlich stürzten. Sie vermenschlichten ihre Leinwände zugunsten des gewöhnlichen Menschen, besangen die Großstadt und die strömenden Menschenmassen. Ich glaube, daß auch Zola mit seinem Naturalismus die klassische Welt zugunsten des Mannes von der Straße gesäubert hat. Ich glaube, daß auch Vincent van Gogh und Toulouse Lautrec und Gaugin von der Verwandlung der bürgerlichen Weltanschauung in eine Demokratie wußten und mit ihr sympathisierten. Ich glaube, daß auch Whitmans *Grashalme* fast in demselben Jahr erschienen wie das Manifest von Marx, ich glaube, daß Baudelaires *Blumen des Bösen* so sehr mit dem Ende der klassischen Kunst zugunsten der Banalität des gewöhnlichen Lebens zusammenhängen, daß er wegen seines größeren Maßes an Freiheit in der dichterischen Äußerung angeklagt und verurteilt wurde. Ich glaube, daß auch Picasso mit seinem analytischen Kubismus die bürgerlich klassische Poetik besiegt hat, obwohl er später dann oft auf sie zurückgriff. Und dann sind da Edvard Munch und Egon Schiele und die Dadaisten, die Mallarmés Satz – Die Wörter verändern – in die Tat umsetzten, so wie Rimbaud: Das Leben verändern, und Marx: Die Welt verändern. Und da sind die Surrealisten, die sich mit ihrer Dichtkunst wenigstens eine Zeitlang zur revolutionären Veränderung der Welt bekannten, vielleicht waren damals gerade die Surrealisten am engsten mit Marx, Lenin, Trotzki und seiner permanenten Revolution verbunden. Ich glaube, daß auch ich fester im Gesetz von der Widerspiegelung politischer Ideen und Ereignisse verankert bin, als ich früher vermutete. Auch *Die Welt, die duftet*, ein Buch, das Karel Teige als Manifest verfaßte, ein Buch, das ich in jenem Jahre sechsunddreißig, als ich mich für Lyrik zu interessieren begann, wie eine Bibel las, auch dieses Buch ging von den modernen Begriffen Mallarmés und Rimbauds aus. Ich glaube, daß ich damals, als die Tschechoslowakei okkupiert wurde, auch wenn die Ansichten des Nazismus für mich unannehmbar waren, ebenso im Gesetz von der Widerspiegelung lebte, als Fahrdienstleister erkannte ich dann, was der Nazismus war, und so ging ich von schlichten Gedichten über zu Variationen auf Céline, und dieses Protektorat hatte für mich einen Wert im Negativen, dank meiner Erlebnisse schrieb ich nämlich später meine *Scharf beobachteten Züge*. Ich glaube, daß auch die ersten Jahre nach neunzehnhundertfünfundvierzig für mich in der Widerspiegelung der Politik unseres Landes und seines Trends nach Osten standen. Erst in jenen drei Jahren begriff ich, wer sie waren und warum sie so schrieben, Wladimir Majakowski, vor allem Serjoscha Jessenin und Isaak Babel. Ich begriff, weshalb Jessenin und Majakowski Selbstmord begangen hatten, ich verstand, weshalb André Breton in Mexiko Trotzki besuchte, ich begriff, weshalb Isaak Babel in jenem Jahr vierzig irgendwo an unbekanntem Ort liquidiert wurde. Ich lebte folglich ebenfalls im Gesetz des Gesetzes von der Widerspiegelung und unter dem indirekten Einfluß der sowjetischen Politik und daher auch ihrer Literatur. Ich glaube, daß ich in der Zeit bis zum Jahre achtundvierzig meine Prosawerke und meine Poeme unter dem Eindruck von Jean-Paul Sartre und Albert Camus geschrieben habe, daß auch mein Kladno unter dem Eindruck der politischen Ereignisse des Jahres achtundvierzig stand, ich glaube auch, daß ich mein erstes Buch im Jahre dreiundsechzig herausgab, entsprach dem Gesetz von der Widerspiegelung des gesamten sozialistischen Überbaus jener Zeit, die im Jahr achtundsechzig gipfelte, als Präsident Svoboda mich auf die Burg lud und ich zusammen mit anderen die politische Auszeichnung Preisträger des Staatspreises Klement Gottwald bekam. Und dann, als die befreundeten Armeen kamen und politisch alles bis irgendwohin zur Basis zurückschraubten, da versiegte gemäß dem Gesetz von der Widerspiegelung meine Publikationstätigkeit, um so mehr aber schrieb ich, und ich schrieb das zu Ende, mit dem ich im Rückstand war, um das zu schaffen, was ich über das Gesetz von der Widerspiegelung der politischen Ereignisse in diesem Land sagen wollte. Ich glaube, daß ein Kritiker, der diese Spur verfolgt, den roten Faden finden wird, denn – wie Jakob Boehme sagt – der Mensch kann sich nicht von seiner Epoche lösen. Auch ich habe mich nicht losgelöst, da selbst Beethoven es nicht getan hat, indem er die Eroika zerriß, schließlich sagte er in der neunten Symphonie das, was Napoleon und seine Armeen wie auch Rousseau, Herder und Hegel gesagt haben. Letztlich bin ich also ein homo politicus, mit einer bestimmten Perversion, die in diesem Land wurzelt, mit einer bestimmten Ironie, die nicht gegen, sondern der Dialektik gemäß die Politik der eingeschränkten Souveränität akzeptiert, und dies unter Wahrung der Melancholie des Subjekts, das sich bemüht, sich mit seinem zarten Stimmchen am Gespräch zu beteiligen. Ich glaube, daß mein Modus vivendi in der gegenwärtigen Gesellschaft nie grundsätzlich dagegen ist, da ich weiß, wo und mit wem ich lebe: ich spreche gern darüber, daß am Anfang einer jeden neuen Epoche Menschen, wie auch ich einer bin, zwischen den Splittern des Bretts stecken, das die Geschichte zerbrochen hat, nicht um weiterzugehen, sondern um von Grund auf ein ganz anderes Modell des öffentlichen und privaten Lebens beginnen zu lassen, auf daß nach fast zweitausendjähriger Epoche des christlichen Modells eine Epoche mit entgegengesetzten Vorzeichen beginne, auf der abgewandten Pyramide der ökonomischen Werte und folglich auch der kulturellen. Und ich und mir Ähnliche, wir müssen gerade zwischen den Splittern dieses Bretts einen Modus vivendi finden.

Eine befreundete Professorin lud mich höflich zu einer Diskussionsrunde mit Lehrerinnen und Professorinnen ein. Ich bekam auf der Stelle den Rappel und schrie sie an: Du kriegst gleich 'nen Fußtritt in den Kopf, du Bestie! Und die Freundin lächelte geziert: Warum ausgerechnet in den Kopf? Ich schrie und kippte das Bier mit einer heftigen Geste um: Wenn ich dir 'nen Arschtritt geb, hast du 'ne Hirnerschütterung, du Bestie! Scheißdiskussionen. Vor vielen Jahren trat ich mit meinem Einkaufsnetz in der Hand auf meinen berühmten Hof hinaus, und dort stand ein anständig gekleideter Mann und ergötzte sich daran, wie ich erschrak, als ich ihn sah. Er wartete etwas, goutierte meinen Schrecken und mein Entsetzen, und dann zog er die Legitimation des Staatssicherheitsdienstes hervor und stellte sich als Stabshauptmann Karach vor. Ich fiel ihm um den Hals und dankte ihm unter Tränen, daß er bloß von der Polizei war, ich hätte nämlich schon befürchtet, er sei gekommen, um mich zu einer Diskussionsrunde einzuladen, sagte ich zu ihm. Er war beleidigt ... Warten Sie nur, bis Sie meine Fragen beantworten werden, mit wem Sie sich im College in Alpbach getroffen haben.

Und ich streite mich mit niemandem und um nichts mehr, mich kann niemand mehr beleidigen oder aus der Fassung bringen. Ich bin in die Unendlichkeit und die Ewigkeit verschossen, mich betrifft der Tod nicht mehr, denn obwohl ich noch auf der Welt bin, bin ich längst schon gestorben, ich bin hier nur noch auf Urlaub vom Krematorium. Das ist der Schmelztiegel der Alchimisten, das Grab, dem ich aber ständig entfliehe, ohne mich darum zu bemühen. Bevor ich zu verenden beginne, bin ich längst wieder vereint, und so habe ich mir das Unendliche mit Lao-Tse untermauert und mich vorzeitig und frühzeitig mit meinem Staubkörnchen abgefunden, denn ich habe mich von Kindheit an mit Feuer getauft, ich bin gebrannt in einer Taufe mit geweihtem Wasser, jedes Wasser ist geweiht, weil es von Orten kommt, die von den Menschen gemieden werden. Seit meiner Kindheit liebe ich den Duft der Erde, seit meiner Kindheit verstehe ich das mystische Aufkeimen, seit meiner Kindheit liebe ich die Luft, ich schließe die Augen halb, als streichelte mich jemand aus einer höheren Welt mit duftendem Frauenhaar...

Gespräch
Am Damm zur Ewigkeit

Die Libener Gasse in Prag heißt Am Damm. Warum nennen Sie sie Am Damm zur Ewigkeit?
Dort steht das Haus Nr. 24, in dem ich mehr als zwanzig Jahre gewohnt habe, als ich einzog, war ich noch jung, und dort wohnten auch Vladimír Boudník und Herr Marysko, und im Verlauf der Zeit kamen Ivo Tretera und Herr Doktor Zumr in die Nr. 24 zu Besuch, und wir feierten nicht nur Feste, diese Hochzeitsfeste, sondern unterhielten uns auch unter großem Gelächter über Philosophie und über die letzten Dinge des Menschen. So saßen wir dort also am Damm nicht nur zur Ewigkeit, sondern auch zur Unendlichkeit, dort schrieb ich meine ersten Bücher, dort heiratete ich und lebte mit meiner Frau Pipsi, es besuchten mich die Kulissenschieber aus dem S.K.Neumann-Theater, zu mir kamen die Vávra-Brüder und Buřil, diese surrealistischen Arbeiter, der unvergessene Herr Šmoranc, ein Anstreicher, der sich am liebsten über André Breton und Jacques Vaché unterhielt, in den er sich projiziert hatte, alle schrieben sie ihre Texte, wir gingen regelmäßig die Heiratsaufgebote lesen, und wenn uns der Name der Braut gefiel, veranstalteten wir ihr zu Ehren eine Hochzeit im Haus, wir brieten Schweinebraten und tranken Unmengen von Bier, das wir beim Vaništa zu holen pflegten, wir lasen uns gegenseitig Texte vor, Herr Doktor Zumr sprach über Heidegger und Jaspers, unsere Lieblingslektüre war Lao-Tse, ein einziger Satz aus seinem Werk, jedes Mal ein anderer, füllte uns den ganzen Abend aus. Da in meine Wohnung keine Sonne kam, trug ich Stuhl und Tisch auf dem Hof herum, ich folgte der Sonne bis auf das Dach des Schuppens, das noch von der untergehenden Sonne gewärmt wurde, dort hatte ich eine Liege und einen Stuhl, dessen Beine so zurechtgesägt waren, daß sie die Dachneigung ausgleichen konnten, ich hatte sogar zwei solcher Stühle und schrieb auf diesem sanften Gefälle auf einer Schreibmaschine der Marke Perkeo, einer Atomschreibmaschine, wie Egon Bondy sie scherzhaft nannte, einer deutschen

zusammenlegbaren Jugendstilmaschine, die keine Häkchen und Akzente hatte, eine Zeitlang hatte ich den Hof voller Libener Buben, weil mein Bruder mir seinen Bernhardiner dagelassen hatte, der Hund liebte die Kinder und die Kinder liebten den Hund, es war Sommer, und wir behängten ihn mit Badehosen wie mit Schabracken, und die Buben führten ihn über die Hauptstraße und über die Brücke dort hinunter zum Fluß, zur Anlegestelle, wo wir badeten, die Gasse war wirklich Am Damm zur Ewigkeit, wer dort in diesem Haus auf dem Hof wohnte, wer in diesem vorderen einstöckigen Trakt wohnte, der hieß immer Herr Fiala, weil dieses Haus Herrn Fiala, Farben & Lacke, gehört hatte, weshalb also jeder Herr Fiala genannt wurde, auch ich war ein Herr Fiala, Vladimír Boudník war ein Herr Fiala, einkaufen ging ich in ein Lebensmittelgeschäft der Pramenkette, das aber weiterhin Bei Kulík hieß, auf ein Bier ging ich zu Vaništa, was weiterhin Bei Hausmans hieß, zu den Krofts, was weiterhin Bei Pudils hieß, ging ich auf ein Helles. Dieses Häuschen auf dem Hof wurde nachtsüber nie abgeschlossen, und so kam es vor, daß manchmal ein Betrunkener zu uns hereinkam, sich hinlegte und schlief, erst in der Früh stellte ich fest, daß ich diesen Menschen überhaupt nicht kannte, berühmt ist jene Szene, als mein Bruder und meine Schwägerin und meine Frau und ich dort schliefen, früh am Morgen, es war noch dunkel, kam jemand herein, tastete den Schlafenden im Gesicht herum, meine Frau fuhr vor Schreck auf, ich machte Licht, und ein betrunkenes älteres Frauenzimmer stand da und reichte mir dreihundert Kronen mit der Bitte um Gegenzeichnung, sie bringe mir von der Gewerkschaftszentrale ÚRO das Kindergeld, sie habe mich die ganze Nacht in allen Kneipen gesucht, ein andermal kam ein Betrunkener nach Mitternacht dort herein und bat uns, wir möchten ihm noch ein Bier einschenken, bei den Horkýs in der Judengasse hätten sie schon geschlossen und zu ihm gesagt, Ausschank gäbe es von nun an und bis in die Morgenstunden nur noch bei den Fialas, das zischelte dieser Mensch, weil er sich mit dem Finger die Stimmembran festhielt, so ein Luftloch am Hals ... Und ich stand immer auf und öffnete die Tür, empfing und begleitete hinaus, ging gewissenhaft meiner Arbeit nach und hatte dabei Zeit für nächtliche Gespräche und Freunde ... Am Damm zur Ewigkeit lebte ich damals, heute würde mich all das, was ich damals erlebt habe, zugrunde richten, ich bin heute schnell erschöpft, kann kaum noch länger als zwei, drei Stunden irgendwo sitzen, ich bin einfach schon müde ... aber, wie Novalis sagte, gibt es die Erinnerung, diese zweite Gegenwart ...

Wie haben Sie bei alledem schreiben können? Dort, Am Damm zur Ewigkeit?

Tschechow hat auch immer das Haus voller Leute gehabt und dabei mehr als genug geschrieben. Damals genügten mir drei Stunden, und ich schrieb und schrieb, ich habe immer in einer Art Umnachtung geschrieben, plötzlich überkam mich die Lust dazu, und wenn diese Lust gerade in meiner Freizeit über mich kam, dann schrieb ich, ansonsten schmachtete ich und sehnte mich danach irgendwo bei der Arbeit, die Umnachtung griff nach mir, ich aber hatte nicht die Zeit, mich freizuschreiben. Sie wissen ja, drei Stunden damals, das war ganz schön viel Zeit, eine ganze Menge Zeit war das, deshalb lernte ich auch so schrecklich schnell zu schreiben, manchmal jagte ich in acht Minuten eine Seite durch die Maschine ... Als ich in Kladno arbeitete, da hatte ich vier Jahre lang jede zweite Woche Nachmittagsschicht, das war ein Geschenk der Götter, ich schrieb am Vormittag, das war eine Ehre, ich war der König der Zeit. Heute genügt mir das, was Hrubín immer wieder sagte ... Hör mal, Bohouš, geht's dir auch so beschissen, wenn ich eine Zahlkarte ausfüllen und zur Post bringen muß, dann ist nicht nur dieser, sondern auch der nächste Tag im Arsch, geht's dir nicht auch so? Damals sagte ich ... Wohl noch nicht, František, aber im Ernst? Und heute weiß ich, daß es mir genauso geht wie damals František. Ich jubelte, als ich in einer Zeitung die Klage von Oskar Kokoschka las – als ich jung war, dauerte der Sonntag einen ganzen Monat, heute ist ein Jahr für mich weniger als eine Woche ...

Und die Frauen?

Ach, da ist Hopfen und Malz verloren, ich war immer schrecklich verliebt, insgesamt viermal, und immer dauerte es vier Jahre, selbst meine berühmten Berufe dauerten immer vier Jahre, vier Jahre Kladno, vier Jahre Theater, vier Jahre Altpapier und vier Jahre Bahn, ich aber liebte jedes meiner erotischen Objekte so sehr, daß ich einem verliebten Hündchen glich, dieser Schellenzehn, auf der ein Bärentreiber mit einem Bär ist, und der hat einen Ring in der Nase, und dieser Bär, das war ich. Und immer wollte ich heiraten, doch stellten meine Auserwählten immer wieder fest, daß ich zur Ehe nicht tauge, daß ich viel zu verträumt sei, und schließlich gäbe ich mehr aus, als ich verdiente ... Und so wurde nichts aus diesen Hochzeiten, zum Glück, denn wenn ich Kinder gehabt hätte, hätte das Schreiben keine Bedeutung für mich! Ich hätte mich sicherlich um die Kinder gekümmert und keine Sekunde ans Schreiben gedacht, denn Familie und Kinder bedeuten mir weit mehr als alles andere. Doch hat man keine Kinder, was kann man da schon tun? Es bleibt nichts weiter übrig, als sich entweder aufzuhängen oder zu schreiben. Das Schreiben bewahrt nicht nur vor der Langeweile, irgendwie heilt es auch den Menschen von der Melancholie, und am Ende ist es ganz nett, wenn ein Buch erscheint, hat man aber keine Kinder, was kann man denn da wirklich tun? Weiterschreiben, um sich von Trauer und Verlassenheit zu kurieren. So habe ich oft Am Damm nicht nur zur Ewigkeit, sondern auch zur Unendlichkeit gestanden und gesessen, und da ich keine Kinder hatte, verliebte ich mich sogar in diese Ewigkeit und Unendlichkeit, heute kann ich einfach nur dasitzen und schauen, ich bin fasziniert von dem Gefühl, an etwas teilzuhaben, das höher und schöner ist als alles, was ich bisher gekannt und woran ich geglaubt habe, die Obsession hat mich längst verlassen, die Gesellschaft von Menschen zu suchen und nach Ereignissen zu fragen und seitenweise großartige Bücher nachzuerzählen. Heute sitze ich lieber einfach da, und wieder tauchen in mir die Sätze auf, die ich aus Lao-Tses kanonischem Buch Tao-Teching auswendig gelernt habe, ich sitze da und lasse sie im Mund zergehen wie Bonbons, einen ganzen Tag lang kann ich von einem solchen Satz leben, der mir aufgegangen ist, der in mir auferstanden ist, nicht von den Toten, sondern in mir und durch mich wieder lebendig wurde, dergestalt, daß ich den Eindruck habe, erlöst zu sein. Das sind jetzt meine Sprößlinge, meine Kinder, die in den Schoß der Zeit gesät sind, um, da sie mir in den Kopf und in den Mund gefallen sind, aufzugehen und Blüte und Frucht zu tragen ... Und das alles geschieht in der Stille, in einer sprühenden Stille, keineswegs in Verlassenheit, sondern in dieser auflebenden Einsamkeit, in der ich mit allen lebenden und toten Freunden sprechen kann, einer Einsamkeit, in der ich selbst einmal und gerne mit einem so liebenswerten und gebildeten Menschen spreche, wie ich einer bin ...

Lachen Sie gern?
Und wie, von klein auf lache ich gern, weil ich auch verdrießlich sein kann. Aber! Wenn einer Am Damm zur Ewigkeit sitzt, dann kann er nur noch lachen, man braucht nur verdrossen zu sein, Hemmungen zu haben, ein armes Hanneken zu sein, sich selbst zu bedauern, und plötzlich ist alles wie weggeblasen, als hätte mir Mutter die Falten von der Stirn gestreichelt, fange ich an zu lächeln ... Das alles ist doch nichts! Und es ist wirklich nichts, all die Wehchen und Wehwehchen, all die Bi-Ba-Butzeängste, ob einer was gesagt oder gemacht hat, was gerade nicht in die Situation paßt, in der ja nicht nur ich stecke, als einzelner Mensch, sondern auch die anderen, das heißt alle Menschen. Das gleicht dann einem Wunder, wenn man den Himmel sieht und sich frei unter ihm bewegen und umherstreifen kann wie unter einer Glasglocke und das süße Gefühl dabei hat, daß einem in diesem Moment ja nichts passieren kann, und wenn es nichts mit mir zu tun hat, bin ich erlöst, auch um den Preis, daß mich die Straßenbahn überfährt ... So herrlich ist das Gefühl, vom Lächeln durchdrungen zu sein, von jenem seligen Lächeln, das alle buddhistischen Priester haben, die auf die lächelnde Statue Buddhas schauen, der sich, indem er seinen Nabel betrachtet, zurückspult bis zum ersten Menschen, bis in den Schoß der ersten Mutter, die keinen Nabel hatte ...

Also Chaplin, Frigo ...
Ja, aber auch Lupino Lane und Ben Turpin und Harold Lloyd, alle diese Könige des klassischen Stummfilms, und am meisten liebe ich immer noch diese kurzen Geschichten, jene, die nach der Gaumont-Wochenschau gespielt wurden, vor dem Hauptprogramm. Hier ist das Lachen auf kleinster Fläche konzentriert, wie diese Wunder der Fußballtechnik auf einer Fläche nicht größer als ein Taschentuch, wie die Produktionen von Zirkusartisten, wie alles das, was in Komprimierung von Raum und Zeit geschieht. Abendfüllende Vorstellungen der Könige der Komik lassen mich nicht zur Besinnung kommen, ich habe immer gerne gelacht, habe mich gebogen vor Lachen, habe immer aufpassen müssen, daß ich nicht sterbe vor Lachen. Darum sagen mir die kurzen Filmgrotesken mehr zu, sie haben die Fähigkeit, immer wieder aufzutauchen, so wie eine beliebte Melodie, so wie die Erinnerung an ein geliebtes Gesicht ...

Was aber hat das alles mit der Unendlichkeit und mit dem Damm zur Ewigkeit zu tun?
Chaplin und Frigo sind voll davon. Läßt man die Gags weg, läßt man all das weg, was Lachkrämpfe erzeugt, dann bleibt eine große Stille zurück. Diese große Stille ist das Körnchen Ewigkeit, sie ist der Augenblick, der weder Anfang noch Ende hat, oder besser gesagt, sie ist Anfang und Ende zugleich. Ich liebe den Satz von Georg Lukács – Die Gegenwart existiert nicht, die Vergangenheit ist gefährlich und die Zukunft längst bekannt – ... Eigentlich liegt jeder Groteske dieser großen Meister ein Drama zugrunde, und ein Drama ist ein Ereignis, in dem, in platonischem Sinne, das Wesentliche auflebt, es ist ein Detail, das, ins Extreme getrieben, eine Idee gebiert. Das ist wie mit der Lächerlichkeit von Don Quijote, der gezeigt hat, daß die größten Heldentaten einer Groteske gleichen und der größte Glaube eine Diskordanz ist. Frigo und Chaplin sind die Don Quijotes des zwanzigsten Jahrhunderts und erzielen durch scheinbar Unphilosophisches philosophische Wirkungen. In Libeň, Am Damm zur Ewigkeit, da haben wir oft jene Seiten aus James Joyce gelesen, wo der Pater Conmee der Schuljugend zu erklären sucht, daß so eine Ewigkeit einem

Berg aus Sand von der Größe des Mount Everest gleiche, und daß einmal in hundert Jahren ein Vöglein herbeifliege und ein Körnchen Sand davontrage, und wenn es den ganzen Sandberg abgetragen habe, habe die Ewigkeit noch immer nicht begonnen ... Wir sind zu dem Schluß gekommen, daß das tragische Lebensgefühl und der Humor Zwillingen gleichen, zwei Wegen, deren beider Anfang im selben Tal liegt, daß ein streng aufgebautes Drama letztlich das gleiche Prinzip offenbart wie jede triviale Stummfilmgroteske. Ich habe vom schottischen Wechselbad die rhythmische Abfolge beider Extreme abgeleitet, auf den kalten Wasserstrahl ließ ich den heißen folgen, so wie es Isaak Babel beherrschte, der in seiner Prosa den Brillanten mit dem Tripper in einem Atemzug nennt. Lange ging mir der Gedanke durch den Kopf, den Salvador Dalí als junger Mann geäußert hat – Und weiter werden wir durch die kalten Wasser der Kunst und die warmen Wasser der Wissenschaft fahren – ... bis heute bin ich diesem Satz nicht auf die Sprünge gekommen. Überhaupt, wenn mir etwas zu Ohren kommt, dann bin ich ganz aus dem Häuschen ... Die Politik ist der Raum des Möglichen, die Kunst der Raum des Unmöglichen ... Der Eros ist bezogen, der Sex ist anonym. Ich erinnere mich, es war für mich wie ein Donnerschlag, als ich diese Sätze hörte. Ich liebe Zitate und Aussprüche, die mich an die Schwelle der Ewigkeit führen wie das Rufen Friedrich Nietzsches – Ich liebe dich, oh, Ewigkeit! – Na sehen Sie, und wir saßen in Libeň Am Damm zur Ewigkeit, tranken Bier und liebten die Ewigkeit dermaßen, daß wir vor Freude und Lachen schrien ...

Also schätzen Sie Bildung?
Und wie! Es entspricht meinem Stil, wenn ich immer wieder gern behauptet habe und es immer noch tue, daß ich, wenn ich nicht gerade schreibe, nur herumtrödele, im Garten arbeite, mich in den Kneipen herumtreibe. Das alles stimmt ja auch. Doch seit meinem zwanzigsten Lebensjahr bilde ich mich schrecklich gerne, lese furchtbar viel, und je anstrengender das Lesen für mich ist, um so besessener bin ich davon. Daß ich Deutsch gelernt habe, kommt daher, daß Tonda Frýdl, ein Maler und Dichter, einer meiner geistigen Väter, der mir bei-

gebracht hat, Bildern und Texten nachzulaufen, mir einmal einen Kant geschenkt hat. Und mit dem Wörterbuch in der Hand, Satz für Satz, habe ich viele Jahre hindurch *Die Metaphysik der Sitten* übersetzt und mich an deren Sätzen gelabt. Und Goethe habe ich wohl ganz auf deutsch gelesen, ich schätze ihn sehr, wußte er doch so viel, wann immer er aber konnte, lief er mit hübschen Fräuleins in den Bergen herum und liebte sie, wo es nur ging. Ein trauriger Stier... hat Rolland sehr treffend von ihm gesagt. Und dann erst, als ich in dem Antiquariat neben der juristischen Fakultät *Die Welt als Wille und als Vorstellung* ergattert habe! Später bin ich über das Buch *La conquête de l'irrationel* von Salvador Dalí gestolpert und habe mich mit französischen Vokabeln abquälen müssen, um hinter den Inhalt zu kommen ... und so ging es immer weiter und so fort! Als ich aber in der Altpapier-Sammelstelle in der Spálená-Gasse gearbeitet habe, da haben sich die schwierigsten Bücher gegen mich verschworen... Friedrich Nietzsche und Nikolaus Cusanus und Leibniz ... und vor allem *Die Metaphysik als Ereignis* ... Deshalb vertreibe ich mir die Zeit nur noch mit Lesen, und ich lese und lese, je unzugänglicher der Text, um so mehr fesselt er mich, am meisten liebe ich Sätze, die wohl aus dem Zen-Buddhismus stammen, Sätze, mit denen man nicht anders umgehen kann, als sie auswendig zu lernen, durch die Landschaft zu streifen, durch die Stadt zu ziehen, in der Kneipe zu sitzen und einen Satz immerzu vor Augen zu haben, wie eine Standarte, wie eine fixe Idee, wie ein nacktes Weib während der Pubertät, und dauernd darüber nachzugrübeln, ob dieser Satz der Wirklichkeit gerecht ist. Ob da etwas für sie nicht zutrifft. Und wenn sich der Sinn plötzlich erschließt, weiß ich genau, daß das Geheimnis meist eine ganz gewöhnliche menschliche Ursache hat, auch wenn es eine göttliche Wirkung zeitigt. Doch schon sind weitere und andere Sätze an der Reihe, und so bin ich für mich selbst eine Art Telefonseelsorge, spreche mit mir selbst über all das, was von außen auf mich einströmt, aus Büchern und aus der Wirklichkeit. Das ist meine Lovestory, mein Gehirn durch Informationen zu erschüttern, die mir aus weiter Ferne und aus der Gegenwart zufließen ...

Sind Sie froh, daß wir Sie stören?

Ja. Denn ich weiß, sobald mich einmal nichts mehr stören wird, sobald mich weder die Einsamkeit noch die Stille stören werden, dann werde ich vermutlich tot sein. Wenn nicht Sie, wenn nicht andere mich störten, dann wäre ich eigentlich immer durch mich selbst gestört, ich störe mich selbst sogar gerne. Das ist mein zweites Ich, mein zweites Subjekt, dauernd diese lebendige, beinah endlose Psychologie, ständig hat sie mir etwas zu sagen, auf alles, was mir auch einfällt, antwortet sie mit dem Gegenteil, dauernd sucht sie die niemals endende Identität von Gegensätzen. Aber das ist es eben, es ist mein Hauslehrer, mein Freund und mein Du, die in letzter Zeit gefährlich oft als Wir zu mir sprechen, diese innere grammatische Struktur übertönt mich oft mit hoher Stimme, die ja auch ein Zeichen von Frechheit ist. Aber das ist es ja eben, diese innere Hygiene, diese Selbstaufklärung, diese Unterhaltung und Kurzweil, es ist, wie wenn ich nicht mehr ein noch aus weiß, dann lese ich aus Verzweiflung und mit aller Aufmerksamkeit die ganze Zeitung durch und sehe mir vom Betthupferl bis zur Staatshymne das ganze Fernsehprogramm an ... Doch liebe ich im Grunde genommen die Welt nurmehr ohne Ich, ohne Du, ohne Wir, ich liebe die Welt des Raumes und der Unendlichkeit, aus der die Psychologie zwar nicht verschwunden ist, doch für unwesentlich befunden wurde, es erreichen mich Nachrichten aus dem Kosmos, getragen vom Gesang der Vögel und vom Rauschen der Elemente, es ist die Gewißheit eines Kindes, das an der Schwelle eines abgesperrten Hauses spielt, das selige Lächeln eines kleinen Kindes, das das Meer mit einem Löffel umschöpft, eine Absurdität, die realer ist als alle Wirklichkeit, eine coincidentia oppositorum, in welcher die Tangente eins wird mit dem Bogen der Kreislinie, deren Mittelpunkt in der Unendlichkeit verschwindet. Und weil ich Zitate liebe, schließe ich mit Georg Lukács ... Man kann den Umweg nicht überspringen, der über das Reden zum Schweigen, über die Kategorie zum Wesentlichen, über Gott zum Göttlichen führt: Direkt, unmittelbar zum Schweigen gelangen zu wollen, muß zum reflektierten Stottern in Kategorien geraten, die historisch noch nicht reif sind.

Gespräch mit Karol Sidon

Er stützte die Ellbogen in den Schoß und hatte einen eigenartigen Ausdruck verlegener Ruhe im Gesicht. Wir unterhielten uns über das Außenseitertum, und dies war offensichtlich das Thema, das Thema der Existenz dieses Mannes, der mir gegenübersaß.

Dieses Gefühl haben die meisten Leute, sagte er. Bringt man als Kind ein schlechtes Schulzeugnis heim, steht man in der Ecke, und rinsum dröhnt es nur, aber man ist dagegen machtlos, man ist ein Außenseiter. Und ich hatte in der dritten Klasse noch lauter Einser – danach habe ich Zweier und Dreier in Betragen bekommen und bin später auch zweimal durchgefallen. Bis zu meinem einundzwanzigsten Lebensjahr war ich schrecklich zerstreut und wurde von dem Komplex verfolgt, ich sähe partout nicht so aus, wie ich aussehen sollte und wollte, und hab' ewig in den Spiegel geschaut und mir gesagt, mein Gott, das bin doch nicht ich. Erst jetzt, wenn ich mir alte Photographien anschaue, stelle ich verwundert fest, wie nett ich eigentlich ausgesehen habe und wie schneidig ich gewesen bin. Als ich in der Quarta durchfiel, wollte ich das Lernen Lernen sein lassen und Maurer werden. Das war damals ganz nach meinem Geschmack. Ich hatte keine Ahnung, daß ich einmal schreiben würde. Bis dahin hatte ich kein einziges Gedicht gelesen, bis zu meinem einundzwanzigsten Lebensjahr bestand meine Lektüre aus Clifton- und Nick-Carter-Heftchen, Kochbüchern und Geschichten *Aus böhmischen Mühlen*. Doch mein Vater bestand darauf, daß ich das Abitur mache, und so bin ich kein Maurer geworden. Statt dessen bin ich nach dem Abitur auf die Hochschule gegangen, und dort hat es begonnen. Ich habe angefangen, mich mit Literatur zu befassen und vor allem mit der bildenden Kunst, ich habe leidenschaftlich philosophische Vorlesungen besucht, und es hat mich bedrückt, was für ein dummer Mensch ich doch war. Je mehr ich gelesen habe, desto nachdrücklicher wurde dieses Gefühl. Von Kindheit an war ich nur von Erwachsenen umgeben und gewöhnt, in der Ecke zu sitzen und zuzuhören. Ich war zur Passivität gezwungen, zum Zuhören, und schließlich zog ich es allem und am liebsten vor, still dazusitzen und bei uns in der Brauerei den Geschichten zu lauschen, den Gesprächen der Kutscher und Wandergesellen, ich war ein lauschender Außenseiter. Immer habe ich mich in außenseiterischer Passivität befunden. Schon in der Schule bin ich rot geworden, sobald ich etwas sagen sollte, und habe mich geniert und war unfähig, etwas aus mir herauszupressen, ich war ein vortrefflicher Fußballer, auf dem Spielplatz mit den Buben habe ich großartig gekickt, doch sowie ich mich auf dem Spielfeld befand, war's aus mit mir. Und das verfolgt mich bis in mein fünfundfünfzigstes Lebensjahr.

Dieser Außenseiterkomplex ist Ihnen also geblieben, obwohl . . .
Na ja. Und es wird immer schlimmer. Als ich früher mit meinen Gefühlen allein war, habe ich irgendwie immer die Zeit zum Träumen gefunden, ich konnte mir Notizen machen, jetzt aber muß ich immerzu irgendwo sein, die vielen Diskussionsrunden, und dauernd werde ich davon abgehalten, noch ein Buch zu schreiben, mich an einem Roman zu versuchen, und bei alldem bin ich nicht imstande, diese verschiedenen Verpflichtungen abzusagen, und unablässig nehme ich weitere und neue auf mich und bringe nicht den Willen auf, mir Freiraum für das zu schaffen, was ich tun will. Morgens wach' ich auf und hab' schon einen Haufen Aufträge im Haus. Die einen wollen dieses, dort soll ich hingehen, jenes verfassen, und ich tue eigentlich nichts anderes mehr, als auf Bestellung zu schreiben. Mich aber kostet das schreckliche Mühe, und ich rackere mich damit fürchterlich ab; ist man doch mit fünfundfünfzig nicht mehr fähig, umzuschalten und sich trotz alldem den Kopf für die Atmosphäre dessen freizuhalten, was nur ich allein schreiben möchte.

Warum rebellieren Sie nicht?
Ich kann nicht nein sagen. Ich höre immer auf den, der von mir etwas will. Dauernd gehe ich von anderen aus. Zu der Zeit, als ich als Kulissenschieber gearbeitet habe, war ich glücklicher als heute, da ich Popularität genieße. Es war Schwerarbeit, aber

ich hatte dabei Zeit für mich. Ich bin nach Hause gekommen und hatte acht Stunden für mich! Und jetzt haben die anderen sich meiner bemächtigt, und ich schreibe wie ausgeblutet, ich tue etwas, was ich eigentlich nicht will, und kann das nicht machen, was ich tun will. Mein Komplex wird immer größer. Manchmal, wenn die Aufträge einander überschlagen und ich wegen des einen den andern nicht erledigen kann, wenn mich nach halb zehn in der Früh drei Leute zu Hause aufsuchen, drei Einladungen irgendwohin, verkrafte ich das nicht und kann nur noch böse sein. Das aber kommt immer wieder vor, und hinterher leide ich darunter, daß ich jemanden abgewiesen oder gekränkt habe, ich rufe ihn an und entschuldige mich, und das vergrößert wiederum mein Außenseitergefühl, und ich bin wieder der Bub mit dem schlechten Zeugnis, der sich nicht nach Hause traut. Eine Zwei in Betragen oder eine Drei, Szenen und Tränen, wie es bis zu meinem zwanzigsten Lebensjahr zu Hause üblich war, so geht es mir noch immer. Und bei jedem Buch habe ich das gleiche Gefühl wie beim Zeugnis. Früher, als ich für die Schublade schrieb, hatte ich das Gefühl, als bewegte ich mich auf der Grenze des Verbotenen, und habe angenommen, daß ich als publizierender Autor in der gleichen Kategorie bleiben würde, nun aber stellen Sie sich mein Trauma vor, als ich einer von jenen geworden war, die zur tschechischen Literatur gehören, und dessen Bücher, von denen ich geglaubt hatte, sie seien einzig und allein für mich da, in ganz Europa erscheinen. Was mag das sein, das die Leute nötigt, sie bis zum Ende zu lesen? Ich weiß es nicht ...

Hat Ehrgeiz Sie zum Schreiben verleitet?
Ich hatte keine Ambitionen. Aber bei uns in Nymburk war es so schön, daß ich auf einmal ein Gedicht schrieb. Wer sich zum ersten Mal verliebt und Briefe schreibt, strahlt auf alle Seiten Liebe aus. Ja, und ich mußte schreiben. Und dann strömte all das, was ich in der Brauerei gehört hatte, aus mir heraus, die Geschichten meines Onkels Pepin, die mir ins Blut übergegangen waren, und als der Krieg zu Ende war, habe ich mir eine Beschäftigung gesucht, wie sie die Wanderburschen hatten, die in die Brauerei gekommen sind, ich wurde Handelsreisen-

der, und die Welt stürzte und stürzt so auf mich ein, daß es mich erstaunt, daß mich mit meinen fünfundfünzig Jahren die Realität immer wieder aufs neue und auf phantastische Weise verblüfft. Ich bin immerzu erfüllt davon, und es muß heraus, und so fange ich an, langsam wie Onkel Pepin zu werden, und kann eine Fülle von Begebenheiten und Geschichten erzählen – aber nur einige sind dergestalt, daß sie aufgeschrieben werden sollten. Wenn so etwas aus meiner Erinnerung aufsteigt, ist es allein mein Ereignis – und ich klingle, klingle wie ein Wecker: in diesem Moment bin ich ein glücklicher Mensch.

Er saß aufrecht da, die Ellbogen im Schoß, und schaute an mir vorbei. Ich war mir die ganze Zeit über bewußt, daß ich nolens volens einer von denen war, die ihn quälten, die er nicht abzuweisen vermochte. Zugleich war mir jedoch bewußt, er war auch zufrieden, und es begann in ihm zu klingeln. Er hatte das aufgenötigte Spiel akzeptiert, hatte sich darauf eingelassen und verstand es, dieses für sich zu nutzen. Deshalb sah er nicht mich an, sondern nach vorn: weil er allein war. Ungeachtet dessen, was er über sich gesagt und was er von sich als dem ewigen Außenseiter behauptet hatte, konnte ich in seinem Gesicht Ausgeglichenheit und Ruhe entdecken, wie bei einem jungen Bauern, der sich abends unter den Baum setzt und in die Felder hinausschaut.

Schauen Sie, sagte er, es wird regnen.

Wohl kaum, erwiderte ich.

Aber doch.

Dann ging er hinaus, und als er wieder hereinkam, sagte er:

Ich möchte einen Roman über Onkel Pepin schreiben. Mein Vater war ein ehrgeiziger Mann, der sich langsam nach oben gearbeitet hat und nichts anderes im Kopf hatte. Mein eigentlicher Vater war der Onkel Pepin. Ewig ist er bei uns gesessen und hat erzählt und war voll davon. Ist am Tisch gesessen und hat zur Decke gestarrt und alles Erzählte von dort abgelesen. Hat es nur reproduziert. Dabei hat er sich auch wiederholt, aber es war doch jedesmal wieder – genau das. Er war besessen von seinen Geschichten und hat sie immer und immer wieder von der Decke abgelesen, und wir haben uns immer von neuem vor Lachen gekringelt. Nein, er hat es nicht nötig gehabt, das aufzuschreiben. Überhaupt nicht. Und Menschen wie ihn gibt es bei uns viele. Sie werden bemerken, daß man sich in jeder Werkstatt einen besessenen Narren hält, ihm gar nicht zu arbeiten erlaubt, er muß nur erzählen, muß unterhalten. Jedesmal überläuft es mich kalt, wenn ich solch einem Menschen begegne und von diesen einfachen Leuten philosophische Betrachtungen höre, die der größten Gelehrten würdig wären ...

Gehen Sie damit nicht in gewisser Hinsicht einem Traum nach, wie die Tschechen tatsächlich aussehen sollten?
Vielleicht, doch hat sich das schon verloren. Das Leben büßt immer mehr an Ordnung und Ritual ein. Allmählich hat fast nichts mehr seinen Platz, und um so schöner ist es, Menschen anzutreffen, die Ordnung und Ritual in sich haben. So denke ich in letzter Zeit oft an die galizischen Juden und an die Chassidim auf Chagalls Bildern, wie sie am Vorabend des Sabbats am Tisch sitzen, aus dem Fenster schauen und warten, bis ein Stern aufgeht. Und nichts hat sie aus ihrer Ordnung herausreißen können, selbst wenn es sehr schlimm um sie stand, haben sie getanzt und sind fröhlich gewesen. Chagall hat das genau aufgemalt und keine Bedenken gehabt, sich zu wiederholen und auf sich selbst zurückzugreifen, denn, das weiß jeder ordentliche Künstler, alles muß wiederkehren und sich bereichern, und immer wieder hat Chagall die gesamte Welt in jenen Symbolen dargestellt, die sich auf jedem seiner großen Bilder wiederfinden. Und was dort nie fehlt, was dort nicht fehlen kann, nicht fehlen darf, ist inmitten dieses Mordens, dieser Liebe und Not der Jude mit der Fiedel – und diese Fiedel, diese Fiedel, diese, diese Fiedel ...

Als ich ihn verließ, regnete es tatsächlich.

Gespräche mit Sergio Corduas

Prager Ironie

Was ist das Ihrer Meinung nach, Ironie?
Ironie ist eine bestimmte Art der Begriffsstutzigkeit, die Lächeln hervorruft, eine bestimmte Art der Naivität, die aber so verbohrt ist, daß sie nicht nur unfähig ist, das eigene Anderssein zu erfassen, sondern in der einmal eingeschlagenen Richtung verharrt und auf diese Weise das Leben bereichert – und über die Projektion des Lebens auch das Kunstwerk: durch den Scherz und das Lächeln, die auch das Wesen des Grotesken ausmachen.

Bedeutet das, daß Chaplin zum Beispiel Ironiker ist?
Unterschwellig bringt er immer das Gegenteil des biologischen oder sozialen Lebens zum Ausdruck, das er aufzulösen bestrebt ist. Immer verzichtet Chaplins Ironie, und zwar ohne jeglichen Grund, auf die psychologischen und soziologischen Grundlagen der eigenen Existenz, und so kommt es, daß er sich immer wieder plötzlich ahnungslos in Konfliktsituationen wiederfindet. Dieses fehlende Bewußtsein von der Situation erzeugt beim Zuschauer Lachen. Doch im Innern des agierenden Subjekts handelt es sich immer um Tragödien, die aus dem bloßen Faktum der Existenz erwachsen können.

Bei mehr als einer Gelegenheit sprachen Sie von »Prager Ironie«. Könnten Sie das definieren?
Die echte Prager Ironie ist der typische Ausdruck der Prager Mentalität, immer unter der Voraussetzung, daß Prag die Hauptstadt einer mitteleuropäischen Provinz ist, in der seit einigen Jahrhunderten drei Nationalitäten nebeneinander leben, Tschechen, Deutsche und Juden, die alle ihre eigenen Zentren, Milieus, Theater und Zeitungen haben und somit eine eigene Identität. Soziologisch gesehen ist das eine traumatische Situation, doch aus dem Blickwinkel der Kunst be-

trachtet entsteht aus dieser Mischung ein Klima und ein Nährboden, die der Literatur zugute kommen. Nach 1945 gab es diese Mischung nicht mehr, und daher kann man von Prager Ironie nur noch historisch sprechen. Ihre beiden Wortführer waren Jaroslav Hašek und Franz Kafka. Emanuel Frynta hat gezeigt, daß die große Literatur immer dort entstanden ist, wo sich zumindest zwei verschiedene sprachliche Identitäten mischten, in Odessa, Leningrad, Prag, Triest, Zürich oder Paris. Aber bleiben wir bei Prag ...

Ja. Was also ist das Wesen der Prager Ironie?
Frynta hat ein Buch über Hašek und Kafka geschrieben und dem Text zahlreiche Photos hinzugefügt, die die Straßen und das Leben in Prag zeigen, also die Stadt, in der die beiden großen Geister Geltung erlangten. Er benutzte die Methode der Konfrontation. Immer stammen also zwei Photos aus derselben Stadt Prag, aber jeweils aus einer völlig verschiedenen Umgebung. So sieht man neben den Hütten der Prager Vorstädte und ihren Bewohnern die Ferdinandsallee, neben den Gäßchen des Ghettos das Gepränge der katholischen Corpus-Domini-Kirche, neben dem Flohmarkt die Börse, neben dem Institut für die besseren Stände die Mensa des »Tschechischen Herzens« und so fort. Frynta wandte die gleiche Methode an, mit der die berühmte amerikanische Zeitschrift »Life« seit Jahren arbeitet ...

Das ist aber doch keine Ironie?
Es ist noch keine Ironie, aber ihr Ausgangspunkt, eine soziologische Untersuchung und ein Beweis dafür, wie unter dem immensen Deckel der Habsburger Monarchie alle Klassen und Schichten leben konnten (und sei es, daß sie armselig vegetierten), bis in einem bestimmten Augenblick die Geschichte, die Epoche eingriff. Und genau hier haben die Vorstellungswelt des Proletariers Hašek wie die des Intellektuellen Kafka ihren eigentlichen Ursprung, hier findet sich der Beginn einer bestimmten Lebensart, eines bestimmten Existenzgefühls: Hašek und sein Schwejk, der nichts zu verlieren hat, der weder Familie noch Eigentum besitzt und sich daher mit Situationen

herumschlagen muß, in denen jedem anderen das Blut gefröre. Josef K., also Franz Kafka, sieht dagegen, wenn auch unschuldig, wie mit jeder umgeschlagenen Buchseite sein eigenes Schuldgefühl wächst, ohne daß er sich einer Schuld bewußt wäre. Josef K.s Position ist daher die transzendentale, das Schuldgefühl ist nunmehr, wie bei Kierkegaard und den Frühromantikern, an die Existenz gekoppelt. Schwejk aber setzt allen Erscheinungsformen der Habsburger Monarchie die Naivität seiner einfachen und betont einfältigen Existenz entgegen. Beide Romane haben autobiographische Wurzeln, beide Autoren sind im gleichen Jahr in Prag geboren und im gleichen Jahr gestorben, und wahrscheinlich haben sie sich kein einziges Mal in dem damals relativ kleinen Prag getroffen – oder sie hatten keinen Grund oder keine Möglichkeit, sich zu treffen. Kafkas Held führt das Leben einer »großen Existenz«, er sucht nach dem Wert der Dinge in Friedenszeiten. Hašeks Held muß gegen seinen Willen in den Krieg ziehen und entdeckt so nicht nur den Wahnsinn des Krieges, sondern gleichfalls den der Habsburger Monarchie. Kafkas Roman ist in brillantem Deutsch geschrieben, mit großer stilistischer Sorgfalt. Es ist ein Roman in Tropfenform. Hašeks Roman erscheint in pikaresker Manier, er hat die Form eines lokalen Bummelzugs. Es scheint, der gleiche Zeitgeist habe bei beiden Romanen Pate gestanden. Beide entstanden in jenem Augenblick, als transzendentale Umwälzungen reif geworden waren, und es wirkt so, als hätten sie diese abgeschrieben. Sie sind eine Art negativer Mystik dieses Zeitalters ohne Gott, um mit Lukács zu sprechen. Hašek, da ihm in der Trunkenheit die ersten zwanzig Seiten des Manuskriptes verlorengegangen waren, setzte sich hin und schrieb sie neu. Der neue Text war fertig, als die verlorengeglaubten identischen Blätter wieder aufgefunden wurden. Und Franz Kafka hat seinen Freund gebeten, er möge nach seinem Tode alle seine Texte vernichten. Woher kommt diese Gleichgültigkeit genialen Werken gegenüber? Werken gegenüber, die nicht nur das theoretische Fundament der Prager Ironie bilden, sondern auch ihr Ausdruck sind? Es ist etwas Göttliches um diese beiden Schreiber und Schriftgelehrten. Und lustig ist, daß selbst der Kritiker F. X. Šalda, der alle Schriftsteller, die zweitrangigen inbegriffen, kannte, diese beiden Zeitgenossen seiner Jugend fast nicht beachtete. Er ließ ihnen keinerlei Aufmerksamkeit zukommen, denn beide entflohen ihrer Zeit, da sie genial waren und in ihrer Einfachheit ein Skandalon darstellten, und das war unfaßbar. In der Tat waren beide doctores ignorantiae. Es ist schwer, heute darüber zu sprechen, aber sowohl Hašek wie Kafka waren nicht nur gebildete Menschen, sondern auch große Voyeurs, sie waren Beobachter Prags, Meister des glänzenden, schnellen, synthetischen Urteils. Beide waren Spezialisten der Bosheit wie der Güte, in beiden fest verankert saß die Sicherheit, daß man nur durch Schreiben etwas von dem, was auf den Zeigern der Zeit gereift war, festhalten könne. Und daher waren sie auch groß im Beschreiben der plötzlichen Veränderungen im Bereich des Transzendentalen. Der nach außen hin simpel wirkende Hašek registrierte diese Veränderungen sogar stärker als der intellektuelle Kafka. Kafka, doctor ignorantiae, Meister des Nicht-sehen-Könnens, und Hašek, Meister des offensichtlichen Nicht-sehen-Wollens. Beide jedoch schrieben Texte, deren Gehalt Zeugnis von der Bewußtseinslage in einem der Zentren Mitteleuropas ablegt, in Prag, am tschechisch-deutsch-jüdischen Knotenpunkt dreier sprachlicher Identitäten, und ihre Methode ist diejenige, die Frynta als Prager Ironie bezeichnete …

Für mich klingen diese Worte, speziell was Hašek betrifft, wie seit Jahren sehnlichst erwartete Musik … doch ich wiederhole: Was ist das nun, die Prager Ironie?

Sie ist die Melancholie der ewigen Bauten, sie ist anscheinend ein Spiel für Kinder, ganz verrückt und blödsinnig für jeden überlegenen Geist, sie ist der vergebliche Kampf um den Menschen und für seine Sicht auf die Welt, die ihn umgibt, sie ist der Kampf der Menschlichkeit gegen den bloß formalen und konventionellen Humanismus, sie ist die Schlacht gegen die alleinseligmachende Staatstheorie und den Apparat der Bürokratie. Natürlich ist sie auch das Bewußtsein über die Vergeblichkeit eines solchen Kampfes. Daher jenes schiefe, groteske Lächeln, das mit einer langen, spitzen Sonde an die Sphärenmusik und fast schon die heilige Glückseligkeit reicht.

Hašek und Kafka erinnern an zwei Zen-Buddhisten. Ihr bitteres Lächeln geht auf das Lächeln griechischer Apolls zurück, das Leonardo in das Lächeln der Mona Lisa umschmolz und das von Leonardo in die einfachen, klaren Gemälde von Jan Zrzavý überging ... Von der Prager Ironie sprechen auch die frühen Romantheoretiker. Jene Selbsterkenntnis, mit der die Subjektivität sich selbst überwindet, ist die Ironie. Ironie als ein Kunstgriff im literarischen Werk bedeutet die innere Spaltung des normativen poetischen Subjekts in zwei Subjektivitäten, in die Subjektivität der Innerlichkeit, die sich den Bildungen einer fremden Macht gegenüberstellt und versucht, einer fremden Welt den Inhalt des eigenen Begehrens eindrücklich zu machen ... Auf diese Weise wird die Fremdheit und Feindseligkeit der inneren und der äußeren Welt zwar nicht abgeschafft, aber sie wird als notwendig anerkannt: sie zwingt das beobachtende und schaffende Subjekt dazu, die Erkenntnis der Welt auf sich selbst anzuwenden und sie, wie auch die eigenen Schöpfungen, als das freie Objekt einer freien Ironie aufzufassen ... Die Ironie, die eine an ihr Ende gelangte Subjektivität abschafft, ist die höchste erreichbare Stufe der Freiheit in einer Welt ohne Gott ...

Gehört hierzu auch Chaplin?
Ja, die Prager Ironie betrifft auch Chaplin. Neben Hunderten von komischen Filmen hat Chaplin auch einige gedreht, in denen er die eigene Subjektivität abschafft und sich mit der größten Freiheit in die Ironie begibt, die die Menschlichkeit vom konventionellen Humanismus unterscheidet, wie es in seiner Prager Vorlesung Tristan Tzara einige Jahre nach dem Ende des Zweiten Weltkriegs sagte.

Gut. Kehren wir noch einmal nach Prag und zu Schwejk zurück. Ich denke, er ist so eine Art Golem des zwanzigsten Jahrhunderts, und einmal habe ich, Joyce zitierend, geschrieben, er sei ein Prager Ulysses. Was halten Sie davon?
Ich kenne viele Interpretationen: zum Beispiel Josef Schwejk sei Sancho Panso und Leutnant Lukasch Don Quijote. Demgemäß glaube ich, daß auch die Idee von einer Beziehung zwi-

schen Schwejk und Leopold Bloom sinnvoll ist. Im Grunde genommen hat auch der Dubliner Ulysses mitteleuropäische Wurzeln. Wenn ich nicht irre, ist sein Vater ein ungarischer Jude. Und dann durchstreifen Schwejk und Mister Bloom ihre jeweilige Stadt derart, daß man ihre Gänge durch Straßen, Gäßchen, Kneipen und über kleine Plätze regelrecht topographisch verfolgen kann. Sie haben auch darin etwas Gemeinsames, daß Österreich sich Prag gegenüber immer wie eine Stiefmutter verhalten hat, genau wie London im Falle Dublins. Beide tragen beständig die eigene Haut zu Markte, beide sind von der Leere des Menschen durchdrungen, der nicht dazugehört und daher von der großen Geschichte ausgeschlossen ist, der jedenfalls nicht leben »muß«, sondern »die Pflicht hat« zu leben. Und zwar jeder auf die ihm gemäße Weise. Mister Leopold Bloom als Ulysses und Kleinbürger in Dublin, Schwejk als ein Mann von der Straße. Aber gewiß doch! Beide Romane haben eine ganz unterschiedliche Struktur. Hašeks pikareske Epopöe wird von der Kettenform der Kneipenanekdoten zusammengehalten, der Fluß der Erzählung ist immer gleich, von der ersten bis zur letzten Seite, während bei Joyce jedes Kapitel einem bei Homer entspricht und einen anderen Stil, eine andere Färbung, ein anderes Motiv aufweist. Trotz alledem kann man sagen, daß Schwejk ein Prager Ulysses ist ... Der Kritiker Josef K. würde hinzufügen, daß Schwejk weder ein Metapher noch ein Symbol sei, sondern eine Hieroglyphe der Existenz.

Vielen Dank für das Zitat des Mannes von der Straße. Man müßte eine vergleichende Studie über den italienischen Mann von der Straße und den Typus des tschechischen Schwejk anfertigen: seine Mißverständnisse und Wahrheiten. Und der Golem?

Wieder spricht der Ästhetiker Josef K. für mich. Er sagt, der Golem tauche im Ghetto in den Stunden der Depression auf, der Prager Golem sei die schizophrene Manifestation kollektiver Phantasien. An anderer Stelle schreibt er: »Schwejk ist keine Figur, sondern die idealtypische Massenpsyche. Hašek hat uns nicht die psychischen Vorgänge eines Einzelwesens beschrieben, sondern ein Schema kollektiven Bewußtseins.

Ohne eine Analyse der in Mitteleuropa vorliegenden Bedingungen ist Schwejk ein eitler Clown, ein Komparse, der in eine große Rolle geschlüpft ist« ... Von diesem Blickwinkel aus betrachtet, mit dem ich mich identifiziere, könnte man in Schwejk den Prager Golem des 20. Jahrhunderts erkennen, jenen Golem, den vor langer Zeit der Prager Rabbi Löw formte, indem er als Zutaten Ängste, Unglücksgefühle und Lehm nahm.

Was meinen Sie, hätte Josef Schwejk mit seiner Ironie den Zweiten Weltkrieg er- und überleben können?
Josef K. hat da wieder eine bessere Antwort als ich ... »Im Zweiten Weltkrieg ist ein Schwejk nicht mehr möglich, er ist eine zu starke Individualität.«

Interview mit einem verrohten Pierrot

Wenn es Ihnen recht ist, soll das Interview folgenden Titel tragen: »Interview mit einem verrohten Pierrot.« Zwar gefällt mir diese Definition, zugleich aber ist sie mir unsympathisch. Pierrots Hauptbeschäftigung besteht darin, eine bestimmte Miene zur Schau zu stellen, Sie aber sind ganz anders, Sie betrachten das, was wer weiß woher kommt und durch Sie hindurchgeht, voller Bestürzung und machen einen Text daraus, der dann sein eigenes abenteuerliches Leben führt.
Aber nein! Erst der Kritiker Václav Černý hat mir die Augen geöffnet, erst letztes Jahr habe ich in einem Aufsatz entdeckt, daß Černý vor mehr als zehn Jahren diesen Satz geschrieben hat, wonach ich und mir vergleichbare Leute, eigentlich aufgrund der Zeit, verrohte Pierrots seien. Und die Sache verhält sich wirklich so, denn mein literarischer Weg begann mit der Poesie, der Lyrik, mit der Reflexion all der schönen und wertvollen Dinge, die mich in meinem Nymburk umgaben, wo die Zeit für mich stehengeblieben ist. Und während dieser Zeit, sagen wir, bis zu meinem dreißigsten Lebensjahr, war ich ein Pierrot, doch niemals ein Arlecchino. Erst als ich in die überwältigende Realität des Hüttenwerks Poldi in Kladno versetzt

wurde, wo ich zwischen den Feuern der Martin-Öfen und den rauhen Metallarbeitern lebte und nur mit den phantastischen Rohstoffen umging, aus denen der edle Stahl erzeugt wird, da habe ich nicht nur mein Leben geändert, sondern dem Gesetz von der Widerspiegelung entsprechend auch meine Poetik. Dort in Kladno habe ich den alternierenden Rhythmus erlernt und die Farbkontraste begriffen, es gelang mir auch bereits das, was ich von Isaak Babel gelernt hatte, nämlich den Brillanten mit dem Tripper in einem Atemzug zu nennen. Dort habe ich begriffen, was das bedeutet: der ewige Fehler in einem Diamanten, wie Gabriel Marcel es lehrte.

Wenn wir diese Definition akzeptieren, dann heißt das also, daß dem Schreiben der gleiche Prozeß der Verrohung widerfahren ist. Was können Sie zugunsten oder gegen das Schreiben als Verrohungsprozeß sagen?
Nun, in demselben Maße, in dem ich verroht bin, bin ich auch sanfter geworden. Ich habe rhythmisch alterniert, im Leben wie im Schreiben, den fragilen Pierrot und den rauhen Grobian. Aber Achtung! Ich war immer etwas mehr Pierrot, und roh bin ich nur geworden, damit meine Texte Donnerklang bekämen, wie es mir Wenjamin Kawerin beigebracht hatte: Schreibe so, daß die Sekretärinnen nicht in der Lage sind, den Text zu tippen, daß der verblüffte Leser die Hände über dem Kopf zusammenschlägt und der Redakteur zugleich weint und lacht, die Brille verliert und mit seiner Frau Streit anfängt ...

Ist der abgeschlossene Text an sich eine »rohe« Sache, oder verroht er sozusagen nachträglich den Leser?
Der abgeschlossene Text ist immer genau so, wie er ist, folglich ist ein Text von mir a priori auf rohe Weise sanft. Während der letzten Jahre war ich nicht nur Schriftsteller, sondern auch mein eigener Kritiker, ich bin immer mein erster Leser und weiß ganz gut, wie ich mich selbst neurotisieren oder aufregen kann, ich kann sehr launisch sein, so sehr, daß ich in Tränen ausbreche oder mir wünsche, nicht mehr zu leben, nachdem ich etwas geschrieben habe. Daher ist mein Schreiben auch ein

wenig so etwas wie eine Falle, und zwar nicht allein für mich, sondern auch für den Leser, wie es mir Ladislav Klíma, Jaroslav Hašek und auch der Herr Doktor Franz Kafka beigebracht haben ...

Dieser verrohte Pierrot, ähnelt er nicht ein wenig dem sanften Barbaren?
Richtig, der verrohte Pierrot läßt sich mit dem sanften Barbaren kombinieren, ja er harmoniert strukturell mit der lauten Einsamkeit. Drei Substantive, die von drei Adjektiven vervollständigt werden und eine Stimmung voller Glanz und Donner schaffen, auf die der Blitz folgt. Und doch habe ich diese Wendung nicht erfunden, ich habe sie in einer Kneipe gehört, so jedenfalls nannte irgend jemand die Bierstube Formanka mit ihrem Pilsner im Letná-Aussichtspark. Das heißt, daß ich von mir selbst sage, ich bin eher ein Abschreiber als ein Schriftsteller. Ach, meine laute Einsamkeit!

Sie haben mindestens drei Texte mit dem Titelwort Einsamkeit *geschrieben, und oft geschieht es, daß Sie von einem Gedicht zu einem Prosatext übergehen oder umgekehrt; ich habe aber den Eindruck, als ob die Einsamkeit in Ihrem eigenen System, nämlich die Ausnahme seiner selbst zu sein, eine Ausnahme bilde?*
Im Gegenteil, wie ich bereits sagte, ist meine *Allzu laute Einsamkeit* nur und ausschließlich eine Deduktion, der Versuch, all das, was ich bis zu der Zeit war, als ich sie zu schreiben anfing, auf einen gemeinsamen Nenner zu bringen. Sie ist die logische Folgerung all dessen, was in mir gewachsen war, ich habe nicht versucht, irgend etwas anderes zu schreiben, als daß in unserem Land ein Zeitalter zu Ende ging und ein anderes begann. Haňta ist die Synthese aus einem Traumwesen und einem wirklichen Arbeiter namens Haňta, der es gewohnt war, nach alter Art zu arbeiten, und dem es nicht gelang, die neuen Maschinen zu verstehen und zu akzeptieren, denn er war es gewohnt, mit seinen Händen zu arbeiten. Ein altes Brett, das Ewigkeiten gehalten hatte, war durchgebrochen, und Haňta, mein Held, der just am Ort des Geschehens gestanden hatte, wurde ganz und gar von Splittern übersät. Mein Text läßt sich

also ganz realistisch lesen, wie Hašeks *Schwejk*, aber man kann ihn auch einer symbolischen Deutung unterziehen. Ich persönlich ziehe die realistische Lesart vor. Für mich verschmelzen die Anspielungen, die aus einer weit vergangenen Zeit kommen, mit dem Gegenwärtigen. Vielleicht, weil ich das von Hegel und seinem »historischen Sinn« so gelernt habe …

Ist die »laute Einsamkeit«, als Begriff, nicht als Titel genommen, zunächst eine Bedingung des Gegenstands gewesen und wurde sie dann ein Buch, oder umgekehrt? Oder hat diese Frage wenig Sinn?
Ich schrieb die *Allzu laute Einsamkeit* 1976, und mit Haňťa arbeitete ich von 1954 bis 1958 in der Rohstoff-Sammelstelle. Doch ist die Erfahrung jener Zeit so stark gewesen, daß ich meine Erlebnisse ständig des langen und breiten in den Kneipen zum besten gab, bis ich nicht mehr zwischen mir und Haňťa unterscheiden konnte. Wir verschmolzen miteinander, und so habe ich, ohne es auch nur gewollt zu haben, die Fiktion und Mystifikation in meine Gespräche miteingebracht. In meinem Inneren wuchs und gerann all das bis zu dem Punkt, an dem ich auf einmal in der Lage war, mich an die Maschine zu setzen und alles niederzuschreiben. Ich wählte als Form dafür den freien Vers, wie ihn Apollinaire benutzt hat. Und als ich nach einem Monat damit fertig war, als ich zuließ, daß der Text zurückreflektierte, als ich das anschaute, was ich geschrieben hatte, gefiel es mir nicht, und ich setzte mich erneut hin und schrieb, inspiriert durch die erste Fassung, die zweite *Laute Einsamkeit* und fügte meinem Schreiben das Pragerische, den Slang und das Argot hinzu und schrieb den Text dieses Mal wie Prosa über die Zeilen hinweg. Und wieder war ich glücklich, während ich diese zweite Fassung schrieb, und als ich sie beendet hatte und mir nach einer kleinen Weile den Text ansah, da fand ich, daß Haňťa gegen seinen Willen gelehrt war, fand, daß ich eine dritte Version versuchen müsse und sie in einer ganz strengen Schriftsprache abzufassen hätte. Und so war ich wieder begeistert und fing an, die letzte *Einsamkeit* zu schreiben, hie und da warf ich einen Blick auf die beiden Vorgängerinnen, und ich schrieb und schrieb so lange, bis ich fand: diese Fassung, »die ist es!« Und so ist es auch gewesen, oder

zumindest glaube ich, daß diese dritte *Einsamkeit* ein Manuskript ist, mit dem man zu Redakteuren und Verlegern gehen kann. Aber – Hand aufs Herz! Vor all diesen drei *Einsamkeiten* habe ich Angst, ich habe vor fast allen meinen Texten immer Angst gehabt, ich habe sie sogar alle so geschrieben, als seien sie etwas Nebensächliches, weil ich immer glaubte, ich würde sterben, bevor das Buch erschiene. Aber, wie Sie sehen, liege ich nicht auf dem Sterbebett und muß immer hergehen und mich all der Dinge, die ich geschrieben habe, vergewissern. Jetzt bin ich alt und habe nicht mehr so große Angst, ja ich denke sogar, daß dieser Text sehr gut ist, aber gerade deshalb habe ich Angst vor ihm. Heute denke ich, daß diese *Allzu laute Einsamkeit* wahrscheinlich mein bestes Buch ist, daß es, verglichen mit allem, was ich sonst geschrieben habe, eine ganze Dimension mehr aufweist, daß sich in ihm nicht nur Hinweise auf den verrohten Pierrot finden, sondern auch auf den sanften Barbaren, daß ich eine Art Organon geschrieben habe, einen Text, in dem zeitgebundene und überzeitliche Motive zu einer Einheit verwoben sind, einer Art imaginärem Museum vergangener Zeiten wie der lebendigen Gegenwart ... Das ist mehr oder weniger das, was ich über mich sagen kann, ich bin jetzt ein alter Herr und schäme mich, über meine Bücher zu sprechen, denn ich habe immer den Eindruck, ich könnte vielleicht noch eines schreiben, in dem alle Eindrücke und Erfahrungen enthalten wären, daß ich an einen Punkt gelangen könnte, wo mich bisher keiner erwartet, wo die Gegenwart nicht existiert, die Vergangenheit gefährlich und die Zukunft längst bekannt ist, wie mein geliebter Georg Lukács schrieb.

Gespräch
mit mir selbst

Herr Hrabal, sind Sie ein Nationalist?
Schwer zu sagen. Ich liebe das Elbtal, Nymburk, die Prager Peripherie, ich liebe die Sprache, die hier gesprochen wird, ich liebe die nicht konventionelle tschechische Literatur. Wie aber könnte ich Nationalist sein, wenn ich aus Mähren stamme, wenn ich vorstehende Backenknochen habe, so wie unsere gesamte Familie im weitesten Sinn; diese vorstehenden Backenknochen haben wir sicherlich seit dem Überfall der Awaren und Tataren, möglicherweise auch Magyaren; wenn wir uns bei Begräbnissen treffen, gebe ich Dutzenden von Frauen und Männern die Hand, und ich weiß schon nicht einmal mehr, wie sie heißen, aber die vorstehenden Backenknochen verbinden uns; schließlich haben wir herausgefunden, daß wir von der Linie des Großvaters her, der Kilian hieß, zur Hälfte aus Frankreich stammen; ein napoleonischer Soldat, der bei der Schlacht von Austerlitz verwundet worden war, ist hiergeblieben, und die Bauerntöchterchen aus dem Brünner Gebiet haben ihn so aufmerksam gesundgepflegt, daß er eine von ihnen geheiratet hat, und von ihm strömte dieses Blut bis zu mir. Es läßt sich schwer sagen, ob ich ein Nationalist sein kann, da ich als Junge, als Student ein Jahr lang, und dann während meiner Ferien zwei Monate in der Balbíngasse aufgewachsen bin, einer Straße, in der die Hälfte der Bewohner Deutsche waren, Arbeiter, die ebenso gut tschechisch konnten wie ich, zufällig erinnere ich mich an ihre Kinder. An Viloš Kiezl und Rudolf Nietzsche und Richard Alker, die meine Freunde waren, es hat da auch eine in unserer weitverzweigten Familie der Bartls, das ist seitens der Großmutter, einen Brünner Deutschen geheiratet, sie wohnten irgendwo in der Preßburger Gegend. Wie sollte ich also ein ausgeprägter Nationalist sein? Schließlich verbrachte ich sogar einmal meine Ferienzeit im Austausch in Zwickau, ich wohnte bei einer Schneiderin, das war so etwa das Jahr zweiunddreißig, und die Deutschen waren in dieser deutschen Kleinstadt noch genau so, wie ich war, wie meine

Mutter und mein Vater gewesen sind. Mein Nationalismus war also die Toleranz der dreißiger Jahre, als Hitler und Konrad Henlein noch nicht an die Macht gekommen waren, als in Nymburk das ganze Städtchen in Harmonie mit mehreren jüdischen Familien lebte, mit dem vielleicht einzigen Deutschen, der bei der Post war, und dem wir eine Ziege verkauften, und die ist ihm krepiert, schließlich waren da auch einige Ungarn, eine Russin, die sich mit meiner Mutter anfreundete, und wenn meine Mutter sie zu uns einlud, so pflegte jene Russin zu sagen: Warum eigentlich nicht? Und auch die Fürstin von Czerbacki ging unter das Volk. Wir sind gewöhnlich in die Gärtnerei gegenüber der Bierbrauerei gegangen, wo Bulgaren das Sagen hatten, die es verstanden, ein phantastisches Gemüse anzubauen, sie begossen es in der Weise, daß sie in zuvor vorbereitete Fässer tagsüber Wasser füllten, damit es abgestanden war, und dann verteilten sie es mit Holzschaufeln über die Beete; stundenlang saßen wir bei ihnen und schauten bei der Arbeit zu, dann waren wir mit ihnen in so einer Hütte mit einem Lehmboden, Pritschen und einem Ofen, hier glaubte ich, im Paradies zu sein. Wenn ich während der Ferien zu Fuß oder mit dem Rad durch die Slowakei wanderte, ließen mich die Ungarn immer irgendwo dort unten übernachten, einmal brachte mich sogar einer kilometerweit in eine Herberge; die Ungarn habe ich immer als angenehme Menschen kennengelernt, über zehn Jahre hin bin ich mehrere Male in Budapest und in anderen Städten gewesen, stets waren die Ungarn freundlich zu mir, ebenso die Polen; vielleicht förderte all das mein Einfühlungsvermögen, wodurch ich schließlich auch Schriftsteller geworden bin, immer habe ich dem anderen zugehört, immer bin ich von der Position des anderen ausgegangen, ich war ganz und gar darum bemüht, doch schon im nächsten Augenblick bin ich in ihm aufgegangen, irgendwie hatte ich und habe noch die Fähigkeit, sehr schnell jener andere zu werden. Was also für ein Nationalismus? Die Juden mochte ich immer gern, ich habe mich mit meinem Mitschüler Karel Šmolka angefreundet, sein Vater Hugo, dessen Frau und Tochter hatten ungemein buschige Haare, fast wuchsen sie mit ihren Augenbrauen zusammen. Und sie waren ganz ungeschickt, arm, sie hatten ein Gasthaus in einem Dorf bei Nymburk, sind aber alle im Gas umgekommen. Schließlich mochte ich die Straße an der Peripherie von Nymburk, diese kleinen Häuser, Villen, die durch kleine Gärten voneinander getrennt sind, die Jugendstilfassaden, die mit kleinem Würfelmuster verzierten Gehsteige, immer im Rhythmus von zwanzig Metern mit rund gestutzten Bäumen geschmückt, Ahorn, Weißdorn, an Sommertagen, vor allem im Juli und August, vibrierte um die Mittagszeit die Luft, und ich habe in Nymburk Galizien erlebt, ich weiß nicht, weshalb mir die galizischen, jüdischen Städtchen, von denen ich gelesen habe, und auch die Plätze wie in Drogobytsch vorkamen; als ich Ungarn bereiste, fuhr ich durch eben solche Kleinstädtchen, die die gleiche Struktur wie die Städtchen in Schlesien und Mähren hatten, so habe ich mich eigentlich nicht nur in Ungarn, sondern auch in Polen schon als Student zu Hause gefühlt ... Da reicht es schon, ein Drittel der Namen im Telefonbuch zu lesen, und sofort kommt man auf andere Gedanken ...

Sie sind also kein großer Nationalist?
Wohl kaum, und wenn, dann so, wie es mich Onkel Pepin lehrte, wenn man etwas über Karel Havlíček verlauten ließ, dann begann er nach einigen Minuten zu weinen, so daß seine begeisterte Geschichte von Julinka, der Frau von Havlíček, im Tränenfluß unterging. Und schon fange auch ich an zu weinen. Und die Geschichte von Smetana? Und das Ereignis um den Fleischergehilfen Dvořák? Der Onkel weinte, nicht nur, wenn er irgend etwas aus ihren Werken hörte, sondern allein schon beim Aussprechen ihrer Namen. Kaum ist es mir möglich, aus der *Verkauften Braut* etwas richtig anzuschauen und was auch immer zu hören. Und wenn ich mich dagegen wehre, dann beginne ich zu schnupfen, und schließlich weine ich ... warum? Die Geschichte von Mařenka und Jeník, diese banale Lovestory, die macht mich fertig, genauso wie den Onkel Pepin, ebenso wie die Geschichte von Katja Kabanová, da muß ich verdammt achtgeben, daß ich nicht mit ihr sterbe ... Das ist wohl der Nationalismus, irgend etwas a priori. Nur daß ich auch losheule, wenn ich Walt Disneys *Schneewittchen und die*

sieben Zwerge sehe und höre ... Also, ich liebe das Leben und balle die Faust, wenn jemand und wer auch immer und wo auch immer auf der Welt dieses Leben zuschanden macht.

Was also bedeutet für Sie die Fremde?
Die Fremde ist für mich Paris, das mir jedoch die Konfrontation mit berühmten Schriftstellern und Malern ermöglicht hat, die Fremde ist für mich London, wo ich mich an den Leinwänden Turners sattgesehen habe, die Fremde ist für mich New York, wo ich mich vierzehn Tage lang an kilometerweiten Spaziergängen von der Ersten Avenue bis hinauf zur Hundertfünfzigsten ergötzte und vor allem an Jackson Pollock, der mich behext hat ... Und besonders Odessa, wo ich auf den Spuren von Jascha Heifetz und Isaak Babel wandelte ...

Und welches sind Ihre Städte, wo Sie sich zu Hause fühlen?
Wien, Budapest, Lemberg, Freiberg, Budweis, Nikolsburg, am meisten aber fühle ich mich dort zu Hause, wo ich noch nie gewesen bin, wohin mich aber Bruno Schulz in seinen *Zimtläden* geführt hat. Das ist für mich die schönste Stadt der Welt, wahrscheinlich deshalb, weil es sie schon nicht mehr gibt. Bruno Schulz, den irgendein deutscher Soldat während des Zweiten Weltkriegs auf dem Marktplatz einzig und allein deshalb erschoß, weil er Jude war ...

Wo würden Sie heute gerne wohnen?
Wie ich schon gesagt habe, in Drogobytsch. Nachdem ich *Die Zimtläden* gelesen hatte, bin ich dorthin gezogen und bis heute geblieben, auch wenn ich niemals da gewesen bin, aber was soll's? Die Fiktion ist manchmal vollkommener und realistischer als die Wirklichkeit selbst. Aber nicht doch ... wenn ich so durch kleine und große Städte fahre, montiere ich für mich panoramaartig Ausschnitte von Straßenansichten, ich schneide mir die Häuser und die Straßen und die Plätze aus, die Bächlein und die Flüsse, alles, was dem gleicht, was ich als Junge und als Student, als Kind erlebt habe, es ist die Kombination von Ausschnitten, aus denen sich, wie bei

einem Kind, das seinen Baukasten zusammensetzt, mein Städtchen zusammenfügt, in dem meine Zeit wirklich stehengeblieben ist …

Und was ist mit Nymburk?
Das habe ich schon abgeschrieben, das Nymburk von heute. Wenn ich dort hinkomme, habe ich den Eindruck, daß hier vor wenigen Tagen eine kämpfende Armee durchgefahren ist, auch habe ich erfahren, daß der Garten meiner Kindheit, die alten blühenden Bäume, die Apfel- und Birnbäume, daß all dies Blühende im nächsten Jahr samt den Wurzeln ausgerissen werden soll, es wird dort einen öffentlichen Park geben. Das tut weh. Die kleinen Wege unter den alten Baumkronen hätten ausgereicht. Und dann habe ich bei den Gregors vorbeigeschaut, und ein zweites Mal war ich entsetzt. Die Kegelbahn ist herausgerissen, das Vordach zum Hof ist weg, die alte Kastanie gefällt. Und das ist noch schmerzlicher. Was aber kann man da machen? Ich halte nicht am Alten fest, doch über dieses Nymburk sollen die Jungen schreiben, mögen sie doch versuchen, dieses neue Nymburk einzufangen, ich habe den Schlüssel zu ihm bereits verloren. Mir genügt es, an den alten Burgmauern entlangzuspazieren, ich denke an die in der Reitgasse, wo auf der einen Seite kleine Häuschen eng aneinandergeklebt sind, und auf der anderen Seite bis hinunter zur Elbe kleine Schuppen und kleine Ställe, kleine Gärtchen, Waschküchen, kleine Altane, wo über dem fließenden Bächlein der »Kleinen Wälle« Pfähle eingeschlagen und gleichsam Hängeterrassen eingerichtet sind, wo auf einer winzigen Fläche Tulpen blühen und Miniatur-Gemüsegärtchen sind, wo hier und dort Sträucher und kleine Bäume wachsen, es gleicht einer Szene aus einem Stück von Goldoni, unglaublich beeindruckende kleine Schauplätze, auf denen der Mensch, wenn er dort auftaucht, riesig groß erscheint … gerade wie auf einem gotischen Gemälde. Es gibt so viele Flächen in jedem dieser kleinen Höfe und Gärten, als habe ein naiver Maler dieses Bild gemalt, oder irgendein Künstler der Gruppe 42 im Zustand großer Konzentration und Hineinsteigerung es gezeichnet, Hudeček, Gross oder Smetana … Da ist mein Nymburk noch erkennbar, das

vergangene Nymburk, aber es ist schon nicht mehr sichtbar, es lebt einzig und allein unter meinen geschlossenen Lidern. Als ich das letzte Mal dort war, habe ich auf der Ziegenhöhe gestanden, dort, wo die Marställe gewesen sind, die von den österreichischen Ulanen übriggeblieben waren; hier habe ich als Junge meinen Mitschüler Lízal besucht, der in der Schule so weit zurückgeblieben war, daß er mit der fünften Klasse abging. Hier in diesen großen Pferdeställen hauste er mit dem übrigen armen Volk, der Fußboden war mit Kreide bemalt und auf diese Weise in vier imaginäre Zimmer eingeteilt, hier lebten die Familien und respektierten diese Wände, vor allem die Kinder, eigentlich habe ich hier mit Lízal gelernt, wenigstens für einen Augenblick in einem imaginären Raum zu leben; die Kinder haben sich angeschrien und waren empört, wenn irgendeines von ihnen den Kreidestrich überschritt und auch nur für einen Augenblick in das Nachbarzimmer hinüberging, woanders hin, so ganz ohne Erlaubnis. Das in dem alten Pferdestall war eigentlich nur etwas für die Kinder... Für die Erwachsenen aber war es ein Unglück, daß sie nicht durch eine Wand voneinander getrennt waren, was aber nicht möglich war, weil nur auf einem Ofen gekocht wurde; wenn die Spannung ihren Höhepunkt erreichte, warfen die Frauen mit dem Kochtopf nach den Männern und diese mit dem Schuh zurück, und sie schrien sich an, die Wände aber haben das nicht abgefangen, die Töpfe flogen ins Nachbarzimmer, und dort standen die entrüsteten Kinder und kreischten über die imaginären Wände hinweg, manchmal jedoch wurde die große Gesindestube nicht mehr Herr der Lage, und es rauften sich alle Einwohner der ehemaligen österreichischen Marställe... Dann, nach Lízal, hat ein weiterer Freund von uns dort gewohnt, Čepička, ein Taubenzüchter, mit seiner zahlreichen Familie; sie wohnten schon allein hier, sie mußten nicht mehr von den Nachbarn durch einen Kreidestrich getrennt werden. Heute ist auch das alles schon längst abgerissen, ich stehe vor einem kleinen Park und sehe dort Lízal und jene fünf Familien, ich sehe hier Láďa Čepička, den treuen Freund meines Bruders, ich sehe sogar die eigentümlichen Fenster des ehemaligen Pferdestalls, niemals konnte man durch sie auf die

Straße schauen, sie lagen zu hoch, so daß nur die Bäume und der Himmel zu sehen waren ... Und dann verblüffte mich das Gebäude am Anfang der Reitgasse, das ebenfalls an der alten Burgmauer klebte; hier lebte Frau Steiner, die altes Eisen, Lumpen und Papier aufkaufte, sie hatte nicht nur Eisen- und Messingteile auf einem Stück des Friedhofgartens angehäuft, auch der Garten an der Elbe quoll über, war so voll, daß sie von jenseits des Stadtwassergrabens Leitern gegen die Mauer lehnen mußte, fünf Meter hoch, und wohin ich schaute, waren Hunderte und Tausende von rostigen und glitzernden Gegenständen aus altem schäbigem Messing, Dinge, die ich absolut nicht einzuordnen vermochte, ich konnte nicht herausfinden, wozu dieser ganze Krempel gut sein könnte. Sowie ich etwas gefunden hatte, lief ich sofort damit zu Frau Steiner, nur um mich auf ihrem Hof umschauen zu können ... Und auch das ist schon weg ... Doch die menschlichen Schicksale sind mir nicht entschwunden, die habe ich in Erinnerung behalten, denn die Literatur ist auch Erinnerung.

Steht das, was Sie erzählen, in irgendeinem Zusammenhang mit Ihrer Schriftstellerei?
Früher habe ich das nicht gewußt, jetzt aber ahne ich es irgendwie. Die Tausenden von Kilometern, die ich durch das alte Nymburk gegangen bin, all das, was ich gelebt und erlebt habe, ist Inhalt oder Chiffre in meinem Werk. Ich gehörte und gehöre zu den Menschen, die auf der Suche nach der Antwort zu einer präziseren Formulierung der Frage gelangen, die sie beantworten wollen. Ich habe immer etwas getan, etwas geschrieben, und mir erst dann klargemacht, welches die treibende Kraft gewesen war, die mich veranlaßt hatte, so zu handeln und so zu schreiben, wie ich gehandelt und geschrieben habe. Ich glaube, es ist auch heute noch so. Ich kann versichern, daß ich mit keiner einzigen Zeile behauptet habe, ich wisse etwas exakt, immer habe ich unter dem Eindruck der Wahrhaftigkeit meiner Sehnsucht, meines Bafelns geschrieben, das hat mich dazu gezwungen, mich an die Schreibmaschine zu setzen und über etwas zu schreiben, das stärker als ich selbst war und ist, das immer von außen kam, das eine Wider-

spiegelung einer großen Phantasie ist, die man Realität nennt. Meine freie Zeit war und ist ein langes und aufmerksames Betrachten der Welt da draußen, und wenn ich errate, daß auch ich von der anderen Seite beobachtet werde, schlage ich die Augen nieder, ich schäme mich und erröte vor Freude darüber, daß diese Welt dort draußen die Schleusen geöffnet hat und wie eine Lichtquelle in mich hineinfließt, daß ich mit dieser Welt in Freundschaft lebe, sogar eine gewisse Weile dort draußen geblieben bin, um dann um so schneller zurückzukehren zu mir, nach Hause. Ich halte diese sprühende Einsamkeit für eine Fähigkeit des Menschen, etwas oder jemand anders zu werden, deshalb ärgere ich mich mitunter über die Leute, wenn sie mich von dieser schöpferischen Einsamkeit ablenken, indem sie mich dazu zwingen, das gerade Zurechtgerückte wieder umzustellen, und daß ich mir statt dessen den Kopf mit Antworten auf neugierige Fragen vollstopfe. Schließlich aber lasse ich mich immer auf dieses Spiel ein, und so gehört auch das zu meinem Beruf als Schriftsteller, daß ich im wahrsten Sinne des Wortes ein Aufklärer bin. Diese Aufklärung gehört schon deshalb zu mir, weil ich ein Mensch bin, der auf das Recht verzichtet hat, sich selbst als einen außergewöhnlichen Mann vorzuführen, das Aufklärerische gehört auch deshalb zu mir, weil ich mich bemühe, nicht nur mir selbst, sondern auch den Menschen zu sagen, daß Schriftsteller zu sein dasselbe ist, als wenn jemand Werkzeugmeister ist oder Fernfahrer, ich bemühe mich, den Menschen zu sagen, daß Schreiben, ja die Kunst überhaupt, die Freude am Spiel ist, die Freude daran, Gegensätze zu überwinden, es ist eine Freude, die wie die Sonne über finstere Wolken und Leiden siegt. Ich sage den Menschen, das Schönste am Schreiben ist es, daß niemand gezwungen ist, zu schreiben und sich mit dem Schreiben abzuquälen, daß die Kunst seit Menschengedenken das freie Spiel einer freien Phantasie ist, die sich an der Wirklichkeit besudelt hat. Ich glaube, das Schöne am Schreiben und an der Literatur ist, daß dieses Spiel Vergnügen aus der Bewältigung der Motive zieht, die sich widersetzen, daß derjenige, der schreibt, die Kunst erlernen muß, seine ganze Kraft auf jene Augenblicke großer Torheit zu konzentrieren, wie die weite Welt auf die fortlaufenden Zeilen eines eindimensionalen Textes zu übertragen ist. Dieses scheinbar Unmögliche ist eben das Verlangen, in Aschenputtels Nußschale die prächtigen Kleider zusammenzupressen, es ist die Kunst, auf einer kleinen Fläche die große Welt widerzuspiegeln. Ich sage niemals, daß ich diese Kunst beherrsche, ich weiß nur, daß ich irgendwann einmal dort am Anfang plötzlich ein mit Hegel schwanger gehender junger Mann gewesen bin, und ich habe geschrieben, weil ich mußte; ich war durch das Schreiben immer so geehrt, daß ich mich des Geheimnisses schämte, das mich mit der Wirklichkeit verband. In den Jahren dieses kryptogenen Schreibens habe ich die Wahrhaftigkeit dessen gesucht, was ich gleich zu Anfang geahnt hatte, daß die Literatur unermeßlich grausam ist, ebenso wie die Natur, sie kennt kein Erbarmen, läßt keinerlei Entschuldigung durchgehen, sie jagt nach neuen und weiteren Erkenntnissen, die sie verschlingt; was ich für fertig gehalten habe, reizt, sät aber durch sich selbst auch die Unruhe, ob ich all das gemacht habe, was die Wirklichkeit will und braucht. Während dieser langen und doch so kurzen Zeit habe ich festgestellt, daß die Literatur ein alter Kater ist, der seine Jungen auffrißt, und der Augenblick, da er seinen Blick auch auf mich heften würde, jagte mir immer Angst ein. Und dabei weiß ich doch, daß die Literatur nachsichtig alle menschlichen Schwächen verzeiht, wenn nur jener, dem sie das Scherflein Talent anvertraut hat, das diamantene Auge in der Mitte nicht verrät. Ich weiß, daß die Literatur diejenigen liebt, die dort erscheinen, wo niemand sie erwartet hat und niemand sie erwartet. Ich weiß nicht, wie das bei mir ist. Und wäre ich auch vielleicht verdammt, so hat es sich doch gelohnt, dieses bittere Glück zu kosten und zu erleben und mit meiner Schriftstellerei die Strahlen der Wirklichkeit zu berühren. Es gab eine Zeit in meinem Leben, da habe ich das irdische Jammertal nicht nur für die Basis des Schreibens, sondern auch des Lebens gehalten, so sehr habe ich mich mit Grenzsituationen abgequält, die von außen als menschliches Schicksal kamen, oder die ich dadurch hervorgerufen habe, daß ich meinen Charakter bis an den Rand der Geistesgestörtheit getrieben habe. Heute aber weiß ich, der Mensch kann sich nur dem wahren Schicksal nicht widersetzen. Ich allerdings habe kein Recht, mir selbst und den anderen ein künstliches Schicksal zu beschwören. Heute weiß ich, auch ich muß vor dem, was die Menschen erschreckt und was sie fürchten, erschrecken und mich fürchten. Es wünscht sich doch jeder, gesund und froh zu sein, daß alle Menschen heiter gestimmt seien, wenn die Sonne aus Gewitterwolken aufsteigt, so wie die jungen Mütter ihre Kinder immer rein und freudestrahlend zeigen, auch wenn jede von diesen jungen Frauen sehr wohl weiß, daß der Verbrauch an Windeln täglich groß ist. Doch wie könnte ich gleichgültig sein, wenn die Wolken sich wieder zusammenziehen und es Menschen gibt, die der Welt erneut mit einem Krieg drohen? Weshalb? Wer hat immer draufgezahlt und wird draufzahlen? Eben meine gewöhnlichen, einfachen Menschen. Deshalb interessiert mich heute ihr Leben, ihre scheinbaren Konventionen und Banalitäten beeindrucken mich mehr als die Tiefen und Abgründe transzendentaler Situationen. So erlebe ich, ohne Kinder zu haben, die Kindheit der Kinder, die mir entgegenkommen, ohne eine Geliebte zu haben, erlebe ich die Liebe all jener Verliebten, die an mir vorbeigehen und sich entfernen. Ich kenne sie gut, doch setze ich mich an die Schreibmaschine, beginne ich wie alle übrigen Menschen von neuem mit dem Leben. Und so arbeitet mein Leben und das der anderen von neuem in mir, und ich schaue mit Augen, die gleichsam wegen schwächer werdender Sehkraft bessere Gläser bekommen. So blicke ich auf meine Arbeit vom Standpunkt dessen, was ich während der letzten zehn Jahre geschrieben habe. Ich bin heute ein Mensch, den allmählich das Leben verläßt, und so erquicke ich mich an all dem, worüber sich die Menschen um mich herum freuen und wodurch sie leiden. Ich will nicht jung sein, ich leide nicht an Goethes Komplex vom Jungwerden, werde jedoch immer das Junge und das Schöne verehren, all das, was wir entwickeln wollen, das Griechische in uns. Lebten doch die Griechen ihr Leben mehr als vierhundert Jahre lang durch die schönen und jungen Körper ihrer Göttinnen und Götter und Heroen, die Griechen, für die das Maß aller Dinge der junge Mensch war, die Griechen, die sich darin einig waren, daß von den Sterblichen allein der siegreiche Athlet das

Recht auf ein Standbild hatte ... So stütze ich mit dieser Ansicht meine siebenundsechzig Jahre und bin außer Todesgefahr.

Wer er ist

Ludvík Vaculík
Auf Hrabal-Fang

Wir waren auf annähernd dem richtigen Weg: Er sah so aus wie alle anderen in diesem Wald. Rechts und links zwischen den Bäumen, näher am Weg oder aber weiter davon entfernt, standen kleine Häuschen: primitive wie auch luxuriösere. Vor den Holzzäunen stolzierten Hühner, Katzen, Hunde. Mir kam es hier urslawisch vor: Bäume, Palisaden, Viecher, von Holzrauch durchschlängelte Vegetation – Gebüsch, Gesträuch, Gestrüpp.

Hrabals Häuschen, etwas abseits des Weges gelegen, halb von Gestrüpp verdeckt, gähnte mit geöffneter Tür, doch da regte sich nichts, auch nicht, als wir die niedrige Pforte zur Seite schoben und auf dem Kiefernpfad die Umzäunung betraten. Wir warfen einen Blick in die dämmrige Türöffnung, riefen »Guten Tag!« und »Hallo!« Allein – nichts. Wir gingen um das Häuschen: ich rechts herum, Ivan links herum; trafen uns wieder hinten zwischen den Beischlägen, wo uns ein Beil, in den Hackstock gehauen, stumpf beobachtete. Mit einem Wink machte ich Ivan auf das Rückfenster aufmerksam, das sperrangelweit offen stand wie auf der Flucht. Hühner liefen um uns herum und gluckten mürrisch. Hinten zwischen den Bäumen bewegte sich flüchtig eine Gestalt. Wir liefen dorthin, Ivan vorneweg, denn ihn kannte der Hausbewohner bereits. Wir stiegen über eine Bodenrille, von einem halb verschlammten Bächlein gespurt, und stießen auf einen Zaun: Die Gestalt mußte sich unter ihm durchgewühlt haben, sie war weg.

Wir kehrten um, gingen abermals um das Häuschen herum und traten aufs allerartigste ein. Drin zeugte alles von einem langen, behaglichen Aufenthalt. Im Herd flackerte Feuer, auf der Platte blubberte es im Kochtopf. Wir stiegen auf die Leiter und warfen halben Leibes einen Blick in die Dachkammer: nichts, nur Behaglichkeit und von draußen das Dämmerlicht der Bäume. Ohne etwas berührt zu haben, drehten wir um und gingen wieder hinaus vor das Häuschen: Zwischen den Kiefern näherte sich uns vom Pförtchen her eine geschmeidige Ge-

stalt, nachlässig, die Hände in den leeren Taschen. Sie kam näher und sprach, zwischen den Wörtern ausspuckend: »Heiloh, Jungs! Kommt weiter.« Wir aber waren ja schon weiter.
So geriet Bohumil Hrabal in die Edice Petlice (Edition Hinter Schloß und Riegel) hinein. – So geriet er eigentlich auch in alles andere hinein.

Karel Marysko
Dem Freund

Bohumil Hrabal hat ein gewaltiges Beobachtungstalent, er vermag es, unter die Oberfläche zu dringen. Oft scheint es, als nehme er die Umwelt und die Menschen nicht wahr, alsbald stellt man aber fest, daß er über alles Bescheid weiß, was um ihn herum geschieht, daß er, selbst wenn er sich mit seinem Gegenüber unterhält, gleichzeitig die Leute, die an den Nebentischen sitzen, registriert und sich ein genaues psychoanalytisches Bild von ihnen macht. Ganz bestimmt ist dieses assoziative, ich möchte sagen kontrapunktische, observierende Wahrnehmungsvermögen auch in seiner musikalischen Ausbildung begründet. Er spielte mit Talent Klavier und schmetterte im Studentenorchester der Nymburker Realschule auf der Trompete; diese Musikalität durchdringt auch alle seine Werke.
Während des Protektorats sah er sich zum erstenmal, wie viele Intellektuelle auch, mit der Arbeitswelt konfrontiert, als er auf der Strecke Schwellenleger war und die Schwellen wechselte, bevor er den Kurs für den Fahrdienstleiter absolvierte, um dann als Expedient in ein Milieu zu geraten, in dem er die ihn inspirierende Materie fand, die er in der Erzählung und dem späteren Film *Scharf beobachtete Züge* verarbeitet hat, und es fehlte nicht viel, und er wäre von irgendeinem Gruppenführer der SS erschossen worden. Zunächst einmal sog er diese Arbeit und dieses Milieu als emotionales noetisches Material in sich ein, und wenn es auch damals nicht bearbeitet und geformt wurde, so war es doch tief in ihm als zukünftiger Faktor verankert.
Doch möchte ich dorthin zurückkehren, wohin man nur mit immer mehr verblassenden und verschwommenen Erinnerungen zurückfinden kann, in das Städtchen, »wo die Zeit stehengeblieben ist«, nach Nymburk und in das Jahr 1941. Sicherlich haben wir einander schon sehr viel früher gesehen, schon auf der Grundschule, wo ich seinen runden geschorenen Schädel, der an jene berühmte Photographie von Majakowski erinnerte, hätte bemerken müssen. Er, der eine Klasse weiter

war, machte schon damals eine bemerkenswerte theologische Entdeckung, nämlich, daß die Jungfrau Maria die kleine Schwester der allerheiligsten Dreifaltigkeit sei, wofür er von dem Herrn Katecheten Nikl eine empfindliche Auszeichnung erhielt. Doch haben wir einander schon deshalb nicht bemerkt, weil er am Ende der Stadt »hinter dem Fluß« in der Brauerei im Elbviertel wohnte, ich jedoch im Zentrum beim Wasserwerk.

Damals, im Jahr 1941, kam unser gemeinsamer Freund Vlastimil Zakouřil zu mir, ob ich nicht Nietzsches *Also sprach Zarathustra* hätte oder *Ecce homo*, die *Götterdämmerung* oder *Nietzsche contra Wagner*. Ich hatte nur *Friedrich Nietzsche* von O. Fischer, »aber sicherlich wird Hrabal ihn haben«. So machten wir uns auf ins Elbviertel, in die Brauerei. Vlastimil Zakouřil hatte seine vier Gedichtbände dabei und das Prosastück *Die Plänkler*; schade, daß er verstummt ist.

Wir traten in Bohouš' Zimmer ein. Es war ein kühler Vorfrühlingstag, und so trafen wir Hrabal mit einer über die Füße geworfenen Decke an, was mich an eine Photographie des Dichters Mallarmé erinnerte. Auf dem Tisch lag Machiavellis *Der Fürst* aufgeschlagen da. Und dies war der Balleinwurf für das Spiel, das nun ablief zwischen Vlastík, der als frisch ausgebildeter Leutnant von der Position der Kraft, der Taktik und der Strategie aus angriff, und Bohouš, der sich hinter dem Bollwerk der Ethik, des Rechts und der Philosophie verschanzte.

Man schrieb das Jahr 1941, Hrabal war siebenundzwanzig Jahre alt, also in einem Alter, in dem schon viele ihr erstes Buch hinter sich haben und, siehe da! er hatte noch kein einziges Gedicht oder Prosastück geschrieben, war jedoch als Fachmann auf dem Gebiet der Philosophie und bildenden Kunst bekannt. Vielleicht empfand er es noch nicht als notwendig, sich literarisch hervorzutun, ihn interessierte wohl eher jener strahlende Weg der Erkenntnis, und er fühlte die Unausweichlichkeit, ihn für seine zukünftige Entwicklung durchlaufen zu müssen. Ich will hier nicht die Liste der Pflicht- und freiwilligen Lektüre anführen, die er Schritt für Schritt studierte. Es handelte sich dabei um die Geschichte der griechischen und römischen Phi-

losophie, auch der Indiens und Chinas, durch die er sich durchgebissen hat, und deren Zusammenhänge, Verbindungen, Kausalität, Dialektik er suchte, ebenso wie die Unterschiede in ihren Auffassungen, Interpretationen und Erkenntnissen der Welt, des Menschen und Gottes. Und von daher kommend schritt er vorwärts im Studium der Patristik, Scholastik bis zur Renaissancephilosophie, er befaßte sich mit Spinoza, Descartes, Hobbes, Leibniz. Er vertiefte sich in die Philosophie Kants, in Schopenhauer, Hegel, die er auch im Original las, kam dann über Feuerbach zu Marx und Engels, zum Positivismus, Pragmatismus und nach dem Krieg zum Existentialismus, das alles durchlief er in den Jahren 1935-45, in seinen Lehrjahren; er studiert und lernt jedoch bis heute.
Doch dürfen wir nicht seine zweite Liebe, die er seit seiner Jugend hegte, vergessen, die bildende Kunst. Alles, was der Mensch während der letzten 5000 Jahre (abgesehen von Altamira) herausgemeißelt, aufgezeichnet, gemalt, ausgestellt hat, all das ist in ihm verankert, seinem Gehirn eingegeben, wie in einen Computer. Sein Gespür für die bildende Kunst und seine Wahrnehmung sind exakt. Er vermag nicht nur das zu sehen, was auf dem Bild gemalt ist, sondern auch das, was dahintersteckt. Es scheint, als dringe er, wenn er ein Bild betrachtet, in die Seele des Malers ein, als sei für ihn jedes Bild ein geistiges Porträt des Künstlers. Deshalb eröffnet er so oft Ausstellungen. Seine ungeheuer großen Kenntnisse in der Geschichte der bildenden Kunst, wie auch seine scharfe Sehkraft und das Vermögen, die Oberfläche von Menschen und Werken zu durchdringen und das alles in poetisch gefärbte Formen und Wörter zu übertragen, entwickeln seine Kriterien zu Thesen, die wirkungsvoll und fähig sind, das Bild vor unserem inneren Auge entstehen zu lassen.
Die Hrabals hatten in ihrer Bibliothek auch viele Werke tschechischer und russischer Klassiker, und er wäre nicht Hrabal gewesen, wenn er nicht schon damals, nach dem Abitur, für sich die Zeit gefunden hätte, viele dieser Werke zu lesen und zu analysieren. Ich weiß, daß Dostojewski mit seinen *Dämonen*, dieser apokalyptischen Vision, die das 20. Jahrhundert schon einbezog und Vorzeichen dafür setzte, mächtig auf ihn

wirkte. Von den Dichtern war es Sergej Jessenin. Und auch hier könnte ich eine ganze Reihe von Autoren von der Antike bis zu den Surrealisten anführen. Ich erinnere mich, daß ich zu ihm sagte, als er sich *Ulysses* von James Joyce auslieh, auf der ganzen Welt hätten etwa tausend Menschen dieses Werk, bei uns war es die erste Ausgabe, gelesen – du wirst also der eintausendunderste sein –, und er war es tatsächlich. Er wäre nicht Hrabal, wenn er nicht bei seinem Wissensdrang, ja sogar bei seiner Besessenheit, hinter die Grundlagen der Dinge zu kommen, in der Philosophie und in der bildenden Kunst, das gleiche mit der Literatur gemacht hätte: Viktor Schklowski, *Theorie der Prosa*, Jan Mukařovský, *Kapitel aus der Poetik*, Karel Teige, *Die Welt, die lacht, Die Welt, die duftet, Bau und Gedicht*, František Xaver Götz, *Das Antlitz des Jahrhunderts*, Vítezslav Nezval, *Die modernen poetischen Richtungen*, André Breton, *Kommunizierende Röhren, Was ist Surrealismus?, Nadja* und viele andere.

Erst verhältnismäßig spät, in einem Alter, als andere ihre Bücher schon längst herausgebracht hatten, begann er, literarisch hervorzutreten. Ich glaube, er war achtundzwanzig Jahre alt, als er anfing, seine ersten Verse zu schreiben, ein bißchen unter dem Einfluß von Jessenin und Ungaretti. Doch waren es schon Gedichte, formal vortrefflich gemeistert, mit einer persönlichen Note, in der Art des damaligen »Polabischen Poetismus« (wir hatten damals auch ein Manifest mit dem Titel *Neopoetismus* entworfen). Seine erste Gedichtsammlung, die er an einen vom Verlag Melantrich ausgeschriebenen Wettbewerb schickte, hieß *Der Granatapfel*. In weiteren Sammelbänden, mittlerweile zerstörte er schon die Struktur und Syntax seiner Gedichte, erarbeitete er sich die Schlagkraft und die Tiefe T. S. Eliots, und es gelang ihm, ausgehend von der »rohen Realität«, dank einer tiefen, imaginären und dichterischen Potenzierung, die Blütenstände neuer dichterischer Werte und neue Realitäten zu entdecken.

Nach der Niederlage des deutschen Nationalsozialismus beendet er 1946 sein unterbrochenes Jurastudium und erlangt den Titel eines Doktor juris. Allerdings tritt er keine Stelle in einem Notariats- oder anderen juristischen Büro an, deren Arbeitsfeld ihm vertraut gewesen wäre, sondern arbeitet als Versiche-

rungsagent und nach dem Zusammenbruch dieser »Stütze im Alter« als Reisender bei der Firma Klofanda. Wieder eine andere Welt, die ihm neue Anregungen gibt, er hat Umgang mit Menschen aus den verschiedensten Berufen, er bemächtigt sich unbekannten Materials, entdeckt neue Emotionen, die sich nach und nach in seinen späteren Erzählungen und Romanen kristallisieren. Nachdem die Firma Klofanda zum Volkseigentum erklärt wird, arbeitet er zeitweise im Büro, doch die Stereotypie erschlägt ihn. Zum Leben und Arbeiten braucht Hrabal das Brodeln des Lebens, er muß aktiv tätig sein, und deshalb meldet er sich im Jahre 1949 freiwillig zu einer langfristigen Brigade nach Kladno, ins Hüttenwerk, wo er über drei Jahre ausharrt.
Diese Zeit ist für ihn von unermeßlicher Bedeutung. Wieder befindet er sich in einem neuen Lebenskontext, und wenn er auch hart arbeiten muß, so findet er doch Befriedigung. Er lebt und arbeitet nicht nur mit den Arbeitern, auch mit Menschen aus vielen anderen Berufen und von unterschiedlicher Bildung, die das Schicksal oft entgegen ihrem Willen hierher verschlagen hat; auch mit weiblichen Sträflingen, mit Diebinnen oder sogenannten »Türmerinnen«. Es ist ein riesengroßes Mosaik von Menschen, Schicksalen und moralischen Profilen, unendliches, unerschöpfliches Material, das ihn reizt und das er literarisch gestaltet. Es war für ihn allerdings eine sehr anstrengende Zeit. Ich wohnte mit ihm für eine Weile Am Damm zur Ewigkeit und weiß, unter welchen Mühen, wie zäh und oft physisch ermüdet, er an seinen Werken arbeitete, sie umschrieb, an ihnen bis zu ihrer endgültigen Gestalt und Form meißelte, weit in die Nächte hinein, um dann zeitig früh morgens aufzustehen und zur Schicht zu fahren. Hrabal ist unendlich fleißig und ausdauernd, und ich weiß nicht, wer an seiner Stelle, in solch einer Situation, noch die Kraft zum Schreiben gefunden hätte. Und dann wechselte er im Jahre 1950 – auf den Rat von Jiří Kolář, des Sprechers unserer Künstler-Generation – zur Prosa über. Sein erstes Prosastück hieß *Jarmilka*, 1952. Dieser Wechsel vom Lyriker zum Prosaautor war logisch, gewaltlos und resultierte aus seinen letzten lyrischen Werken, als er seinen Gedichtvers änderte und den »prosaischen« Vers be-

vorzugte. Hrabal gehört zu jenen großen Erzählern, die das Wesentliche von Zeit, Raum und Handlung zu einem künstlerischen Werk, das sein Eigenleben führt, umformen können. Alles, was er schreibt, hat sich ereignet, es sind Geschichten, die er selbst erlebt hat, als ihr Zeuge, oder sie wurden ihm von denen erzählt, die unmittelbar daran beteiligt waren.
Handlung und Fabel sind jedoch nicht sein Ziel, sondern die Mittel, die Bausteine, aus denen er seine andersartige Wortarchitektur baut. Jede Geschichte hat deshalb ihre eigene unwiederholbare Diktion. Einige behaupten, Hrabal sei vulgär, ja ordinär, welch ein riesengroßer Irrtum! Ich kenne keinen sensibleren Schriftsteller. Allerdings geht er von den Realia aus, und dort sagt man nicht Gesäß, sondern Arsch, nicht Kot oder Dreck, sondern Scheiße, und die Leute schicken einander nicht ›Groß‹ gehen, sondern kacken. Er bewahrt diese umgangssprachliche Ausdrucksweise nicht um irgendeines literarischen Exhibitionismus willen, sondern weil sich das betreffende Wort an eben dieser Stelle, in diesem Zusammenhang nicht umschreiben läßt. Er ist nicht vulgär und ordinär. Er ist nur unendlich menschlich. Er kann von Grausamkeiten und Roheiten schreiben, ist doch immer bemüht, jenes »verborgene Herz« zu finden, von dem der Dichter sagt: »Es hat doch ein jeder irgendwo ein Herz, auch wenn er es nicht bei sich trägt.« Seine Art, das Leben zu sehen, ist liebevoll, mitfühlend, verständnisvoll, jedoch nie schulmeisterlich. Den Aufklärer spielt er nicht. Er bemächtigt sich des Lesers und läßt ihm stets den Freiraum, sich eine eigene Meinung und ein eigenes Urteil zu bilden.

Josef Hiršal
Bohouš' Start

20. 11. 1955

– die Geschichte ist auf einer Maschine ohne Häkchen und Akzente getippt, auf der Rückseite der Blätter der Briefkopf einer Handelsfirma. Die Heldin ist eine Essensträgerin in den Hüttenwerken von Kladno namens Jarmilka. Das faktographische Protokoll eines Arbeitstages, Zeugnis eines verzweifelten, rettungslosen Menschenschicksals. Der Titel – in parodistischer Anlehnung an Ohnet: *Die Hüttenwerksbesitzerin*. Das Manuskript hatte mir Kolář in die Werbeabteilung des Verlags Tschechoslowakischer Schriftsteller gebracht, wo ich Redakteur war. – Im Orchesterraum des Nationaltheaters bin ich des Autors bei Karel Marysko ansichtig geworden. Er ist ein Bursche in meinem Alter, Doktor der Rechte, hat alles mögliche gemacht: Eisenbahner, Versicherungsagent, war dann in Kladno im Hüttenwerk, und jetzt lädt er in der Spálená-Gasse Papier auf. Ein Nymburker, Maryskos Jugendfreund. Er heißt Hrabal und wohnt in Libeň, Am Damm. Auch ein ehemaliger Surrealist.

Ich las die Geschichte noch am selben Tag. Sie kam mir phantastisch vor, obwohl sie fast eine literarische Photographie ist. Dann besuchten Kolář und ich Hrabal in dessen Wohnung. Die Gasse voller Zigeunerkinder. Wir gehen durch den Flur eines niedrigen Hauses auf den Hof, wo noch ein Haus steht. Hrabals Eingangstür gegenüber der Toilette. Und an den Wänden blecherne Reklametafeln aus der Ersten Republik. Werbung für Öl, Fette, Zichorie. Die Wohnung besteht aus zwei Räumen: dem vorderen, der die Küche ist, und dem hinteren, einer Kombination von Arbeitszimmer, Schlafraum und Empfangssalon. Hrabal ist eben erst von der Arbeit gekommen. Ein ziemlich großer Vierziger, sympathisch, spontan, hohe Stirn, beginnende Glatze. Spricht mit dem typischen Akzent der Elbgegend. Wir trinken etwas. Es wird über alles mögliche gesprochen, über Surrealismus, André Breton, über James Joyces »Nabellose Eva«, über Ladislav Klíma und Franz

Kafka, Witze werden erzählt, und dann liest der Autor uns noch Geschichten über seine Fahrstunden und seines Vaters Fahrschwierigkeiten vor, und er liest einiges aus den *Leiden des alten Werthers*, einer Schilderung der Abenteuer und Mißgeschicke seines Onkels Pepin. – Lies vor, wie du das Loch in der Spálená hingekriegt hast! fordert Jirka ihn auf, und Bohouš liest einen Text vor, dessen Held sein Chef ist, ein ehemaliger Bankdirektor – der Bonvivant, Packer und Auflader Haňta, ein Baron Münchhausen –

10. 11. 1956

– gestern saßen Jirka, Bohouš und ich in einem eigenartigen Lokal. Eigentlich ist es gar kein Lokal, nur ein Zimmer hinter einem Kolonialwarenladen. Er gehört einer Dame, der es der Photograph Karel Ludwig angetan hat. Ein hervorragender Photograph, der gegenwärtig nicht photographiert. Er würde photographieren, wenn er einen Apparat hätte – wie es auch von Schwejk im Bericht des Putimer Wachtmeisters steht. Schwejk hat allerdings nie einen Apparat besessen, Photograph Ludwig hat den seinen vertrunken. Und so kocht er jetzt Suppen im Geschäft der Dame, die an ihm festhält bzw. an der er festhält. Als er unlängst in der Weinstube Bei Hrdina gewesen war, hatte er uns wärmstens zu einem Plausch eingeladen. Und nun feierten wir hier Hrabals Erstlingswerk *Gespräche der Leute*. Die Entstehungsgeschichte diese freudigen Ereignisses ist einfach. Nachdem Hrabals Landsmann Břetík Chrtek, Chefredakteur des Verlags Unsere Armee, die Veröffentlichung von Bohouš' Erzählungen abgelehnt hatte – die Texte gefielen ihm zwar, schienen sich aber zur Herausgabe in einem Unternehmen der tschechoslowakischen Armee wenig zu eignen, was sogar wir einsahen – erwies sich Kolář, der einen Vorschuß auf seine Aesop-Fabeln erhalten hatte, die just in demselben Verlag erscheinen sollten, wieder einmal als Kavalier. Er tat sich mit einigen Leuten vom Verein der tschechoslowakischen Bibliophilen zusammen und bezahlte die Herausgabe von drei Texten, die als separate Beilage zu deren Zeitschrift erscheinen sollten. Kamil Lhoták entwarf gratis den Umschlag und zeichnete das Frontispiz. Und Bohouš' Erstling ist heraus.

Das Bändchen enthält freilich nur zwei Geschichten: *Begegnung* und *Abendliches Prag*. Die dritte – *Die Hüttenwerksbesitzerin, Jarmilka* – hat die Zensur nicht passiert. Und so saßen wir in diesem Lokal, wo einer der besten tschechischen Photographen Suppen kocht, voll Freude über das Gelingen einer guten Sache, und tranken. Und uns gegenüber saß an einem Tischchen noch ein weiterer, offenbar ebenfalls von Ludwig eingeladener Gast: Die schöne, junge Schauspielerin Irena Kačírková –

13. 3. 1957

– besuchen wir Hrabal gelegentlich in der Altpapier-Sammelstelle in der Spálená-Gasse, wo uns sein Chef Jindra Hańťa feierlich willkommen heißt und mit Histörchen unterhält. Wir wechseln auch einen Gruß mit einer Mitangestellten, der von einem großen Vermögen und hoher gesellschaftlicher Stellung nur das Familiengrab auf dem Olschaner Friedhof übriggeblieben ist. Manchmal besuchen wir Bohouš in Libeň, Am Damm. Er kocht vorzüglich – letztens war es Zwiebelhase – und liest Neues vor. Mit uns waren auch der Übersetzer und Essayist Eman Frynta sowie Bohouš' Landsmann Břetík Chrtek. Oft hält sich hier auch ein anderer Nymburker auf, Karel Marysko, Cellist im Orchester des Nationaltheaters, ein Dichter, der die jährliche Ährenlese seines Schaffens, auf der Maschine getippt, zu Neujahr an seine Freunde verteilt. Hier trafen wir auch den Autor des *Explosionalistischen Manifests* an, den Arbeiter und bildenden Künstler Vladimír Boudník, der früher einmal mit Bohouš zusammengewohnt hat. Seine Aktionsgraphik ist bemerkenswert. Ein graphisches Blatt entsteht ausschließlich aus einfühlsam abgedruckten technischen Einzelteilen in verschiedenen Kompositionen und Farben. Boudník selbst ist ein nachgerade krankhaft sensitives Wesen. Hrabal nennt ihn den »sanften Barbaren«. Er lebt mit seiner Mutter in Žižkov und inspiriert mit seinem Werk und seinen Theorien viele bekanntere und erfolgreichere bildende Künstler. Überallhin hat er Tausende von Briefen und Manifesten, Künstlercredos, Beispiele seines Schaffens und Aufrufe zum Weltfrieden versandt –

10. 6. 1957

– die Fahrt vom Café Slávia hat in dieser Hitze über eine Stunde gedauert. Und seit einer halben Stunde schlängeln wir uns durch die Nymburker Gassen. Jiří hält sich an meinen Hüften fest und versucht bei jeder Abzweigung, mir mit einem Druck der linken oder der rechten Hand in die richtige Richtung zu verhelfen. Endlich gelangen wir ans andere Ufer der Elbe und fahren in den Hof der Brauerei ein. Bohouš erwartet uns schon. Leicht bekleidet, nur in weißer Turnhose mit breiten roten Seitenstreifen. Ich stelle die Mühle an der Wand ab. Aus einer Tür schaut des Gastgebers schöne, wohlgestalte, etwa fünfunddreißigjährige Schwägerin heraus. Und nahebei neben dem halb zerfallenen Ausgedinge steht wie eine Statue der kleinwüchsige Onkel Pepin. Runder, halb kahler, kurzgeschorener Schädel, hohe Backenknochen. Blick verlegen und doch wachsam. Zerknittertes hellgraues Sakko, weite schlabbernde Ziehharmonikahose mit Umschlag, darunter noch zerlatschte chaplineske Schuhe, Treter mit halbrunder Kappe. Die personifizierte Neugier. Wir begrüßen Bohouš und die Schwägerin und gehen auf den Onkel zu, den wir schon unlängst in Prag kennengelernt haben. – Das ist der Herr Kolář und der Herr Hiršal, das sind die Schriftsteller, die du schon aus Libeň kennst. – Der Onkel lächelt. Er redet jeden von uns mit »Herr Direktor« an. Und dann bittet uns die Schwägerin herein. – Wir haben unser Bier mit hinaus auf die Bank genommen und sekundieren einer Ouvertüre: einem Wortduell der Schwägerin mit dem Onkel. Der Onkel spricht nicht. Er schreit. Brüllt. Und dann singt er uns sein hohes C vor wie Járinek Pospíšil. Er macht den Mund halb auf, quiekt mickrig und zeigt seinen einzigen Schneidezahn. Kolář photographiert die gesamte Produktion, den Akteur und uns drei Zuschauer. Das Wahre kommt aber erst am Abend. – Fernsehen, es gibt Fernsehen!, wenden sich Bohouš, sein Bruder und die Schwägerin an den Onkel. Und was man hier Fernsehen nennt, begreifen wir erst, als die eigentliche Vorstellung beginnt. Es ist ein Tonbandgerät, auf dem sie dem Onkel dessen aufgezeichnete Monologe vorspielen. Herrliche, ewig sich wiederholende, pausenlose Geschichten und Erzählungen, ein Wunder sklerotischen Gedächtnisses. Die Erkenntnisse, Weisheiten, Erinnerungen, Komödien und Tragödien, Miniballaden und Miniromanzen eines Schustergesellen aus der Hanna, eines Soldaten des Ersten Weltkriegs, eines wandernden Brauereigehilfen und eines selbstgefälligen Nymburker Kavaliers in einem. Hier wird ein spannender automatischer und doch logischer Text abgespult und fasziniert durch Inhalt, Form und Darbietung seines Autors und Sprechers ... Als der Onkel seine heutige Version beendet hatte, ließen sie ein Band laufen, auf das während einer der vielen früheren Unterhaltungen vom ersten bis zum letzten Wort haargenau das gleiche aufgenommen worden war. Der Onkel lauschte aufmerksam, unterbrach die Aufzeichnung, manchmal eilte er ihr voraus und beendete die Passage, noch bevor sie vom Band ertönte. Außerdem lobte er seinen eigenen Vortrag: Toll, was? – Das wirkte so, als sei er sich nicht bewußt, daß er sich selbst zuhörte. So amüsierten wir uns und tranken gemächlich bis nach Mitternacht. Die Helden der Geschichten waren uns schon vertraut: Havlíček, Christus, der Kuppler Altmann, der Lieferant Kafka und Dvořák, der Unteroffizier Brčula, der Oberst Zawada, der General Zelikovský, der Dichter Bondy, der Schmied Bernádek, die Kuh aus Ponikve, die Firma Salamander, der Římský, Kraftprotz aus Kokory, der Olánek und viele andere. – Das ist wahrlich lebendige Literatur, konstatierten wir und waren, obwohl wir Bohouš' *Leiden des alten Werthers* schon kannten, aufs neue gebannt. Und am nächsten Morgen, bevor wir abfuhren, unternahmen wir mit dem Onkel und Bohouš noch einen Spaziergang durch Nymburk und besichtigten die aus Hrabals Texten bekannten Örtlichkeiten, Jiří photographierte den Onkel vor der Apotheke und vor dem Wirtshaus. – Also, teilte Bohouš uns mit, da kommt immer wieder jemand zu uns: Herr Hrabal, leihen Sie uns doch für Samstag, für Sonntag oder nur für den Abend den Herrn Josef! – Nach zwei Tagen brachte Kolář die Photos ins Slávia. Schön sind sie geworden.

20. 7. 1957

– war Onkel Pepin diesmal herausgeputzt wie ein Bräutigam. Bohouš brachte ihn mit zu uns auf Besuch, und ich hatte außer

Kolář, der wieder mit Photoapparat erschien – schon seit letztem Herbst ergänzt er sein Dichtertagebuch mit eigenen Aufnahmen, von denen er sich manchmal auch inspirieren läßt –, noch die Ehepaare Fikar und Kocourek eingeladen. Láďa war allein gekommen, Víťa mit Světla. Bohouš hatte fünf Flaschen Weißwein angeschleppt, die wir in der Badewanne kühlten. Und der Onkel, vom Neffen angestiftet, gab abermals sein Repertoire zum besten: die Jugend in der Hanna, seine Wanderzeit in Wien, der harte Militärdienst während des Ersten Weltkriegs, Erlebnisse in der Brauerei und andere Nymburker Abenteuer. Auch seine Lebenserfahrung präsentierte er, sie zur Verfügung stellend, und ließ die Zuhörer sich an seiner originellen Weisheit weiden. Bohouš' Geschichten bekamen so eine weitere lebendige Dimension. Jiří photographierte, und ich nutzte die Gelegenheit, den beiden Jugendfreunden, nunmehr Direktor und Chefredakteur des Verlags Tschechoslowakischer Schriftsteller, die *Gespräche der Leute* und ein paar weitere von Hrabals Geschichten in Manuskriptform hinzuknallen. Des Onkels Gedächtnis war bodenlos, sklerotisch erstarrt, und die Lust, immer ein und dasselbe zu erzählen, beneidenswert. Bei seinen Reden wandte er sich abwechselnd an jeden der Anwesenden und titulierte die Herren gewohnheitsmäßig mit »Herr Direktor«. Die Erlebnisse, Begebenheiten und Geschichten waren wie gedrechselt. Und Bohouš, als erfahrener Prinzipal, spannte den Erzählungsfaden oder knüpfte ihn im Bedarfsfall wieder an. Die Freunde waren hingerissen. Hoffen wir, daß ihnen, genauso wie diese lebendige Literatur, auch deren Reproduktion und Gestaltung in Hrabals Texten gefallen wird und daß dieser Autor, der schon über vierzig ist, endlich aus dem Verlegerpech herauskommt –

31. 8. 1957

– Víťa Kocourek war bei Bohouš in der Altpapier-Sammelstelle in der Spálená-Gasse. Er hat die *Gespräche der Leute* und die übrigen Geschichten gelesen und erwägt ernstlich, Hrabals Buch ins Verlagsprogramm aufzunehmen. Bohouš hat ihm noch weitere Bafeleien geliehen, und das Manuskript werden noch die Redakteure und Schriftsteller Bohuslav Březovský und Adolf Branald lesen –

17. 5. 1958

– geschafft! Der Redaktionsrat des Verlags Tschechoslowakischer Schriftsteller hat die Veröffentlichung von Hrabals *Lerchen am Faden* genehmigt. Nach Březovský, der im Prinzip nicht dagegen war, hat das Manuskript der gefürchtete Branald gelesen. Meist reicht er einem Autor das Manuskript mit der Beurteilung zurück, die Arbeit sei zwar sehr gut, könnte aber viel besser sein, wenn der Autor noch eine Zeitlang daran arbeiten würde; das Manuskript im gegenwärtigen Zustand zu veröffentlichen wäre schade. Und so trägt der geschmeichelte Autor sein Werk wieder nach Hause. Diesmal spielte sich jedoch etwas Unerwartetes ab. Als Branald Bohouš kommen ließ, verkündete er, er habe sich schon lange nicht mehr so amüsiert wie bei dessen Geschichten und Texten. Und nicht nur er allein. Er habe alles mit seiner Frau bis zum frühen Morgen gelesen. Und er empfahl das Manuskript mit kleinen, eher sprachlichen Korrekturen zur Veröffentlichung. Vielleicht hat dabei auch die Tatsache mitgespielt, daß Branald genauso wie Bohouš eine Eisenbahnervergangenheit hat. Aber bestimmt hat er den Wert erkannt und ist erfahren und sensibel genug, sich davon mitreißen zu lassen. – Vor anderthalb Jahren haben wir die private Herausgabe der *Gespräche der Leute* begossen. Und jetzt feiern wir aus Anlaß der offiziellen Annahme der *Lerchen am Faden*.

Prag, 11. 1. 1959

An den Vorstand des tschechoslowakischen
Schriftstellerverbands.

Die unterzeichneten Schriftsteller weisen den Vorstand des tschechoslowakischen Schriftstellerverbands auf folgende Tatsache hin: Der Schriftsteller Bohumil Hrabal, dessen Buch in absehbarer Zeit im Verlag Tschechoslowakischer Schriftsteller erscheinen soll, ist im VEB Rohstoff-Sammelstelle, Prag II, Spálená-Gasse, als Packer und Lader von Altpapier angestellt. Kürzlich wurde er von dieser schweren Arbeit willkürlich zu einer anderen, noch beschwerlicheren und gefährlicheren versetzt, die ihn sowohl physisch als auch psychisch völlig aufreibt, so daß er seiner literarischen Tätigkeit nicht nachgehen kann. Wir fordern den tschechoslowakischen Schriftstellerverband auf, sich dieses Falles anzunehmen, durch seinen Einfluß dem Dr. jur. Bohumil Hrabal beim VEB Rohstoff-Sammelstelle einen seiner Qualifikation angemessenen Posten sicherzustellen und ihm so zu ermöglichen, seine literarische Arbeit fortzusetzen.

Jiří Kolář
Josef Hiršal
Jan Vladislav

Josef K.
Hrabals *Verlorenes Gäßchen*

Immer wieder muß daran erinnert werden, daß der große Prosaautor Bohumil Hrabal als Lyriker begonnen hat. 1948 stellte der Dichter sein Jugendwerk in einem Band mit dem Titel *Verlorenes Gäßchen* zusammen: Druckerei Hrádek, Nymburk, Selbstverlag ... Der Gedichtband erschien dann allerdings nicht, es blieben nur die Bürstenabzüge.

Die Sammlung ist in verschiedener Hinsicht interessant. Selbstverständlich handelt es sich um ein bedeutendes autobiographisches Dokument, sie ist aber auch ein soziologisches Phänomen eines verschwindenden Genres einer bestimmten Epoche. Bohumil Hrabal tritt hier als »Lokaldichter« einer böhmischen Kleinstadt auf. Auch die Provinz hatte ihren eigenen lyrischen Ton, ihr spezifisches lokales Pathos. Die böhmische Kleinstadt war Ende des vergangenen Jahrhunderts eine eigenständige kulturelle Ortschaft, wo Vereine, Laientheater, Promenadenkonzerte und Studentenpoesie blühten. Zu den Überresten dieser mitteleuropäischen Kultur gehören nicht nur Jugendstilhäuser, auch die broschierten Bändchen lokaler Poeten. Und der Selbstverlag steht in einer dichterischen Tradition, die sich bis in die zwanziger und dreißiger Jahre fortsetzt, wenn sich auch der Stil ändert: Aus dem »Lokaldichter« dekadenter Inspiration wird ein moderner, avantgardistischer Geist. Dann kommt der Zweite Weltkrieg, und danach folgen weitere Veränderungen. Das Jahr 1948 bringt eine letzte Gelegenheit, Gedichte selbst herauszugeben, und gerade diese Gelegenheit hat Hrabal verpaßt. Das Datum des »Siegreichen Februar« liquidiert unter anderem auch dieses Genre kleinstädtischer Lyrik mit allem Drum und Dran.

Doch ist das Etikett »Lokaldichter« für Hrabal nichts Abwertendes, vielmehr eine Ehre. Auch dürfte der Begriff Hrabal nicht ganz fremd sein, ist der »Lokaldichter« doch eine Figur, die aus seinen späteren Prosatexten nicht wegzudenken ist. Der Dichter Kytka aus der Erzählung *Wollen Sie die Goldene Stadt sehn?* ist zum Beispiel ein typischer Repräsentant eines

Kleinstadtpoeten. (Er war der Organisator einer Surrealistenfeier zum 100. Geburtstag des romantischen Dichters Karel Hynek Mácha, 1936; diese ungewöhnliche Gedenkfeier wird in der erwähnten Geschichte ausführlich geschildert.)

Hrabals erste für die Öffentlichkeit bestimmte Gedichtsammlung hat noch den Reiz von Anarchie und Dekadenz. Der Text wird verfremdet, der Dichter gibt sich erhaben. Auch intime Gedichte sind voller Pathos und schönen Gesten, man siezt sich und gebraucht galante Wendungen. Es ist dies die konservative Stilisierung des Poeten als empfindsame Seele. Fast übertreibt der Dichter seine Empfindsamkeit, weshalb er im Handumdrehen auf einen Schock zurückgreifen muß, um das innere Kräfteverhältnis auszugleichen. Sentimentale Pose und schockierendes Moment gehören zu den Übungen an ein und demselben Reck. Und letzten Endes ist es ein Spiel, das rotierende Püppchen weiß selbst nicht, auf welche Seite es fallen wird. Diese Poesie ist von ihren Gegensätzen und Oszillationen völlig eingenommen.

In Hrabals Person trifft also der dekadente mit dem avantgardistischen Protagonisten zusammen. Seine frühen Gedichte entspringen tatsächlich diesen beiden Quellen, es kreuzen sich hier zwei Poetiken. Die avantgardistische des 20. Jahrhunderts überwiegt natürlich zum Schluß, und der Dichter beginnt, auf den orthodoxen Surrealismus zu schwören. Das ist jedoch bereits ein weiteres Kapitel in der Entwicklung von Hrabals Poesie hin zu seiner drastischen Prosa der fünfziger Jahre.

Hrabals persönliche Entwicklung umschreibt verkürzt die allgemeine Entwicklung der tschechischen Lyrik seit den neunziger Jahren. Die Ontogenese des lokalen Nymburker Typus enthält die Genese der modernen tschechischen Poesie. Und so finden wir in seinem Bändchen Echos der Moderne, des Poetismus und des Surrealismus, aber auch der existentiellen Lyrik eines František Halas oder der Poesie des Zivilismus der vierziger Jahre. Es gibt Einflüsse, denen man sich nicht zu entziehen vermag, Einflüsse, die nicht nur aus der Lektüre stammen, sondern ganz einfach in der Luft liegen und vom Dichter eingeatmet werden, ob er es möchte oder nicht. Die Entwicklung des dichterischen Embryos ordnet sich auch hier den magischen

Zusammenhängen der universellen Sprache der Poesie unter.

In einem seiner Interviews teilt Hrabal uns mit, er habe bis zu seinem einundzwanzigsten Lebensjahr kein einziges Gedicht gelesen. Die Bildung sei erst später gekommen, nach dem Abitur, auf der Hochschule. Mag Hrabal vielleicht auch etwas übertreiben, grundsätzlich wird er recht haben. Das *Verlorene Gäßchen* ist jedoch keinesfalls das Debut eines Verse schreibenden Studenten, sondern die Bilanz eines jungen Mannes. Hrabal wurde 1914 geboren, die Gedichtsammlung kurz vor 1948 in die Druckerei gegeben. Zwischen diesen beiden Daten liegen vierunddreißig Jahre.

Der Geburtsurkunde nach wurde Hrabal in Brünn geboren, als Autor aber ganz gewiß in Nymburk: »Ich hatte keine Ambitionen. Aber bei uns in Nymburk war es so schön, daß ich auf einmal ein Gedicht schrieb. Wer sich zum ersten Mal verliebt und Briefe schreibt, strahlt auf alle Seiten Liebe aus. Ja, und ich mußte schreiben.« Die Stadt mit dem blauen Turm, wie Hrabal Nymburk in einem der Gedichte nennt, gab den Impuls zur schöpferischen Arbeit. Und bei einem so bedeutenden Autor ist dies ein entscheidendes Moment. Hrabal wird immer wieder nach Nymburk zurückkehren, auch wenn sich sein Wohnort und der Schwerpunkt seines Interesses später nach Prag verlegen, vor allem ins alte Libeň. Der reife Prosaiker wird ausgiebig aus dem Nymburker Genre schöpfen und die Melancholie seines späten Debuts nie mehr verwinden. Die Sehnsucht nach den verlorenen Gäßchen der Jugend, der Stadt, aber auch einer unwiederbringlich verlorenen Zeit, wird Hrabals gesamtes Werk durchziehen. Diese verlorenen Gäßchen sind auch ein verlorenes Genre, die verlorene Poesie eines einst blühenden Städtchens.

Mangel an literarischer Ambition, das späte Debut und vielleicht noch andere Faktoren haben das Bändchen beeinflußt. Hrabals späte Begeisterung grenzt fast an Naivität, der Dichter erinnert an einen Toren oder ein Gotteskind. Er ist zwar in vielem naiv, dabei aber immer authentisch. Mit Einfachheit und Mut zugleich, mit erstaunlicher Naivität bemächtigt er sich höchster ästhetischer Ziele. Was den Mangel an literarischer Bildung betrifft, so ist dieser rasch behoben. Hrabal entscheidet sich für Autoren wie Paul Eluard, André Breton, Sergej Jessenin, Anton Tschechow, Isaak Babel, Ring Lardner, Bruno Schulz, Franz Kafka, Ladislav Klíma, Louis-Ferdinand Céline, James Joyce ... Also keine Literaten, sondern sofort kristallartige Typen, Essenzen und Substrate.

Der größte Teil der Gedichte wurde später zu Prosagedichten umgearbeitet, aus dem *Verlorenen Gäßchen* in die *Etüden* übernommen. 1970 veröffentlicht der Verlag Junge Front den Band *Knospen*, der die erwähnten wie auch andere frühe Texte enthält – doch sind auch mit dieser Publikation Probleme verbunden. Der Übergang von der Lyrik zur Prosa ist für Hrabals literarische Methode geradezu typisch, und dies ist auch einer der Gründe dafür, warum wir an die ursprüngliche Textform erinnern. Ausgangspunkt ist die Poesie, das eigentliche Werk des Autors ist jedoch die Prosa. Schließlich hat Hrabal diese Methode auch später noch angewandt. So war die *Allzu laute Einsamkeit* zunächst als langes Gedicht, als Epos, verfaßt und wurde erst danach in die Sprache der Prosa umgeschrieben. Der freie Vers, der an Apollinaires *Zone* erinnert, wird in der dritten Variation zur Prosa, von der Lyrik bleibt nur noch das Gefühl des fließenden Rhythmus. Und nicht anders ist es mit den *Etüden*, in denen das *Verlorene Gäßchen* verschwand.

Die Bürstenabzüge der Firma Hrádek stellen eigentlich nur ein Fragment dar. Die letzten Gedichte aus den Jahren 1947-48, die den Titel *Keine Kollektion. Mathias* tragen, fehlen in der Sammlung. Hier kommt der Einfluß des Surrealismus, der sich bereits im *Verlorenen Gäßchen* vehement zu Wort meldet, gänzlich zum Durchbruch. Der Surrealismus bestimmt und vereinheitlicht letztlich die Poetik des Dichters; das abschließende *Ewige Silvester* ist bereits ein rein hrabalesker Text, voll von Banalitäten und ausgesprochen grotesken Details.

Hrabals Version des Surrealismus zeigt einmal mehr, wie oft Bretons Definition dieser Bewegung mißverstanden wurde. Hrabal identifiziert sich völlig mit jener Poetik; an seiner Hingabe ist nicht zu zweifeln, das Ergebnis jedoch ist etwas anders. Ein klassisches Beispiel von »genialem Unverständnis«, schönem Dilettantismus und Begeisterung eines »Lokaldichters«. Das eifrige Bemühen des surrealistischen Jüngers übertrumpft Absurdität mit Absurdität. Die Kaffeehauspoetik der Pariser Literaten verwandelt sich in einen Realismus ganz eigener Prägung. Spekulative surrealistische Visionen finden ihre unmittelbare Anwendung in der banalen Praxis. Wenn schon Surrealismus, dann ins Paradoxe gesteigert. Hrabal übertreibt den Surrealismus, doch entsteht gerade dadurch ein wichtiger Effekt des Humors. Also ist es kein Wunder, daß Hrabals surrealistische Gedichte gewissen Lesern irgendwie nicht geheuer waren. Der Surrealist Karel Teige lehnte sie ab, Kamil Bednář nannte Hrabals Variante einen »verspäteten, verweichlichten Surrealismus«. Bleibt hinzuzufügen, daß der Surrealismus in der Tschechoslowakei der vierziger Jahre das revolutionärste Bekenntnis modernen Geistes war. Während des Kriegs und später unter dem Stalinismus geriet er in die Opposition. Für die tschechische Kultur aber hat der Surrealismus eine spezifische Bedeutung, denn er bewahrte die Kontinuität avantgardistischen Denkens, er war die Lehrbuchpoetik der modernen Kunst überhaupt. Ohne die spezifischen Surrealismen kann man sich diese Entwicklung überhaupt nicht vorstellen. In den fünfziger Jahren vertieften sich die hermetischen Tendenzen dieser Bewegung, der Widerspruch zwischen Imagination und Realität wurde noch offensichtlicher. In einer totalitären Gesellschaft steht der surrealistische Dichter auf derselben Ebene wie der Sonderling, der Verrückte oder der Narr. Der offizielle Bann (Anklage des Trotzkismus) verwies den Surrealismus nach 1948 praktisch in die Illegalität.

Hrabals Nymburk – das ist die Zeit der Sehnsucht, die Zeit der Liebe und der Freundschaft. Bedeutsam, ja geradezu schicksalshaft war die Begegnung mit dem Cellisten und Dichter Karel Marysko. Marysko war zwar ein Jahr jünger als Hrabal, überragte diesen aber damals mit seinem breiten Überblick über die Kultur. Es war eine inspirierende Dichterfreundschaft, die bis heute andauert. Schon im einleitenden Gedicht *Widerschein im Waschbecken* erklingt das Motiv der Nymburker Zwillinge:

Erinnerst du dich der Stadt mit dem blauen Turm,
wo wir nächtelang Seelen begleiteten,
du die meine zur Brauerei, ich die deine zum Wasserwerk.

Die Anfänge der Freundschaft fallen in die Zeit des Protektorats. Marysko besaß vor allem Werke der Surrealisten, die Hrabal sich auslieh und leidenschaftlich verschlang. Über alles wurde diskutiert – in der Freizeit, beim Sport, in den Nymburker Kneipen oder auf Spaziergängen der Elbe entlang. Die beiden Freunde verfaßten im Frühjahr 1945 ein Manifest des Neopoetismus, das heute verschollen ist.

Im Jahre 1946 lernte Hrabal Jiří Kolář kennen. Der Schwerpunkt der Arbeit verschiebt sich von Nymburk nach Prag. 1951 macht Kolář seinen Freund mit Jiří Weil bekannt. Der göttliche Spitzbub, Nymburker Flaneur und Dichter Hrabal beginnt, sich intensiv mit Literatur auseinanderzusetzen. Und es war angeblich Kolář, der Hrabal zur Prosa hinführte. Mit dem neuen Wohnort, der neuen Zeit und den neuen Freunden verändert sich auch Hrabals Stil. Etwas geht zu Ende, etwas Neues beginnt ...

Hrabal wundert sich selbst, wie er sich von so sanften Anfängen zu einem so drastischen Ende durcharbeiten konnte. Seine frühen Nymburker Texte bezeichnet er treffend als »jünglingshaft naive Jugendstilgedichte«. Und doch ist dies nur die halbe Wahrheit. Das nicht zu unterdrückende Bedürfnis, schockieren zu wollen, war stets in Hrabals Innern, und er hat es oft zum Ausdruck gebracht. Die surrealistische Poetik der absurden Begegnungen auf dem Operationstisch oder wo auch immer wird für Hrabal zur willkommenen Rechtfertigung. Der Surrealismus ist auf diese Weise eine nützliche Ausrede für Hrabals verstecktes Rabiatentum. Sonst sind es sanfte, zerbrechliche Texte ... Der Dichter schäkert noch mit lyrischer Schönheit – zur unsentimentalen Definition der Poesie (als »zermahltes Glas«) gelangt er erst später.

Hrabals primäre Beziehung zur Poesie darf trotz den Erfolgen seiner Prosa nicht übersehen werden. Selbst der überlegene Prosaautor gesteht, daß alles, was er schreibe, im Grunde genommen Poesie sei. Die ersten Gedichte sind eine Entwicklungsepisode, die primordiale Beziehung zur Poesie niemals. Die Poesie ist die antreibende Kraft, die goldene Ader seiner vollblütigen Prosa.

In demselben Jahr, als das *Verlorene Gäßchen* ad acta gelegt wird, tagt der Erste Kongreß der tschechischen Schriftsteller. Die Dichter beginnen, die Sprache der Ideologie zu sprechen, auf dem Rednerpult wird verbal versucht, František Halas und Vítezslav Nezval zu erdrosseln ... Für die tschechische Literatur beginnt eine Epoche strenger Zentralisierung. Außerhalb des Schriftstellerverbands wird keine Poesie anerkannt, es dominiert nur ein Kanon. Jede einzelne Stimme muß in die einheitliche Rezitation des Chors mit einstimmen. Und der »Lokaldichter«? Er hat überhaupt keine Chance mehr. Er steht abseits, verlassen, man rechnet nicht mehr mit ihm.

Die fünfziger Jahre gehen vorüber... Nach dieser Periode verschieben sich die Wertungskriterien ein wenig. Und aus dem »Lokaldichter« ist einer der bedeutendsten tschechischen Schriftsteller geworden, dessen spezifisch tschechisches Kolorit auch außerhalb der Grenzen seines Landes Anklang findet. Vor vielen Jahren verließ ein unbekannter Dichter Nymburk, um als anerkannter Autor zurückzukehren. Es kann eine ungewöhnliche Gegenüberstellung vorgenommen werden: eine Art Ergänzung zum *Verlorenen Gäßchen* ist die Prosa *Das Städtchen, in dem die Zeit stehenblieb* aus dem Jahr 1973: »Die alte Zeit blieb stehen wie das Dornröschen, das sich an der Spindel stach, aber es kam kein Prinz, und es konnte auch gar keiner kommen, denn die alte Gesellschaft hatte keine Kraft und keinen Mut mehr, und so brach die Zeit der großen Plakate und der großen Versammlungen an, in denen man allem Alten mit der Faust drohte, und diejenigen, die in dieser alten Zeit lebten, blieben zu Hause und waren still und nährten sich von Erinnerungen.« Es verschwanden die Waldwanderungen, die Tombolas, die Maskenbälle, die prunkvollen Bälle und die allegorischen Umzüge, es verschwanden die Laientheater, die Turnvereine der Sokols und die Abiturientenabende ... vergangen waren auch die Zeit der »Lokaldichter«, die Zeit der schmalen broschierten Lyrikbändchen im Selbstverlag. Etwas war für immer aus den Augen verschwunden, ins Nichts eingegangen. Wäre es nur das natürliche Verrinnen der Zeit, die ewige Melancholie – hier aber handelt es sich noch um ein Weiteres. Entropie, Chaos, Werteverfall, Liquidierung von Kultiviertheit und Kultur.

Das *Verlorene Gäßchen* hat das Licht der Welt nie erblickt. Die in der Druckerei gesetzten Texte verwandelten sich nicht in ein Buch, als Torso blieben einige Bürstenabzüge übrig. Die *Knospen*, die »zerbrechlichen und rabiaten Texte der Jahre 1938–52«, kamen zwar einen Schritt weiter, der Band wurde 1970 fertiggestellt – die Auflage jedoch eingestampft. Nur einige wenige Exemplare wurden gerettet.

Was also hat sich in all diesen Jahren verändert?

Auch das unwiederbringliche, verlorene *Verlorene Gäßchen* nahm Hrabal nicht die Lust zu schreiben. Zusammen mit dem Dichter Karel Marysko tippten sie ihre Gedichtbände auf der Schreibmaschine ab – ein Original und drei Kopien. Auch das ist Literatur, tschechische Literatur nach 1948. – Am Ende der *Knospen* empfiehlt Hrabal jungen Literaten, »nie den Mut zu verlieren, immer dilettantisch und amateurhaft für sich selbst weiterzuschreiben, für die wenigen Freunde ...« Eine alte Erfahrung, ein weiser Rat. Wie lange wird er in Böhmen noch gelten?

Bohumil Hrabal
Keine Kollektion. Mathias
1947-1948

Frühling

Heute regnete es wie im Tertiär.
Der Fluß schleppte stetig sein Wasser,
wünschte sich nichts sonst.
Im strömenden Regen stand ich und wußte nicht,
sollte ich mit dem Zeigefinger anklopfen oder gehn.
Generalsblätter schnarrten im Laub,
Lampenlicht drängte durch die Äste,
und in der halboffenen Zimmertür
entkleidete sich ein Körper zu Liebe oder Schlaf,
und nächtliche Funken sprengten den Schatten,
bis er auf der Emailtür zersplitterte.
War der Schatten allein oder war er es nicht?
Ich zitterte, denn nachts regnet es kalt,
und Fußstapfen verlieren sich in der Nässe.
Doch ist es gut, in Bangigkeit zu wohnen,
vor Angst und Grauen die Zähne zu hören,
gut, das Leben ins Verderben zu führen
und morgens wieder neu zu beginnen,
auch gut, für immer Abschied zu nehmen
und das Unglück zu preisen wie Hiob, der Schlaukopf.
Ich aber stand im strömenden Regen,
wußte nicht, sollte ich anklopfen oder gehn.
Ein Rinnsal floß mir den Rücken hinunter,
als ich mir wünschte: Weg will ich gehn,
irgendwohin, weg, wo ich endlich werde
sagen können: Weg will ich gehn,
will dem brennenden Gehirn entrinnen,
auf dessen Lager mein Kuß ruht,
die gelbklebrigen Finger des Besitzers umherirren
oder gerade Beine öffnen
oder in meine Worte röcheln.

O könnt ich mir das Auge ausstechen im Gehirn,
ich aber kann nicht weggehn und muß lieben,
diesen alten, morastüberschwemmten Friedhof,
wo Engel ziellos umherwaten
und die angefressenen Nasen ins Profil rücken.
O Regennacht, laß mich nicht hier,
meine Augen und Sinne, mein Körper möchte
banaler Schönheit verfallen.
O Regennacht, laß mich nicht hier
mit dem Spaten stehn,
selbst wenn es ein goldner Spaten wär!
Durch hörige Arbeit fließe ich aus
in grüne Wiesen und Felder, und die Meisenstimme
befreit mich nicht von Liebesangst.
Regennacht, laß mich hier nicht stehn,
Regennacht, laß mich hier nicht stehn,
laß mich lieber knien im Schlamm
und das verschlossene Haus betrachten.
Morgens frage ich verzweifelt:
Lieben Sie mich noch?
Sie antwortet: Lieben Sie mich noch?
Erwache ich früher als sie,
halte ich ihr einen Spiegel vor den Mund und frage:
Schläfst du, mein Papst?
Einmal wird sich der Spiegel nicht mehr beschlagen.
O Regennacht.
O Nacht des Regens!

Sommer

Ich erlaube mir, Zahnbürsten feilzubieten.
Aber nein, das ist unmöglich, unmöglich.
Noch aus dem Reich, ja, Nylon.
Diese? Zweihundertachtundsechzig Kronen das Dutzend.
Nein, nein, nein, nein, das ist nicht möglich.
Er hat mir doch gesagt, er wisse nicht, was dort ist.
Zu teuer? Die Preise steigen,

doch Sie werden wunderbar tanzen auf dem Parkett,
poliert mit unserem Produkt, Herr Assistent.
Wunderbar tanzen werden Sie auf dem Parkett.
Darum hatte sie so gejammert.
Bürstenwaren haben wir keine.
Nur Kleiderbürsten und für Kinderhaar.
Nein, haben wir nicht. Doch wollen wir es notieren, bitte.
Ich kann dich nie verlassen. Nie.
Nein, haben wir nicht, haben wir nicht. Auch das nicht.
Bedenken Sie bitte, es ist Devisenrohstoff.
Selbstverständlich, aber dann kann ich die Ware
nicht franko liefern.
Dein Haus werd ich mit Flüchen und Blumen überschütten.
Und zwei Prozent Skonto.
O wie ist es möglich, in einer Sommernacht Briefe zu diktieren.
Wie ist es möglich. Wie möglich.
Und das Paket wird nächste Woche hier sein.
Dieses Präparat wird von der Firma Hladík hergestellt.
Ja, der sich erhängt hat.
Warum? Da müßten sie mir erst sagen,
warum der Bezirksrichter wahnsinnig wurde
und der Leichenbeschauer lächelte,
da müßten Sie mir erklären,
warum eine Gestalt, die im Spiegel aufsteigt,
zuerst das Gesicht verliert, bevor sie hängenbleibt,
warum das Fragezeichen einer Schlinge gleicht
und der Leib im Ausrufezeichen erstarrt.
Es genügt doch, Herr Assistent, die Krawatte
etwas fester zuzuziehen und den Schatten zu fragen:
Inwieweit lebst du, Bruder?
Inwieweit hast du gelebt?

Herbst

Zum Frühstück hatte ich Kaffee, Marmeladenbrot
und braune, verweinte Augen.
Bitte, das macht elf Kronen zehn.
Dreimal Städtische, das sind zehn fünfzig,
zehn Prozent Bedienung, also zusammen:
zweiundzwanzig Kronen siebzig.
Die Augen nicht mitgerechnet.

Zum Mittagessen hatte ich Hammelbraten mit Majoran,
Suppe, große Helle, Tischtuch, Zink,
Hörner und hoch sitzende Brüste.
Bitte, das macht vierunddreißig Kronen
fünfzig Heller inklusive Brüste.

Und zum Abendbrot hatte ich zweimal Gulasch,
fünf Brote, drei Schwarzbier, zwei Brandy,
Zeitungen und einen sich windenden Körper.
Das sind fünfundsechzig mal zwei. Macht
hundertdreißig Kronen, die Körperchen geben wir gratis.

Und wo, bitte, haben Sie geschlafen?
Im Zimmer Nummer elf. Und Fahrplan,
Fliegenfänger, Wäscheklammern, Bürsten, Besen,
Schnüre, Pinsel, fließendes Wasser,
Zentralheizung und eine schreibende Frauenhand.
Bitte, die Übernachtung fünfundfünzig Kronen.
Also zusammen zweihundertdreißig Kronen, und ich kriege:
Marken für zwanzig Deka Fleisch,
zwanzig Gramm Fett, vierhundert Gramm Brot
und zweihundert Gramm Mehl.
Augen und Brüste und Körperchen
inbegriffen, tatsächlich ohne Marken und gratis.
Ich kann Ihnen jedoch das anatomische Institut empfehlen,
wo man Skelette kauft und verkauft,
ich kann Sie Bandagisten und Orthopäden empfehlen,
die Ihnen neue Arme, Brüste und Beine machen,

ich begleite Sie zum Optiker,
wo kiloweise treue Augen liegen.

O Abglanz meiner fernen, wundervollen Oden,
O Abglanz meiner freien Oden,
ich bin bloß eine Spielzeugbegleitung,
nichts weniger als Galanteriewaren,
Symbol des eigenen Verderbens,
Asche erstarrter Schatten.

Wie bitte?

A propos, Herr Ober, wissen Sie, wer Schiller war?

Gewiß, mein Herr: der Ober im Restaurant Bydžov.
Möchten Sie aber etwas extra,
mein Herr, so lassen Sie sich einäschern,
silberne Gabeln, Messer und Löffel,
werd' ich mit Ihrer Asche putzen,
auf daß etwas Freies geschehe in der Welt.
Schön und frei wie ein Geschenk,
wie ein Zusammenbruch,
wie die Liebe.

Winter

Ich sagte zu ihm:
Dich, mein Alter, hasse ich am wenigsten.
In deinem Speichel koste ich das bodenlose Loch,
ausgebaggert von der Liebe,
in deinem Mund ertaste ich die Wand, wo die Trauer tropft.
Liebster, du hattest zum Abendbrot Wurst,
mir klebt ein Stückchen Fleisch an den Lippen,
küsse mich aber immer wieder und kaue das Fleisch
um die Augenhöhle, um die Mundöffnung herum.
Kaue und preise die Symphonie von Haxen,
Sehnen und Muskeln. Hackbraten.

Ich aber wiederhole immer wieder, daß selbst Salomon
in seinem ganzen Ruhm nicht so gekleidet war,
ich höre so gern Verse, die meine Einsamkeit füllen
und Gnade erblühen lassen.
Ich wiederhole den Satz, daß weder die Vögel des Himmels
noch die Blumen des Feldes so schön sind wie ich.
Sag es abermals, und entzünde das Feuer zwischen meinen
Beinen,
das Brandopfer, entfache in meinem Becken die Glut.
Dampfkochtopf.
Wenn du frühmorgens nach Hause gehst
und ein Frauenkleid aus dem Fenster hängen siehst,
beachte es nicht, beachte es nicht.
Da umarme ich das von süßer Erinnerung getränkte Haus.
Angeblich lassen sich auf den Geländern
verlorene Sonnennadeln greifen.

Das sagte ich zu ihm und stieg hinunter zum Fluß,
wo die Stadt auf den Händen schreitet.
Ich wunderte mich, wieso meine Haare fallen,
wenn ich grüße. Ich wunderte mich,
warum die Autos mit dem Bauch nach oben fahren
und entartete Passanten sich begrüßen,
als schöpften sie Wasser aus ihren Hüten.
Ich wunderte mich aber, wo du die Kraft hernimmst,
diese gräßlichen Kämme anzubieten, Spielzeug und Bürsten,
und dabei so fürchterlich zu träumen.
Ich wunderte mich aber nicht, als du mich anschriest:
Du rücksichtslose rechtslose Ruchlose, warum trägst du Panik
in die Stadt im Fluß, wie Tropfstein, wie die Fledermaus?
Und ich wunderte mich nicht einmal, als du zu mir sagtest:
Fragen Sie morgens, ob ich nicht verreist bin,
kontrollieren Sie mittags, ob ich meine Todesanzeige habe,
und rufen Sie abends die Polizei,
ob ich nicht verlorengegangen bin.

Ewiges Silvester

Und heute also
und ab heute für immer
kann ich die Lust nicht verlieren,
mit dem aramäischen Professor des Lachens
Spaziergänge zu machen,
denn die Eltern ermordet zu sehen
bedeutet Glück,
die eigene Frau tot Freude,
und Irrsinn Hochzeiten.
Fröhliches Silvester,
heute kann ich den Riß im Gehirn
nicht mehr verlieren,
denn von Wut überwältigt zu werden
bedeutet ein Jahr lang Glück.
Also ertrinke ich in lauter Glück,
Hochzeiten und Freuden,
ich verkaufe Schneehasen, Kaninchen,
Souvenir-Kapellchen,
Weihnachtsglas.
O Brüder,
l'art pour l'art, Brüder,
anmutig wie entartete Kunst,
wahrhaftig wie die Nachtigall,
und ruchlos wie die Rose:
ohne Riß im Gehirn
läßt sich heute wahrlich nicht leben.

Man kann uns nicht
von der Freiheit entlausen.
Brüder.

Hilde Ziegler
Rabal

Als es mir einmal sehr schlecht ging, legte ich mich ins Bett und stand fünf Wochen nicht mehr auf. Ich wollte nicht sprechen, nichts mehr hören und nichts mehr sehen. Aber sie ließen mich nicht in Ruhe, und eine wohlmeinende Freundin beugte sich sogar über mich und schrie: Du bist krank! Krank! Du gehörst in psychiatrische Behandlung. Wahrscheinlich glaubte sie, ich hätte nicht nur den Verstand, sondern auch das Gehör verloren.
Ein Onkel deutete gen Himmel und sagte: vertraue auf Ihn.
Ich fing an, die gütigen Menschen zu fürchten, und drehte am Radio herum, um vielleicht einen schönen Walzer zu hören oder ein kleines Flötenkonzert.
Und hörte folgendes:

> Da wollte sie mir ein Hemd kaufen, aber aus dem Kauf wurde nichts, weil sie meine Kragenweite nicht wußte. An der Tür hatte sie auf einmal eine Idee und rief durch den ganzen Laden: »Wenn ich ihn würge, dann halte ich die Hände immer so!« Und der Verkäufer nahm ein Bandmaß und maß den Umfang ihrer Hände und sagte: Nummer 40.

Sie hörten einen Ausschnitt aus *Diamantenauge* von Bohumil Rabal.
Ich stand auf und ging in eine Buchhandlung. Ich sagte: bitte das Diamantenauge von Bohumil Rabal. Das Fräulein schaute nach und sagte: das haben wir nicht. Können Sie das Buch bestellen, fragte ich. Das Fräulein holte den mindestens acht Kilo schweren Katalog und schlug den Buchstaben R auf.
Raabe, Rabelais, Racine, Raimund, nein, Rabal steht da nicht drin. Ich ging in eine andere Buchhandlung.
Und fand ihn.
Nicht fromme Sprüche, nicht ein Psychiater, nicht wohlmeinende Freunde, Bohumil Hrabal half mir wieder auf die Beine.
Er, der sich jeden Morgen wundert, daß er noch nicht gestorben ist, zwinkerte mir zu, gab mir ein Zeichen.
Er sagte mir, daß permanente Verlassenheit seine Zuverlässig-

keit ist, Geschwätz seine Rhetorik, gebrochene Worte seine Treue, Niederlage sein Sieg, daß ein Milligramm an Gutem alles überwiegt und in Bewegung setzt.
Er sagte mir, daß Lotterbuben und Schurken, die über ihr schurkisches Lotterleben reden, der Wahrheit näher sind als heuchlerische Moralisten.
Von ihm weiß ich, daß das gedruckte Wort Leben sein kann und jeder Augenblick des Lebens Kunst und daß es nichts gibt, was unwürdig wäre, in die Kunst aufgenommen zu werden, er hat mich befreit von den Zwängen, die ich höhergestellten Persönlichkeiten gegenüber empfand. Literaturprofessoren zum Beispiel, die ihre Bildung von oben herab vermitteln, aus der Luft, nicht von unten, aus den Wurzeln.
Bohumil Hrabal sagte mir, daß es einen Dichter gibt, der Jakub Deml heißt. Und Jakub Deml sagte mir, daß es eine Wahrheit des Tages und eine Wahrheit der Nacht gibt. Eine Wahrheit der Kranken und eine Wahrheit der Gesunden. Eine Wahrheit der Frauen und eine Wahrheit der Männer, eine Wahrheit der Liebenden und eine Wahrheit der Hassenden. Eine Wahrheit des Hundes und eine Wahrheit der Dohle, eine Wahrheit des Wassers, des Schweines, der Lilie, eine Wahrheit der Lacrimae Christi und eine Wahrheit des Studenten, der einen kleinen Buben erschlug und in den Fluß warf.
Ich lernte Herrn Baltisberger kennen, bevor er starb, und Pavel, der nach dem Autounfall sieht, wie seine Beine für immer hinter die Hügel davongehen, und Herrn Uhde, der sich seine Pension zusammenrasieren muß, Lucinka und Pavlina, die beiden ausgestoßenen, vergessenen Katzen, ich erinnere mich mit ihnen an die schönen Zeiten, von denen sie glauben, sie würden einmal wiederkommen.
Und Haňťa. Haňťa, der gebildet ist gegen seinen Willen, der die Bücher, die er in der mechanischen Presse vernichten muß, leise lachen hört, der das Konterfei von Rembrandt van Rjin zu Altpapier pressen muß, das Konterfei eines Menschen, der durch Kunst und Suff bis an die Schwelle der Ewigkeit vorgestoßen ist. Haňťa, der in den Augen einer hungrigen Maus mehr sieht als den bestirnten Himmel über sich, mehr als das moralische Gesetz in sich, der froh ist, daß Hegel und Scho-

penhauer nie den Befehl über zwei gegnerische Armeen hatten, denn Haňťa wußte, daß sie genau den gleichen Krieg geführt hätten wie die Rattenklane in den Kanälen und Kloaken der Prager Unterwelt. Haňťa hatte die Kraft gefunden, kühl zu bleiben angesichts des Unglücks seiner Arbeit, er empfand nur einmal einen Augenblick des Glücks, als er Bücher und Broschüren, Hunderttausende von Photographien der Nazis zentnerweise in die Presse warf, er zerpreßte dieses Thema, er zerpreßte Hitler, die SS, die jubelnden Frauen und Männer und Greise und Kinder. Haňťa, der sagt, daß der Himmel nicht human sei, Haňťa, der die Reste seines Onkels vom Linoleum kratzen muß, weil dieser fünfzehn Tage lang tot in der Julihitze lag und zerflossen war wie ein Camembert, er schaufelte die Reste des Onkels in den Sarg und legte ihm die vor der Presse geretteten Sätze des jungen Kant auf die Brust: wenn das zitternde Licht eines Sommerabends voller zitternder Sterne ist und der Vollmond leuchtet, werde ich in eine hohe Empfindsamkeit hineingezogen, voller Freundschaft und Verachtung für die Welt und die Ewigkeit.
Haňťa, der das Leben eines Buches besser kannte als je einer, ihn habe ich kennengelernt.
Und auf dem kleinen tschechischen Bahnhof sehe ich den Stationsvorsteher, dessen Frau schon in den Wechseljahren ist, und ich höre ihn von Osten nach Westen rufen:
Ihr hättet nicht mit der ganzen Welt Krieg anfangen sollen.

Bohumil Hrabal! Ich grüße Sie von Westen nach Osten, über die Grenze, die Europa zerschnitten hat, uns aber nicht trennt.

Sylvie Germain
Hrabal – ein Archipel

Für den französischen »insularen« Leser – jenen, der sich nicht von seiner Sprachinsel hinwegwagt – beschränkt sich das Werk Bohumil Hrabals auf sechs Titel. Dieses Werk umfaßt nun aber über zwanzig Bücher, und selbst mit dieser Zahl wird Hrabals Schaffen unterschätzt, da neben den veröffentlichten Texten zahlreiche weitere Schriften in den Schubladen schlummern. Der französische Insulaner muß sich also mit sehr fragmentarischen Kenntnissen der Hrabalschen Landschaften begnügen.

Wenn auch fragmentarisch, ist eine solche Entdeckungsreise doch auf Anhieb wundersam beglückend und mitreißend. Hrabal lesen ist eine wahre Freude; jeder seiner Texte enthält jene Kraft und Würze, die manchen Fragmenten bedeutendster Herkunft eigen sind. Überhaupt läßt sich Hrabals Schreibweise eher dem Fragment als dem linearen, folgerichtigen und gegliederten Text zuordnen. Als Erzähler, ja oft als Jongleur, verfaßt er seine Geschichten mit der Vitalität und dem Witz eines am Kneipentisch sitzenden Plauderers, umgeben von Trinkgenossen und dem säuerlich-süßen Biergeruch. Er improvisiert, verliert den Faden, findet ihn über den Umweg eines Bildes, eines Wortes, einer Erinnerung wieder; er spult ihn ab, windet mit ihm Spiralen, Girlanden, verknotet ihn, hängt Lampions, Figürchen, Farben und Zitate daran auf. Sein Vorgehen beruht meist auf Assoziationsketten von Gedanken, Erinnerungen, Empfindungen, die er mit Einschüben, Abschweifungen, beinahe zufälliger Wiederaufnahme des Fadens durchbricht – und dies alles sprudelt nur so aus seiner Feder, die Zeit reicht kaum aus, um Atem zu schöpfen, etwas Ordnung in die Dinge zu bringen. Dennoch sind diese stegreifartigen Erzählungen absolut kohärent und mit sicherer Hand von Anfang bis Ende durchgeführt. Solide Bezüge halten die scheinbare Unordnung seiner behende angefertigten Collagen zusammen und beweisen, wie meisterhaft er gerade diese Kunst der Collage beherrscht.

Sechs Bücher also stehen dem französischen Leser zur Verfügung. Aber diese sechs bilden bereits einen weit ausgedehnten Archipel, um das Böhmen Hrabals, das dörfliche wie das städtische, zu erforschen, um Bekanntschaft zu schließen mit seinen herrlich skurrilen Gestalten, um sich an der Schönheit des Stils, des pulsierenden Rhythmus, der erzählerischen Kraft, des mit Ernsthaftigkeit durchflochtenen Humors zu freuen.

Das erste auf französisch erschienene Werk ist *Scharf beobachtete Züge*. Gleich zu Beginn schwingt ein Ton mit, originell, einzigartig. Schalkhaftigkeit blinkt überall rund um den kleinen Bahnhof, Triebe glühen auf, führen sprunghaft von der Zärtlichkeit zur Burleske, und das vor dem Hintergrund des Krieges, plötzlich werden sie dahingefegt, einfach so, des Nachts entlang den Schienen, ohne Grund und Sinn.

Ich habe den englischen König bedient, den Kaiser Äthiopiens, und vor allem den Gott des Mammon: So lautet das Thema eines Romans, der zusehends anschwillt, immer farbiger wird und schließlich eposhafte Züge annimmt. Sein winziger Held wächst, von Reichtum und Ruhm angespornt, immer mehr in die Höhe, stolziert bald, von der Freßlust eines Riesen gepackt, hochbeinig wie ein eigensinniger und ehrgeiziger Gockel einher, wodurch letztlich auch er zu Statur und Umfang kommt; da werden seine Sporen zu Stelzen, auf denen er mit Riesenschritten durch den Krieg zieht und zum ersehnten Reichtum gelangt. Die Geschichte aber holt ihn ein und stößt ihn von seinem befristeten Thron. Nun verlangsamt sich die bisher in lebhaftem Tempo gehaltene Erzählung, verdichtet ihren Rhythmus und beraubt den Helden der Pfauenfedern, mit denen er sich nach und nach geschmückt hatte – seine Aura des Vornehmen erlischt. Der so entblößte Mensch zeigt nun auf einmal eine ganz andere, vertikale Dimension: jene der genügsamen und starken Seele, die er sich in der asketischen Einsamkeit der Waldestiefen aneignet.

Denn Hrabal beschreibt mit dem gleichen Talent und mit der gleichen großartigen Leichtigkeit des Menschen Treiben im lärmigen Durcheinander der Stadt, dessen Ringen mit der Geschichte oder dessen Einsamkeit, wenn er sich abseits von Wirrsal und Eitelkeit der Welt in eine selbstgegrabene Höhle verkriecht. Davon zeugt die bemerkenswerte Erzählung *Allzu laute Einsamkeit*, ein in scherzhaftem, zugleich aber bitterem Ton verfaßter Gesang von der Schönheit der Zerstörung, die hier als Verwandlungsprozeß erlebt wird. »Da mußte zerstört und zerstört und zerstört werden – Unvollkommenheit ist die Spitze«, wie diese Verse von Yves Bonnefoy lautet auch die Devise Haňťas, der zentralen Figur. Aus der Tiefe seines Kellers, wo er auf dem Index stehende Bücher zu Tausenden einstampft, baut sich Haňťa eine phantastische unsichtbare Bibliothek auf. Eine Mosaik-Bibliothek, die aus den Splittern von Werken aller Kulturen und aller Epochen besteht; eine Voliere-Bibliothek, in der die Buchseiten in Haňťas Herz und Auge wie Flügel schlagen. Die Flügel sind aber jene des Phoenix, denn alle zerstörten Bücher rufen Textfragmente ins Leben; Bilder und Ideen blitzen auf, tanzen unablässig in Haňťas unterirdischem Dasein herum, lassen Geschrei, Gesang, Gelächter, ebensooft auch Klagen ertönen. Es sind Vögel, die wie trunken die Welt und deren Jahrhunderte schnäbeln, um ihre Würze zu kosten, ihre Schönheit zu preisen; Vögel, die schließlich das Herz, in dem sie sich eingenistet haben, verschlingen. Haňťa, der mit Fleisch und Blut nun zum Buch der Collagen, Zitate, Fragmente und Echos geworden ist, bettet sich schließlich selbst tief unten in seine Presse, um sich seinerseits dem Zerstörungsritual zu unterziehen. Und nun dringt seine somit vernichtete, unsichtbare Bibliothek in die Erinnerung des Lesers ein.

Denn Hrabal ist ein Erinnerungsfährmann. Von einem Buch zum anderen entreißt er dem Vergessen, dem Schweigen und den Lügen große Fetzen Erinnerung und führt sie durch die Zeit hindurch, bis hinüber in die Gegenwart. Solche Erinnerungen läßt Hrabal in zwei wundervollen Erzählungen, *Das Städtchen, in dem die Zeit stehenblieb* und *Die Schur*, aufflackern wie ebenso viele Freudenfeuer, in denen die Vergangenheit knistert und in farbigen Funkengarben auffliegt. Golden schimmert das Bier, das der schrullige Onkel Pepin ohne Maß in sich hineinschüttet, bläulich, grün und lilafarben sprühen die Funken der Elektrizität, die triumphalen Einzug hält; rötlich glühen die Schimmer der fabelhaften mütterlichen Haarpracht, und dazwischen donnern die titanischen Wutausbrüche des Großvaters, der mit Axthieben die alten Buffets des Hauses zertrümmert ... Hrabals Erinnerung ist eine leuchtende Laterna magica, denn sie ist Leidenschaft, Zärtlichkeit und Sinnlichkeit, sie flackert dicht unter den Worten, die sich dem Leser in ihrer Rundheit, ihrer Würze, ihren Farben und ihrem Rhythmus so einprägend darbieten.

Noch viel stärker greift diese Erinnerung nun in *Der sanfte Barbar* durch: nicht nur schwingt sie mit in den Worten, nicht nur blitzt sie auf in Bildern, sondern sie eilt, sie jagt, sie explodiert. Ihr Brennpunkt ist die stürmische Persönlichkeit Vladimír Boudníks, an der sie auch auseinanderklafft. Vladimírek – Hrabals engster Freund, sein karikierter Doppelgänger eigentlich, Ausbund von Leidenschaft, von Maßlosigkeit, mit einer vulkanartigen Einbildungskraft und einem ebenso freigebigen wie gierigen Herzen bedacht; Vladimírek, der unzähmbare Barbar, den ein Nichts ergreifen, ja zu Tränen rühren kann, den ein Nichts inspiriert, um ihn sogleich blindlings in den schöpferischen Taumel hineinzustürzen. Es ist, als habe sich Hrabal in dieser Erzählung jenem teuflischen Rhythmus angeglichen, der das Leben Vladimírs skandierte und mit sich riß. Die Sätze sind Blitzstarter, sie flitzen in alle Richtungen, die Wörter funkeln wie hochgeworfene bunte Kiesel. Einige prallen ab, hüpfen längere Zeit durch den Text; solche Wiederholungen werden dann zu Beschwörungsformeln, Psalmodien, jede Seite ist gleichsam ein neues, zu Ehren Vladimírs angestimmtes Lied – ein Lied im Rohzustand. Es ist der von Vladimír Boudník gepriesene »Explosionalismus«, den er in seinem Werk wie auch in seinem Leben in Praxis umsetzte – beim Schreiben ebensosehr wie in seinen Graphiken, in Sachen Freundschaft wie in Sachen Liebe – der Explosionalismus, der hier Hrabals Stil prägt und dynamisiert. Das Bild dieses so sanften und betörenden Barbaren, der sein Freund war, drängt sich dem Leser schließlich immer zwingender auf und muß ihm als belebte Reliefmalerei erscheinen – in der Art wie etwas zwischen Arcimboldos kapriziösen, mit Gemüse, Obst, Mineralien, Krebstieren und Fischen angefertigten Porträts und Francis Bacons gespannter, vibrierender, chromatisch schriller und visuell gewaltiger Malerei.

Mit dieser summarischen Übersicht der Hrabalschen Landschaften sollte versucht werden, ein im Ausland allzu unbekanntes Gebiet auf der Karte der tschechischen Literatur einzutragen und somit auf die ganz besondere, sinnliche und lebendige Schönheit dieses Schreibraumes hinzuweisen. Es ist ein Raum, in dem Einbildung und Traum nicht nur die Wirklichkeit, sondern auch die Vergangenheit und die Geschichte aufleuchten lassen, und dies mit solcher Intensität, daß sich dabei Posse und Drama, Märchen und Epos, saftige Gassen- und Kneipensprache sowie lyrische Höhenflüge auf meisterhafte Art im Gleichgewicht zu halten vermögen. Ein zauberumwobener Raum, der an den magischen Vulkan Futur erinnert, an jenen Vulkan, den Fernandez y Guanamiru, *L'homme de la Pampa* von Jules Supervielle, hatte bauen lassen, um sich in der Eintönigkeit der Wüste Abwechslung zu verschaffen. Nach mancherlei Abenteuer wird der künstliche Vulkan zerstört und verschwindet, aber nur, um in verkleinertem Maßstab auf wundersame Art in einem Koffer wieder aufzutauchen. Von dort aus sendet nun der kleine, transportierbare Vulkan unermüdlich Zeichen und Mitteilungen aus, und zwar, indem er köstliche Wohlgerüche verströmt. Als Guanamiru seinen kostbaren Vulkan, in einem Koffer verborgen, wiederentdeckt, findet er diesen Koffer »leicht, als beinhalte er nur einen Wunsch. Das Gewicht«, sagt er sich, »wird er sich wohl mit der Zeit noch aneignen.«

Ähnlich verhält es sich mit den Büchern Hrabals; es sind ebenso viele diskrete, ernste und spielerische kleine Vulkane, die unablässig Bilder, Farben, Erinnerungssplitter aussenden. Bücher, die zum Bersten voll sind von Sehnsucht, von Wohlgerüchen und von Überraschungen, und deren Gewicht sich ganz gewiß im Lauf des Lesens einfinden wird. Es ist das süße Gewicht der Freude, die der Leser empfindet.

François Fejtö
Ein Dichter in dürftiger Zeit

Trotz all der Katastrophen, von denen die Tschechoslowakei in den siebzig Jahren ihres Bestehens heimgesucht wurde – die erste war vielleicht ihre Entstehung: eine Geburt, die den Tod der Mutter nach sich zog –, hat die tschechische Literatur auch in diesen Zeiten die Weltkultur um große Werke bereichert. Außerdem zeugt diese Literatur allen Einschnitten in der Geschichte zum Trotz von einer Kontinuität, die bei Jaroslav Hašek ihren Anfang nimmt und über Franz Kafka zu Bohumil Hrabal führt. Sogar synchron gesehen ist die tschechische Literatur nach wie vor ein Teil jener kulturellen Einheit, die Musil einst Kakanien nannte, und in der – um Hrabals Worte zu gebrauchen – »das Unglaubliche Wirklichkeit wurde«. Denn zwischen einem Bohumil Hrabal, einem Joseph Roth, einem Bruno Schulz, einem Gyula Krúdy, einem Witold Gombrowicz, einem Elias Canetti und einem Miroslav Krleža gibt es unbestreitbar verwandtschaftliche Bande. In Westeuropa hat man eben erst das Besondere und die Größe dieses Kulturraumes entdeckt, der, auch wenn er von allen Strömungen des Westens durchquert wurde, seinen eigenen Reiz, seine eigenen Probleme, seine Antworten und seine eigene Vorstellung vom Literarischen hatte, die bald Paris, London, Rom oder München hinterherliefen, bald diesen voraus waren. Dieses Besondere ist die Kultur Mitteleuropas, nicht die Osteuropas, denn Osteuropa, wie uns einer von Hrabals Helden erklärt, der als professioneller Büchervernichter mit masochistischem Vergnügen zur Zerstörung der Kultur beiträgt, beginne nicht etwa hinterm Prager Spitaltor, sondern erst irgendwo in Galizien, wo der letzte altösterreichische Bahnhof im Empirestil steht, dort, wohin es das letzte griechische Tympanon verschlagen hat, selbst wenn Thomas Mann bereits das ungarische Wesen als »orientalisch« empfand und verachtete.
Geboren und aufgewachsen im ungarischen Teil dieses Kulturraumes, mit einem in Prag geborenen Großvater väterlicherseits, mit Vorfahren, die auf einem malerischen Friedhof

in Ungarn ruhen, habe ich mich im Universum der benachbarten Goldenen Stadt stets daheim gefühlt. Warum ziehe ich, wenn ich zwischen den späteren Schriftstellern wählen soll und den Autor des *Schwejk* wie auch den Verfasser des *Schlosses* überspringe, Hrabal allen anderen vor? Warum ist er für mich der Größte der zweiten Generation? Weil ich ihn für den tschechischsten, den österreichischsten und den universellsten Schriftsteller halte. Bei ihm finde ich den Humor eines Hašek wieder, aber als eine grausamere Variante, die Nostalgie eines Joseph Roth, dessen Scheitern ich in Paris auf schmerzvolle Weise miterleben konnte; und das Universelle, denn Hrabal betrachtet das Verhängnisvolle seines Zeitalters wie einst Leonardo da Vinci, »der zugesehen hatte, wie die französischen Soldaten aus seinem Reiterstandbild eine Zielscheibe machten und Stück für Stück Reiter und Pferd zerschossen«. Oder wie Paul Valéry, der bereits um die Vergänglichkeit der Kulturen wußte. In der *Allzu lauten Einsamkeit* beschreibt Hrabal den Menschen, der entdeckt, daß »der Himmel nicht human ist und daß ein Mensch, der sich auf das Denken einläßt, auch nicht human sein kann«. Und doch gab es eine Zeit, in der Haňťa – diese Personifizierung des Autors – »noch human war; er empfand Mitleid und Liebe, die ich schon lange vergessen habe, die völlig aus meinem Gedächtnis gelöscht sind«. Eines der Verdienste Hrabals beruht darin, daß er uns in symbolischer Weise das Schicksal seiner Figuren, die Verhärtung der Welt mitteilt, die einen Akademiker zum Kanalputzer, einen Literaten zum Presser von Altpapier werden läßt und Hrabal zum Sänger dieses »Biafra des Geistes«, über das Aragon sprach, der freilich selbst ein trauriges Beispiel für den Verrat eines Intellektuellen an sich selbst darstellt.

Hrabal stellt sich auf den Schnittpunkt dieser beiden Welten, die von Jesus, Symbol des progressus ad futurum, und von Lao-Tse, Symbol des regressus ad originem, verkörpert werden. Er erlebt dieses Prag folgendermaßen:

> [...] geschmückt mit der glitzernden Statue des Ignatius von Loyola, die an die Fassade zementiert war, ich aber sah statt der Gloriole eine Standbadewanne aus Gold, wie einstmals Seneca in ihr gelegen hatte, nachdem er sich mit einem Mes-

ser die Adern am Handgelenk aufgeschnitten hatte, um sich seiner selbst zu vergewissern, daß er noch Herr seiner Sinne war, daß er jenes Büchlein nicht umsonst geschrieben hatte, welches ich so liebte ... *Über die Seelenruhe*.

Ich liebe den ironischen Stoizismus Hrabals, betroffen macht mich sein verzweifeltes Hohngelächter beim Anblick der Werke Kants, Nietzsches, Schopenhauers und Goethes, die von den neuen Bibliotheksherren jener Universität, an der schon Comenius studiert hatte, der Papierpresse übergeben und von jungen, viel rührigeren Arbeitern gleichgültig der Maschine vorgeworfen werden.

»Wenn ich so arbeiten würde, könnte ich mit mir allein schon eine Brigade der sozialistischen Arbeit gründen, ich könnte mich vor mir selbst verpflichten, die Produktivität um fünfzig Prozent zu steigern.« Wenn er sich an das neue Gesetz hielte, dürfte Hrabal genauso wie die von ihm mit Verachtung gestrafte Jugend Ferien in Griechenland machen. Hrabal aber hat keine Arbeitsbrigade gegründet, und als Emigrant im eigenen Land war er zwischen 1968 und 1976 mit dem Publikationsverbot belegt; Griechenland sah er erst als alter Mann.

Schwer zu sagen, welches seiner beiden großen Werke ich mehr liebe: die *Allzu laute Einsamkeit* oder *Das Städtchen, in dem die Zeit stehenblieb*, mit seiner angebeteten Mutter, die »genau der gleiche Typ von Frau war wie die Baronin von Schratt, des Kaisers Geliebte, eine Schauspielerin, die zu ihrer Zeit als die schönste Frau von Wien, nein von ganz Österreich-Ungarn – Siebenbürgen inbegriffen, woher die schönsten Mädchen der Monarchie kamen – galt«, mit dem Onkel Pepin, der im Keller der Brauerei seines Bruders Francin die Zeit Kaiser Franz-Josephs weiterlebt. Dieser unvergeßliche, vom unerschütterlichen Glauben an die »Tapferkeit der Soldaten der immer und überall auf der ganzen Linie siegreichen österreichischen Armee« erfüllte Onkel Pepin durchlebte die Republik, die Zeit der Besatzung und die Hoffnungen auf die Nachkriegszeit. Wie könnte man je den Zusammenbruch und den Tod dieses von Lebenslust und Vitalität sprühenden Menschen vergessen, der sein Leben mit der Frage aushaucht: »Was wird aus der Liebe?«

Das Buch Hrabals, das mir zu lesen das größte Vergnügen bereitet hat, war jedoch *Ich habe den englischen König bedient*. Weil es das historischste ist? Ein Resümee der ganzen Geschichte, wenn nicht derjenigen der Tschechoslowakei, so doch wenigstens der des einfachen tschechischen Mannes? Weil es Hrabals Herausforderung der ideologischen Vorurteile seiner Zeit, vom Nationalismus über den Rassismus bis hin zum Kommunismus, am kühnsten zum Ausdruck bringt? Oder weil ich hier eine Synthese finde, die die Selbstironie eines Hašek mit der bitteren Ausgeglichenheit eines Canetti und die melancholischen Intermezzi eines Krúdy mit der fröhlichen Sozialkritik seines im Ausland noch wenig bekannten ungarischen Kollegen hugenottischer Abstammung, Emil Grandpierre, vereinigt? Dieser Roman von den Lehrjahren eines Pikkolo an der Seite eines Maître d'hôtel, der einstmals den englischen König bedient hat, die Geschichte dieses naiven Helden, der das Geld anbetet, mit dem er sich Vergnügen und sogar die Liebe erkauft, und der davon träumt, Millionär zu werden, offenbart vielleicht am besten Hrabals Erzähltalent. Auch glaube ich in diesem Werk das ergreifendste Selbstporträt Hrabals erkennen zu können: in der Gestalt des Direktors der Musikschule, der im Wirtshaus in einer Ecke sitzt, umgeben von dem wilden, blutigen Krawall zweier losgelassener Zigeunerbanden. »Er aber las weiter in seinem Buch, lächelte, und dieses Zigeunergewitter donnerte nicht an dem Herrn Direktor vorbei, sondern über ihn hinweg, man bekleckerte ihm Kopf und Buch mit Blut, stach zweimal in seinen Tisch, der Herr Direktor aber las und las.« Der Erzähler verrät uns nicht, was der Musikschuldirektor mit soviel Andacht las. War es Lao-Tses *Tao-Teching* oder aber die *Bambini di Praga* eines gewissen Bohumil Hrabal, der damit bewies, daß er nicht nur ein schrilles, sondern auch ein entspanntes, fast fröhliches Lachen hervorrufen kann?

Petr Král
Er akzeptiert die Wirklichkeit

Bohumil Hrabals *Inserat. Verkaufe Haus, in dem ich nicht mehr wohnen will* ist ein Werk, das seinem Autor besonders viel bedeutet. Daß ihm damit ein Meisterwerk gelang, ist wohl unnötig zu betonen – denn dies läßt sich praktisch von allem sagen, was aus seiner Feder stammt. Viel eher sollen hier einige bezeichnende Aspekte herausgegriffen werden. Zu Unrecht würde man nämlich das *Inserat* als das Werk eines Tausendsassas betrachten, eines genialen Erzählers, der stets mit einer ausgefallenen Geschichte aufwartet, um den Leser zu unterhalten – auch etwas zu verblüffen –, dessen Talent sich aber gewissermaßen ad hoc erschöpft, im Glanz einer eklatanten Paradenummer. Nun, Hrabal ist vielleicht ein solches Phänomen, aber er ist auch – und vor allem – ein großer Dichter.

Wie alle Bücher Hrabals, reicht das *Inserat* weit über triviale Unterhaltung und auch weit über das Anekdotische hinaus und gehört einem ganz eigenen Universum und einer einzigartigen Weltanschauung an. Allerdings ist diese Eigenart nicht vom Himmel gefallen: aus einer kollektiven Erfahrung und Geisteshaltung gewachsen, erfaßt sie auch die Lebenskunst einer Stadt – und eines Landes, deren verborgenste Durchgänge Hrabal zu erforschen wußte, während er geduldig ihre Kneipen, Gassen und Künstlerateliers aufsuchte. Von Prag spreche ich, und von dieser unmittelbar erlebten Poesie, die dort eine Bohèmewelt – von Intellektuellen wie auch von einfachen Leuten – tagtäglich erzeugt, und die ihre Grenzen für den Einbruch von Überraschungen und leiser Verrücktheit bereitwillig öffnet. Ein Schwung trägt Hrabals Erzählen, ein unaufhörliches Jubilieren dringt durch seine Worte, wenn sie der Wirklichkeit und ihrer eigenen Fähigkeit, diese zu formulieren, gegenüberstehen, und dazu gehört auch die Freude am Mystifizieren, an unpassenden Scherzen und an Prahlereien, die die ursprünglichsten Quellen dieser Poesie darstellen. Zur Liebe für das Konkrete (mit dem er seine Erzählungen bis zur Übersättigung nährt) gesellt sich natürlicherweise auch ein Hang zum Aufblähen und ein richtiges Maß an Übertreibung, wodurch der Humor der Prager Peripherie – und deren erstaunliche »Helden« – das täglich Erlebte vergoldet, ohne es zu verfälschen.

Hrabals Prag ist reich an dieser verborgenen Phantasie, an der materiellen Vielfalt der Dinge, der Gewohnheiten, der Lebensweisen, aus denen er schöpft und die er uns vorführt; Hrabals Prag ist auch das Prag der Zwischenkriegszeit, der Ersten Republik, jener Zeit vor der zweifachen Katastrophe der Besetzung und des kommunistischen Staatsstreichs, während der sich das Leben in der Stadt mit ihren vielschichtigen, stets differenzierten Reizen frei entfalten konnte. Hrabals leises »Zurückholen« dieser Vergangenheit hat wohl weniger mit Nostalgie als mit seiner Leidenschaft für das Leben und seine greifbaren Schätze, seinen Geschmack, seine Gerüche und seine Schauspiele zu tun. Selten war Prag – und das Leben überhaupt – so wirklichkeitsnah wie in den zwanziger und dreißiger Jahren, mit den ausgefallenen Reklamen, den überfüllten kleinen Läden, den Schildmützen und Autohandschuhen, den pomadisierten Köpfen und den inspirierten Schuhmachern oder Kellnern ...

Eine weitere Erinnerung trägt zur einzigartigen Würze der Hrabalschen Welt bei: es sind die sechziger Jahre, die mit den zwanziger Jahren wohl zu den glücklichsten des Jahrhunderts zählen und mitten im bleigrauen »realen Sozialismus« in Prag zu einem sonderbar liberalen Zwischenspiel führten. Allein die Veröffentlichung von Hrabals ersten Werken war eines der wichtigen Ereignisse dieser Periode, ein entscheidender Schritt in der damals anbrechenden Befreiung. Das ganze Hrabalsche Werk ist im Grunde genommen vor dem Hintergrund dieser Zwischenzeit zu lesen: es bleibt untrennbar und tief verbunden mit der Freude, die ein denkender Mensch damals erlebte, als er seine Freiheit entdeckte trotz aller Schranken, die diese Freude allerdings sogleich begrenzten. Mehr noch als für andere Bücher gilt dies für das *Inserat*: Gut die Hälfte des Textes bezieht sich auf eine Zeit, die der Autor unter den Arbeitern einer Stahlhütte verbrachte, und seine persönliche Einstellung wird überaus deutlich in diesem »kritischen Zeugnis« von jener Epoche, die dem erwähnten Zwischenspiel unmittelbar voranging: der harte Stalinismus der fünfziger Jahre. Obwohl Hrabal, wie in fast jedem seiner Bücher, der Zensur etliche Konzessionen gemacht und deshalb an einigen Stellen die grausame Hellsichtigkeit seiner Berichte mit wohlmeinenden humanistischen Gemeinplätzen verdünnt hat, erschien das *Inserat* verhältnismäßig spät (1965) und wurde seither, trotz seines Erfolgs, nie mehr neu aufgelegt. Allein diese Tatsache zeugt von der Schärfe und Lebendigkeit, die Hrabals Geist in einer wieder unter die strenge Bewachung des »Apparats« geratenen Tschechoslowakei bewahrt.

Ein von Hrabal bevorzugtes Prinzip, das er in seinen Texten immer wieder angewendet hat, ist die Montage oder die Collage. Es geht dabei um das Gegenüberstellen und Zusammenprallen von Ereignissen, Dingen, fragmentarischen Reden, die einander zwar fremd sind, sich dennoch, wie die Steinchen eines Mosaiks, widersprechen und ergänzen. Vom gesamten Text, der auf Überschneidungen von eigenständigen und kontrastierten Episoden beruht, heben sich diese einzelnen Episoden immer wieder durch ihre drastischen Konfrontationen ab, etwa eine Bibel und eine Pfanne oder das Hinunterfallen einer Glocke im tiefen Mittelalter und eine moderne Wohnung – in der Hrabal das Echo dieser Glocke zum Klingen bringt –, der Beginn einer zärtlichen Idylle und ein gleichzeitig angebrochener Dialog über Mac Arthur und dessen Rolle in der Geschichte. Dieser Hang zum Teleskopieren, der in *Kafkarei* – einem der schönsten Texte, die Prag je inspiriert hat – bis zum Schwindelgefühl übersteigert wird, ist zweifellos der getreue Reflex einer Gabe, mit der die tschechische Hauptstadt eigens bedacht wurde: der Gabe nämlich, bis in ihr Baugefüge, ja bis in die Anlage ihrer Monumente hinein, die unterschiedlichsten Arten von zufälligen Begegnungen zu begünstigen. Doch bleibt diese Inspirationsquelle bei weitem nicht die einzige.

Erinnert sei an das Echospiel, das sich in *Kafkarei* zwischen sich kreuzenden, aus dem Zusammenhang gerissenen und gleichsam ihres Sprechers beraubten Reden kurz anbahnt: »Darf ich Ihre Bestellung entgegennehmen?« – »Ja, aber nie werde ich Sie verlassen können.« Darin entdecken wir einerseits ein Produkt des Prager Labyrinths und seiner besonderen »Akustik«, andererseits werden hier Apollinaires bedeutende *Poèmes-Conversations* eindeutig weitergeführt. Auch dies ist kein Zufall: Nebst »wilderen« und populäreren Quellen entspringt Hrabals Ausdrucksweise einer tiefgründigen – und für den Autor ebenso vitalen – Kenntnis der modernen Dichtung und Kunst: Über lange Jahre hin befaßte er sich eingehend mit den Werken Guillaume Apollinaires, T.S. Eliots und André Bretons sowie mit surrealistischer und kubistischer Malerei. Wenn auch gewisse Eigenheiten, die Hrabal mit solchen Autoren verbinden – zum Beispiel seine Vorliebe für Montagen –, ihn zugleich auch einer »Kunst am Rande«, wie etwa dem Stummfilm (von dem er die Technik des Gag übernimmt), näherbringen, so kann nicht bezweifelt werden, daß eine Verwandtschaft mit ihnen besteht. Ferner läßt sich das Burleske bei Hrabal nicht von seinen komplexen, mehrdeutigen »Untergrund«-Resonanzen trennen, und diese verbinden ihn wiederum mit anderen ungewöhnlichen Autoren wie dem bedeutenden tschechischen Künstler Jiří Kolář, dessen Literatur- und Bildmontagen allein schon die grausamen Mechanismen der modernen Welt kritisch beleuchten.

Auch die Hrabalsche Montage weiß sich grausam zu geben, wenn sie zum Beispiel »kaltblütig« einen Dialog über das Fortbestehen der Welt der Vergewaltigung einer mit Alkohol wehrlos gemachten jungen Frau entgegensetzt. Häufig führt sie auch zu einer schwindelerregenden Mischung von Grausamem und Liebevollem, zu einer zärtlichen Grausamkeit, in der Hrabal zweifellos seine persönlichste Tonart findet und die in *Harlekins Millionen* ihren Gipfel erreicht. Hier überspielt Hrabal das Grauen des Alterns und des Sterbens mit einer sorglosen, fast idyllischen Beschreibung des Lebens in einem Altersheim, wo ununterbrochen eine leise Hintergrundmusik rieselt, und plötzlich, durch die unmerkliche Veränderung der Geräusche, die das Festmahl der Pensionäre umgeben, alles gesagt wird: Das Klingen von Gläsern, das Klappern von Tellern und Besteck verwandelt sich nach und nach in Geräusche des Hinunterwürgens und des von den Aborten her vernehmbaren Rauschens der Wasserspülung, und es wird lächelnd, ja jubilierend – ebenso präzise und anschaulich geschildert wie der Lärm, der das Festmahl selbst umgibt. Die gleiche unentwirrbare Verstrickung von Zärtlichem und Brutalem findet man in *Kafkarei* wieder:

> Und mitten auf dem Platz schleift ein Herr in Schwarz eine bildschöne Dame im Kretonnekleid hinter sich her, schleift sie durch eine Pfütze und klagt zum Himmel hinauf:
> »Eine schöne Dirne hab ich mir angelacht! Eine schöne Hure hab ich mir genommen!«
> Die Dame umarmt seine Knie, doch der Mann in Schwarz stößt sie weg, sie legt sich in die Pfütze, rollt sich darin zusammen, wie eine Photographie in ovalem Rahmen, und ihre Haare schwimmen auf der schmutzigen Fläche wie Tang. Jetzt erst ist der Mann im Gesellschaftsanzug zufrieden. Er kniet ins Wasser, dreht die Haare zu einem Strick zusammen, wendet ihre verweinten Augen zu sich und zieht mit dem Finger die geliebten Züge nach, hilft ihr auf die Beine.

Sogar bei der Vergewaltigung der jungen Frau erhält das Bild ihres Körpers, der unter dem eines Feuerwehrmannes liegt, eine poetische Dimension und wirkt deshalb lähmend und erhaben zugleich. Geschilderte Tatsachen enthalten bei Hrabal sowohl Wunderbares wie Grauenhaftes, keine beruhigende Grenze trennt diese beiden Ebenen. Denn Grausamkeit ist bei Hrabal eine nicht zu übersehende Facette der Schönheit dieser Welt, und ihr Vorkommen wäre eigentlich der Preis, der bezahlt werden muß, damit diese Schönheit überhaupt *sei*. Wenn prachtvolle Lichteffekte inmitten des Chaos einer Fabrikhalle aufleuchten, wenn ein altes Grammophon während einer Bombardierung mit Tropfen von geschmolzenem Glas verschönert wird, so gehört dies nicht etwa dem Paradoxen, sondern vielmehr dem Selbstverständlichen an.

Hrabal ist mit anderen Worten ein Prager durch und durch, selbst in der ethischen Dimension seiner Montagen, die sich über jeden allzu schematischen, moralischen Widerstand hinwegsetzen. Dem barocken Geist dieser Stadt treu bleibend, greift er auch zu Verfahren, die eine geheime Verwandtschaft zwischen Nacht und Tag, zwischen Gut und Böse, herstellen.

Im »Wunderbaren«, das Prag und seine grell aufblitzenden elektrischen Kurzschlüsse ununterbrochen erzeugt, ergänzen sich das Hohe und das Niedrige und bilden zugleich einen Kontrast: das Gesicht einer alten Marktfrau über dem schimmernden Fett ihrer Würste erinnert an Rembrandt, ein Betrunkener, der sich in den Fluß übergibt, lauscht zugleich auf die Nacht und ihre unsichtbare Musik. Das »Wunderbare« hebt sich keineswegs von der alltäglichen Wirklichkeit ab, sondern ist fest darin verwurzelt, so etwa die rätselhaften »in Gips getauchten Arme« des Polizisten in *Kafkarei* – womit die zwei weißen Stoffärmel gemeint sind, die in Prag zur traditionellen Kleidung der Verkehrspolizisten gehören. Man sieht, das »Wunderbare« kann bei Hrabal wirklich überall und jederzeit auftauchen.

Eine Vorstellung dieses »Wunderbaren« gibt uns die Erzählung *Der Verrat der Spiegel* in der Szene, als die Restaurierung einer Kirche ihren Höhepunkt erreicht:

> Und dann kam ein ausgepolsterter Lastwagen vor die Kirche gefahren, und auf dem Boden lag ein fünf Meter langes, goldenes Kreuz, eingewickelt in seidene Kissen und Dekken, und schon hob sich die Strippe des Krans in die Höhe, und zwei Arbeiter liefen herbei und legten ein Deckchen in die Schlinge dieser Strippe, und dann hoben Angestellte des VEB Safina, der dieses Kreuz hatte vergolden lassen, es behutsam empor, wie einen gebrechlichen Menschen unter dem Arm, und dann lief ein Arbeiter auf den Gehsteig gegenüber und gab dem Kranführer ein Zeichen, und das Kreuz hing jetzt einen Meter neben dem Maurer, der aufstand und zurückwich und sich dem Heiligen Thadäus in den Schoß setzte, und er hielt ihn um den Hals fest und sah entsetzt auf das goldene Kreuz, er sah in den Hof der Altpapier-Sammelstelle auf Tausende noch nicht aufgeschnittener Bücher, er sah in den Alteisentrakt auf die Schilder aller Prager Plätze und Straßen und Gärten und seufzte: »Das Kotzen könnt man davon kriegen.«

Bezeichnend ist, daß der Gag hier, jenseits der Mischung von Trivialem und Erhabenem, zum Instrument einer ekstatischen Offenbarung wird – diese ist es nämlich, die einen »das Kotzen kriegen« läßt – und daß diese Offenbarung in dem Augenblick auftaucht, da der Arbeiter (und der Leser) von der Vielfalt der Dinge, die ihn umgeben, buchstäblich überwältigt wird: von den Bewegungen des Krans, den sakralen Symbolen, den (konkreten wie symbolischen) Altwarenhaufen, die sich in der nahen Sammelstelle auftürmen. Gerade wie einer seiner Helden in *Kafkarei* ist Hrabal im wahrsten Sinne ein »praktischer Philosoph«; um so verständlicher ist daher seine Faszination für einen Visionär wie Ladislav Klíma, diesen »wilden«, aber kraftvollen Denker, dessen Spuren er, wenn auch auf anderen Wegen, folgt.

Wie erheiternd und spektakulär sie auch wirken mögen, die Gags und die daraus entstehenden Bilder beruhen bei Hrabal niemals auf bloßer Effekthascherei. Seine Montagen, seine irreführenden Kurzschlüsse, Trugbilder und »hyperrealistischen« Übermalungen dienen nicht dazu, den Schein und die Illusion, die sie zulassen, zu verstärken; nein, die Kunst seiner Montagen läßt Schein und Illusion im Gegenteil augenfällig werden und öffnet mitten im Schauspiel der Welt einen Raum des Schwindelgefühls und der stummen Beschaulichkeit. Dieser Raum braucht keinerlei Dekor, es schimmert und erstrahlt allein die nackte Konstruktion: die verborgene Verrücktheit der Menschen und der Welt, das rätselhafte Lachen der Götter, die unendliche Fremdheit des Daseins, das abwechselnd fern und nahe scheint. Mit der letzten Erzählung dieses Buchs, in der am Schluß alles »am elastischen Band der Perspektive« zu hängen scheint, um sich endlos nach deren wechselhaften Launen zu verwandeln, kommt diese Metaphysik der Hrabalschen Sicht mit großer Deutlichkeit zum Ausdruck.

Daß eine Verbindung besteht zwischen der »Ekstase« und einem Eintauchen in die Vielfalt der Wirklichkeit zeigt sich besonders in *Die geplatzte Trommel*. Das unaufhörliche Pendeln der Erzählung – sie schwankt buchstäblich zwischen Leben und Tod, zwischen Höhen und Tiefen, Glanz und Untergang – führt zu einer »Genesung« des Erzählers; aus der »chaotischen« Überlagerung einer Symphonie mit einem Blaskapellenstück entsteht eine wahrhaftere und einheitlichere Musik. Die Offenbarung – als paradoxe Beherrschung des Chaos – ergibt sich aus einer Bereitschaft, für die widersprüchlichen Reichtümer der Welt empfänglich zu sein und sie als solche zu akzeptieren.

Das soll nun nicht heißen, daß die erwähnte Hrabalsche Offenheit mit irgendeiner Wertung in Verbindung steht. Im Gegenteil: was die Gnade von überall her zuströmen läßt, was in der *Geplatzten Trommel* beide Musikgattungen in einem höheren Sinn vereint und die Blasmusikkapelle in den Rang des Symphonieorchesters erhebt, ist die vom Erzähler unternommene Suche nach Gnade, und damit auch sein Blick, den er, wie andere »kleine Helden« Hrabals, immer wieder über sich hinaus, auf alles, was ihn überragt, richtet. Hrabal will nicht die Symphonie entwerten; er erinnert ganz einfach daran, daß sie überhaupt nur dank der Aufmerksamkeit des Zuhörers lebt, und er meint damit jene Aufmerksamkeit, die auch unbeachtete Bereiche des Lebens von uns fordern. Hrabals »entweihende« Beschreibung eines Quartetts – als handelte es sich um miteinander kämpfende Instrumente – ist in erster Linie ein Lehrstück von dieser Aufmerksamkeit. Und seine eigene Kunst fordert im Grunde genommen eine ähnliche Offenheit: eine Offenheit, die Figuren, die er uns vorführt, nicht nur amüsiert (oder fasziniert) zu verfolgen, sondern darüber hinaus das Licht, das ihre Gegenwart ausstrahlt, aufzunehmen.

Emanuel Frynta
Kneipengeschichte und Surrealismus

Sein spätes Debüt hat Hrabal eigentlich selbst verschuldet, und zwar dadurch, daß er die Literatur niemals als ein Medium begreifen wollte, das eine vorgegebene Idee in Sprache umwandelt. Vielmehr ließ er sich »auf sein Herz zutreiben«, d.h. er wünschte vor allem zuzuhören, in lebendigen Gesprächen das aufzuspüren, was in der Sprache selbst ist, was in ihr an Unbeachtetem, Übergangenem als unmittelbarem Abdruck des Lebens steckt, was dort eingebettet ist und immer aufs neue abgelagert wird von den Schicksalen und Erfahrungen jener, die sie gebrauchen. Er lehnt jene Art von Prosa ab, die den Rindskopf der Allwissenheit als Aushängeschild benutzt, und wendet sich dort hin, wo Worte inmitten des Geschehens eben erst aus dem Humus der Erfahrung emporsteigen, wo sie, noch nicht abgekühlt, als wahrhaftige Zeugen ans Tageslicht kommen.

Das Fundament seines Werks sind konkret erfahrene, lebendige Einzelheiten, in denen alles weitere verankert ist und aus welchen alles weitere herauswächst. Er läßt sich primär von dieser allgemeinen menschlichen Intuition und Imagination leiten, für die die Sprache eine ständige, unerläßliche und freie Funktion des Lebens, Folge und Urheber der Nähe zwischen den Menschen ist. Wozu die Sprache dem Menschen gut ist und was er damit anstellt, was er mit ihrer Hilfe gegen die Widrigkeiten des Schicksals ausrichtet, das interessiert Hrabal in erster Linie. Und jeder Augenblick, in dem die Sprache ihren Scharfsinn bezeugt und zugunsten des Menschen die indifferente oder gar unselige Notwendigkeit des Schicksals überwindet, ist für Hrabal ein freudvolles Beben und zugleich der erste schöpferische Augenblick.

Der Charakter dieses Prozesses läßt sich am passendsten veranschaulichen mit dem Hinweis auf den eigentlichen Schöpfungsakt in der modernen »totalen« Photographie. Auch dort geht es um Funde, indem aus dem veränderlichen Strom der Geschehnisse eine Auswahl getroffen wird, auch dort kommt es darauf an, das lebendige Detail, den entscheidenden Moment

zu erfassen, d.h. ein menschliches Dokument, das wesen- und schicksalhaft ist. Die Dinge zu sehen, dabeizusein, das ist die Voraussetzung für die Exposition und offensichtlich auch für die literarische Arbeit Hrabals. Auch er (wenn zwar als Wortkünstler und daher mit sprachlichem Material) photographiert, fängt die entscheidenden Abdrücke des Lebens ein und bewahrt sie auf. Daher seine Flucht von der abstrahierenden Gesamtschau zur Bewegung und zum Gewimmel, daher sein gewaltiger Bedarf an direkten Beobachtungen und Erlebnissen, seine Vorliebe für ein buntes Milieu mit fesselnd chiffrierten Menschen.
Einzelne Aufnahmen, Wortphotos der Wirklichkeit, können wir in Hrabals Texten in ihrer ganzen unverschleierten Authentizität entdecken, ihren unverstellt dokumentarischen Aspekt. Das ist nicht nur für seine Ästhetik bedeutsam, der Autor legt sich zugleich mit der Zeit an, die in ihrem Doktrinarismus dem dokumentarischen Zeugnis ausweicht und Information durch Interpretation ersetzt.
Kurzum, die erste schöpferische Phase ist bei Hrabal ein bewußter noetischer Akt und dessen Aufzeichnung. Was als »Bearbeitung« und »Vollendung« folgt, ist Sache des ästhetischen Spiels und der Ordnung: Aufgefundene Elemente treten in wechselseitige Beziehungen, dem Willen der künstlerischen Erfindungsgabe folgend, auf die wir nun eingehen wollen. Worin beruht die Besonderheit von Hrabals Art?
Die Antwort erfordert einen kleinen Umweg, der allerdings bloß scheinbar ein Umweg ist.
In den gedruckten Reaktionen auf Hrabals Arbeiten wird immer wieder auf Jaroslav Hašek hingewiesen, auf den Namen, den Hrabals Freunde schon damals erwähnten, als er seine Geschichten noch frisch aus der Maschine vorlas. Die Assoziation ist naheliegend, Hrabal steht Hašek so nahe wie sonst keiner bei uns in den letzten vierzig Jahren. Allein, was ist es, wodurch er Hašek nahesteht und wie weit?
Zweifelsohne handelt es sich nicht um eine bloße Nachahmung, eine solche läßt Hašeks Werk letzten Endes auch nicht zu: er kompromittiert seine Epigonen schon von dem Augenblick an, da sie die Feder zur Hand nehmen, wovon die Versu-

che derjenigen Freunde und Kumpane zeugen, die versucht haben, à la Hašek über Hašek selbst zu schreiben. Bei Hrabal liegt offensichtlich eine wirkliche Verwandtschaft mit Hašek vor, lassen doch seine Texte Hašek in gewisser Hinsicht sogar klarer werden, und von einer schwer erfaßbaren Seite zeichnen sie sein Porträt zu Ende.

Legen wir die Texte von Hrabal und Hašek nebeneinander und betrachten sie nur unter dem handwerklichen Aspekt, rein technisch, dann können wir einen fundamentalen Vorgang nicht übersehen, daß nämlich *der lebendige Kern der Wortkunst des einen wie des anderen ein und dasselbe Element ist: das kennzeichnende Genre der Großstadt-Folklore, die Kneipengeschichte. Hašek und Hrabal fügen dieses Element nicht nur unmittelbar in den Kontext ein, sondern transformieren – und das jeder auf seine Art – die künstlerische Erzählprosa durch das Wesen der Kneipengeschichte.*

Die Kneipengeschichte hat ihren sachkundigen Sammler noch nicht gefunden, was nicht allzusehr erstaunt – als Bestandteil der Großstadt-Folklore ist sie viel veränderlicher und flüchtiger als die traditionellen Formen der volkstümlichen mündlichen Dorfliteratur. Sie ist heftigeren Wechseln ausgesetzt und mit einem schnelleren Reflex ausgestattet. Sie kennt keine schroffe Rampe zwischen Erzähler und Zuhörer, zum einen wie zum anderen kann je nach Umstand jeder werden. Als wachsamer Fühler für die Orientierung und die Verständigung zwischen den Menschen innerhalb der unsteten städtischen Gesellschaft tritt die Kneipengeschichte nur gelegentlich selbständig auf. Meist ist sie Bestandteil eines Kontextes: Debatten, Unterhaltungen, Situationen, auf die sie reagiert. Als Stoff dienen ihr authentische Begebenheiten aus der unmittelbaren, nicht der fernen und zurückliegenden Realität, gewöhnlich überschreitet sie nicht die zeitliche Begrenzung eines Menschenlebens, einer Erfahrung. Im Vergleich zur Anekdote ist sie kaum übertragbar, und dieses, weil sie von der aktuellen Erlebnis- und Erfahrungsbasis lebt. Der nicht abreißende Ansturm von immer neuem Material zwingt sie notwendigerweise, improvisiert zu bleiben, selbst wenn einzelne und Gruppen auch über ein feststehendes Repertoire verfügen. Es ist nicht nur eine Kunst, eine Geschichte zu erzählen, es kommt auch auf ihre passende Verwendung im rechten Augenblick an, wie Josef Schwejk es uns meisterlich demonstriert, selbst dann, wenn ein anderer nicht ein Wort freiwillig hervorbrächte. Der formale Kanon der Kneipengeschichte hat bei aller Freiheit dennoch zwei Merkmale, die zwei verbindliche Bedingungen sind.

Erstens ist es immer notwendig, auf welche Art auch immer darauf hinzuweisen, daß in diesem Moment nicht etwas Ausgedachtes, sondern eine wirkliche, wahrhaftige und verbürgte Begebenheit erzählt wird. Bei Schwejk erhält der Zuhörer diese Garantie oft durch eine charakeristische Einleitung wie: »Bei uns im Wirtshaus Zum Kelch verkehrte ...« Die einleitende Beschwörungsklausel ist dann besonders wichtig, wenn aus dem Erzählten nicht hervorgeht, daß es sich um ein eigenes Erlebnis des Erzählenden handelt. In solch einem Fall beruft sie sich gewöhnlich auf irgendeinen Nahestehenden, der dabei gewesen sei und daher aus erster Hand die garantiert vollständige Wahrheit habe berichten können.

Für unseren Zusammenhang ist nun das zweite Hauptmerkmal der Kneipengeschichte wichtig und grundsätzlich, nämlich ihre groteske, komödiantische, absurde Hyperbolik. Zwischen den Wahrheitsbeteuerungen, die die Beschwörungsklausel enthält, und der obligaten Übertreibung besteht auf den ersten Blick ein Widerspruch, dieser Widerspruch ist jedoch nur ein scheinbarer, denn die komödiantische Übertreibung ist gerade ein wesentlicher Bestandteil, ja die eigentliche Voraussetzung der »Wahrheit«, der Echtheit des Genres.

Die Kneipengeschichte erfüllt hier jene überaus wichtige Funktion, den Stoff des Lebens von der existentiellen in die komödiantische Sphäre zu transponieren. Empirische Fakten, erlebte Ereignisse überträgt sie mit großzügiger Geste auf die imaginäre Bühne der Groteske, des Mythos, des Traums.

Bohumil Hrabal ist uns in seiner Prosakunst dann am verständlichsten, wenn wir ihn als ein Prisma für die Poetik und das Wesen der Kneipengeschichte sehen. Nicht etwa, daß er diese für die Literatur erst entdeckt hätte, ihm ist es jedoch gelungen, sie kraft seines Interesses und seiner Begabung selbständig und neu aufzugreifen und sie als vielleicht unwillkürliches, aber doch entscheidendes Element auf seine Art schöpferisch auszubeuten.

Verständlicherweise fällt die Kneipengeschichte in Hrabals Erzählungen dort am meisten auf, wo sie in ihrem Charakter unverfälscht in den Text eingefügt ist, so zum Beispiel in: *Der Tod des Herrn Baltisberger*:

> Aber nun etwas Lustiges. Da bin ich einmal mit meinem Bruder im Beiwagen ausgefahren. Das linke Bein hatte ich schon weg und stattdessen eine eiserne Prothese. Wie wir so fahren, löst sich plötzlich der Beiwagen, mir reißt es die Prothese, die ich auf die Verbindungsstange zwischen Beiwagen und Motorrad gestützt habe, samt der Lederhose mit aller Wucht weg. Der Bruder fährt in den Graben, ich stürze, die Prothese aber fliegt durch die Luft und landet auf der Straße, geradewegs vor zwei Weibern, die vom Markt kommen. Die eine, wie sie das sieht, fällt gleich in Ohnmacht. Und ich, mir ist ja nichts geschehen, hüpfe zu meiner Prothese, aber wie ich sie aufhebe, geht auch die Tapferere der beiden zu Boden.

So lapidar, farbig und mitreißend schildert der Erzähler seine kostbaren Abenteuer, er projiziert sie aus der Tiefe der Erinnerung, in der sie auf den Bändern eines goldenen Fundus gespeichert sind, in schon stilisierter Form zur Erheiterung seiner selbst und der anderen. Hrabal beschränkt sich allerdings, wie schon erwähnt, nicht darauf, Kneipengeschichten in seine eigenen Texte zu integrieren, vielmehr läßt er seine eigenen Texte in der Art von Kneipengeschichten abspielen.

Was aber in der Kneipengeschichte so evident zur Geltung kommt, nämlich der mythenbildende, fabulierende Sprachgebrauch, um *die empirische Realität zu beschwören*, manifestiert sich noch unvermittelter im Sprachduktus des Slangs mit seinen lexikalischen Verschiebungen und seiner metaphorischen Phraseologie.

In der Erzählung *Die Bafler* sagt Herr Burgán:

> Unser Junge denkt sich alles gleich dazu. Unser Junge, wenn der die Wasserleitung tropfen hört, dann greift er gleich zum Bleistift und zeichnet die Niagarafälle, unser Junge, wenn der sich in den Finger sticht, kommt er schon fragen, wieviel

ein Begräbnis dritter Klasse kostet. Minimaler Anlaß, maximale Folgen.

Hrabals Helden sind dem jungen Burgán durchwegs ähnlich, ihr Umgang mit der Sprache ist verschwenderisch. Ein besonders vortreffliches Exemplar ist Haňťa, dieser Münchhausen des Altpapiers, und alle übertreffend natürlich Onkel Pepin, der Erzähler der *Tanzstunden für Erwachsene und Fortgeschrittene*, der seine poetische Levitation der Lebensnöte mit großartiger, tragischer, unverschämter Virtuosität vorführt.

An den beiden Protagonisten aus der Erzählung *Die Betrüger* kann diese Sprachfunktion, auf die Hrabal mittels des Genres Kneipengeschichte und des Gebrauchs von Slang sein Hauptaugenmerk richtet, als eine grundsätzliche begriffen werden.

Diese zwei verwahrlosten Kerle mit einem verpfuschten Leben hinter sich und dem Tod vor Augen trotzen ihrem unseligen Los bis zuletzt, indem sie über die eigene Vergangenheit hinwegfabulieren und das dahinschwindende Leben zum blank erfundenen Mythos machen. Sie benutzen das Erzählen zum traumhaften Transfer in die Höhen eines ersehnten, aber nie verwirklichten idealen Plans, wobei sie sich gegenseitig zuhören und zum Träumen anstiften. Sie erzählen keine übertriebene Fabel, überhaupt keine Fabel, es gibt nur die Rolle, die sie in ihrem Leben hatten spielen wollen – der eine versetzt sich in den Beruf des Journalisten, der andere lebt den Ruhm des Operettensolisten.

Mit geometrischer Einfachheit wird hier demonstriert, daß die Sprache allem Anschein zum Trotz noch magische Macht und Funktion besitzt und sie diese unentwegt zur Geltung bringt. Nur unter diesem Aspekt können die *Tanzstunden für Erwachsene und Fortgeschrittene* begriffen werden. Nicht das darf in ihnen Oberhand gewinnen, was für sich allein genommen als plebejische Schamlosigkeit wirken könnte. Nur so – als absurde, tragische Beschwörung, als komödienhafter Schwanengesang, als maskiertes Wahnsinns-Klagelied vom Leben – hat die sprühende Ein-Satz-Tirade des alten Schusters Größe.

Hrabals Prosa demonstriert geradezu exhibitionistisch, daß ein

Wortkunstwerk nicht aus Gedanken geschaffen wird, sondern eben aus Worten. Was für eine Sprach-Gaukelei, was für ein verbaler Jahrmarkt, was für eine exakte und mutige Akrobatik! Eine Sprachschicht bildet hier die Fülle von ausgefallenen Termini, Fach- und Slangausdrücken. Was an und für sich weder neu noch ungewohnt ist – schon die Autoren des neunzehnten Jahrhunderts nahmen konsequent in ihre künstlerische Prosa spezifische Ausdrücke auf, und sie taten das mit Bedacht und aus ästhetischen Gründen. Sie gebrauchten den Fachwortschatz vornehmlich deshalb, weil es ihr Ehrgeiz war, ein realistisch treues, sachlich tadelloses Bild des einen oder anderen Ausschnittes aus der historischen Wirklichkeit vorzulegen. Aus ihrer allwissenden Autorenperspektive mußten sie die entsprechenden Fachgebiete und ihre Terminologie kennen, und auch die Sprache der Figuren hatte in jeder Hinsicht glaubwürdig zu sein.

Geht es auch Hrabal vor allem darum?

Keinesfalls, dieser »objektive« Aspekt eines Textes ist für ihn nicht erstrangig. Ihn interessiert nicht die fachliche Genauigkeit der organisierenden Perspektive, sondern daß die existentielle Priorität der Figuren vor dem Erzähler maximal hervorgehoben wird und ihre individuellen Sphären jeglicher urteilenden Perspektive absolut verschlossen sind.

Diesen Aspekt von Hrabals Arbeit mit Sprache kommentiert eine Szene aus der Erzählung *Das Begräbnis*. Zwei Lottospieler raten hin und her, welche Zahlen wohl zu setzen seien, und einer von ihnen sagt:

> So ist es! Man muß zu diesen Zahlen ein persönliches Verhältnis haben, sich irgendwie schicksalhaft verbrüdern mit diesen Nummern, zu ihnen eine Art Liebesbeziehung finden. Das wird's sein. Nehmen wir den Spartak dort drüben ... So ist das eine ganz gewöhnliche Karre für mich, aber wenn der mich nur so um des Glückes willen ein wenig überfahren würde, schon würde sein Kennzeichen etwas bedeuten. Aber so?

Mit anderen Worten: Hier wird über die Dinge gesprochen in der Sprache derer, die mit diesen Dingen in Berührung geraten, die sie kennen, mit ihnen arbeiten, die durch sie gekennzeichnet, betroffen, getröstet, in Wut oder Begeisterung versetzt sind. Die neutrale Ausdrucksweise des Nichtengagierten, die maßvolle Sprechweise der behutsamen Distanz sind in diesen Texten fehl am Platz. Es überwiegt die Versprachlichung des Erlebens, immer wieder kommt dieses Schicksalhafte ins Spiel, durch welches die einzelnen Figuren um des Glückes, um des Unglückes willen ein wenig oder gründlich überfahren wurden. *Die Worte erstarren den Menschen auf der Zunge zu Reminiszenzen, verweisen auf die Wirklichkeit aus dem Gesichtswinkel des persönlichsten Erlebens und desobjektivieren diese dadurch in einem fort, denn sie nehmen sie heraus aus dem Bereich der fiktiven Objektivität einer abstrakten ideellen Beaufsichtigung.*

Es ist schlicht und einfach evident, wohin die intentionale Schärfe dieser Prosa zielt, auf welche Seite, auf welchen Gegner. Verworfen, kompromittiert, blamiert, dementiert werden soll jeder formelhafte Schematismus, der nicht fähig ist, den Menschen und das menschliche Los in seiner nicht voraussehbaren, launenhaften, veränderlichen und tragischen Polydimensionalität wahrzunehmen. Hrabals literarisches Werk strotzt deshalb nur so von Provokationen.

Hrabals Polemik mit dem Schematismus und der Konfektion der entmenschlichten Norm wird natürlich auch mittels seiner Figuren, deren Wahl und Charakteristik ausgetragen. Seine Helden sind »Bafler«, auf Erlebnisse versessene Menschen, deren Köpfe vor tollen Träumereien glühen, mit erregten Sinnen, niemals bedächtig und niemals griesgrämig, nicht einzufangen im banalen Netz der Werte-Koordinaten, die genauen Gegenteile von Ordentlichkeit, aber auch und vor allem spontane Gegenspieler der Beschränktheit erstarrter Menschenattrappen. Darin liegt denn auch ihr Wert: daß sie ununterbrochen die gedanklichen und institutionellen Konventionen problematisieren.

Sprechen wir bei Hrabal von »Helden«, denken wir dabei verständlicherweise nicht an ihre sittliche Mustergültigkeit, denn bei aller Sympathie, die ihnen entgegengebracht wird, sind diese Figuren nicht so gemeint. Genauso falsch wäre es anzunehmen, die Idee der »Perle auf dem Grund« sei eine Spielform des Rousseauschen Mythos vom unberührten Volk. Das »Baflertum« ist nicht das Vorrecht einer soziologischen Sphäre, es ist eine Qualität, die ebenso unabhängig wie die dichterische Potenz ist, der das »Baflertum« übrigens sehr nahe steht, denn »Bafler« sind letztlich diejenigen, die die wundersame Verknüpfung von Leben und Traum gänzlich erleben können.

Damit sind wir bei den schon klassischen kommunizierenden Gefäßen angelangt und dies keineswegs durch Zufall. Hrabals Prosa ist zweifelsohne mit dem Surrealismus verwandt, nicht etwa vom Programm, sondern vom Ausgangspunkt her. Seine Prosa ist dem Surrealismus gegenüber in einer ähnlichen Position, die das Werk Jaroslav Hašeks dem Dadaismus gegenüber einnimmt.

Hašek gelingt eine Reihe ausgesprochen dadaistischer gedanklicher und formaler Entdeckungen, ohne daß er den Dadaismus kannte, ja noch vor der Entstehung dieser Bewegung selbst. Dies konnte geschehen, weil Tzaras Zürcher Gruppe 1916 mit diesem Namen etwas benannte, was eigentlich in der Luft lag, was einer ganzen Generation als Thema zu erkennen und zu lösen vorgegeben war. Hašek war einer der wenigen, die dieses Thema tatsächlich und präzise herausspürten und es schafften, sich dieser Herausforderung durch eine künstlerische Tat zu stellen. Er war, wenn man so will, ein unwillkürlicher Dadaist – parallel zur Dada-Bewegung ergründete er auf eigene Faust diesen Krisenzustand, auf den die Dadaisten mit Programmen und Manifesten reagierten. Und was wichtig ist: Als Wortkünstler stieß er zum Wesen der Sache im Sprachmaterial vor, und auf der Grundlage dieser Entdeckung gab er der Krise einen authentischen ästethischen Ausdruck. Die »dadaistischen« Elemente in Hašeks Geschichten und insbesondere natürlich im *Braven Soldaten Schwejk* waren vorgezeichnet, als latentes Bild gegenwärtig, im volkstümlichen Prager Tschechisch jener Zeit, als es mit der Monarchie zu Ende ging.

Ähnlich spontan ist Hrabals Surrealismus, weshalb die Tatsache, daß der Autor mit der Kunst und der Theorie des Surrealismus seit langem vertraut war, keine erstrangige Rolle spielt. Die surrealistischen Merkmale seiner Prosa sind, wenn auch inspiriert durch das Wirken der Bewegung, doch nicht deren bloße Adaptation. Wir müssen sie in erster Linie als eine logische Konsequenz der Hrabalschen Themen und Perspektiven, seiner Einstellung gegenüber der Sprache und seines Auslotens der menschlichen Psyche in der imaginativen Sphäre sehen. Eine Kunst, die aus dem gleichen Born schöpft wie der Surrealismus, weist zwingend auch Übereinstimmungen und Ähnlichkeiten mit ihm auf, was allerdings nicht bedeutet, daß wir diese Kunst mittels der Kriterien betrachten dürfen, die der Surrealismus für sich geschaffen hat.

Absurde Konfrontationen in unerwarteten Begegnungen, automatische assoziative Kettenschlüsse von Vorstellungen im Redefluß, schwarzer Humor, Destruktion der konventionellen Mythen und Mißachtung der konventionellen Tabuzonen – das alles ist in der Umgangssprache und in den Ausprägungen der Großstadt-Folklore enthalten, in dem also, was das Objekt von Hrabals Exploration und der Ausgangspunkt des künstlerischen Aufbaus seiner Texte ist. Er trifft sich also mit dem Surrealismus in dessen »vorliterarischer« Phase, in dessen Entstehungssituation, im natürlich-funktionalen Zeitabschnitt seiner ursprünglichen Kraft und Unschuld. Und das ist eine ziemlich genaue Parallele zu Hašeks »Gassen-Dada«.

Wenn es stimmt, daß Hrabal in gewissem Sinn durch Hašek verständlicher wird, so gilt auch das Gegenteil: Der Nachfolger wirft Licht auf den Vorgänger.

Hašeks wahre Beweggründe, sein nicht gleich durchschaubares Mitgefühl und sein Trotz blieben aufgrund der satirisch, provokativ schmähenden Geste seines Werkes verborgen, weil seine Persönlichkeit häufig in einem falschen Licht dargestellt wurde. Hrabals Prosa ist in dieser Hinsicht eine unwillkürliche, interpretatorische Korrektur, sie läßt Hašeks verschwiegene, zärtliche Töne wahrnehmen. Und dies geschieht auf ganz natürliche Weise: Hašek zerstört vor allem die bedrükkende Petrefakte und die terrorisierenden Pseudomythen im umfassenden Raum der Gesellschaft, Hrabal hingegen verbannt diese in ihre Künstlichkeit, denn die menschlichen Werte in der individuellen Sphäre haben Priorität, und er verweist auf das Wunder von der »Perle auf dem Grund«, zu der auch der ganze Hašek gravitiert, ohne es jedoch ausdrücklich zu bekennen.

Beide Autoren sind Sprecher des spontanen tschechischen Anarchismus, der betonten Abneigung gegen die offizielle Obrigkeit, in der Sprache bekunden sie ihr ausdrückliches Nichteinverständnis mit der entseelten, dekretierenden Phrase. In diesem Sinne ist ihr Dadaismus und Surrealismus so authentisch wie nur möglich, nicht übernommen, nicht programmatisch, sondern echt tschechisch auf heimatlichem Boden gewachsen. Oder andersherum gesagt: Ihr Schaffen ist der spezifische Beweis für die Berechtigung und die Authentizität des Dadaismus und des Surrealismus als eine legitime Äußerung im geistigen Kontext des zwanzigsten Jahrhunderts.

Péter Esterházy
Wollen Sie das Goldene Budapest sehen?
Novelle zu Ehren des 75jährigen Hrabal

»Schauen Sie, lieber Meister . . .«
»Ich bin kein Meister.«
»Bohumil.«
»Bohumil bin ich für Sie nicht.«
»Tja . . . weder Meister, noch Bohumil . . . was gibt's noch?«
»Herr. Herr Hrabal. Professor für allgemeine existenztheoretische Dilemmata, Prag.«
»So soll ich Sie anreden?«
»Exakt.«

1

Celestin, die Katze, plumpste in die Fleischsuppe hinein, so würde die Novelle beginnen. Celestin, du Hund! Elender Giaur! würde die Frau des Hauses aufbrausen, die Frau des Ich-Erzählers, während die Katze, um ihr Mäulchen das Grün des Selleries, aus der Suppe lachen würde! Hihihi.

2

Warm wäre es um die Mittagsstunde, und plötzlich wüßte man nicht einmal mehr, was für eine schwerlastende Hitze das wäre, die unsern halb-europäischen Kopf und Brustkorb niederdrückt, vielleicht promenieren wir in Kladno vor dem aufgesperrten Rachen eines hungrigen Hochofens, indessen ist nicht auszuschließen, daß des Dorftrottels Verstand überhitzt ist, und wir dort! – es ist also keineswegs ausgeschlossen, daß wir mit Celestin in eine solche moderne und willkürliche Schrift geplumpst sind.

Des Schöpfers Beschaffenheit und der Anlaß zu einer Hrabal-Paraphrase* lassen Schlußfolgerungen zu, allerdings ohne sonderlich hervorgehoben zu werden, sie wäre sogar versteckt, es wäre sogar fast sichtbar (das Versteck), wie sich der Schöpfer seiner Beschaffenheit schämt, nur daß sich der Arme davon nicht befreien kann; für sich genommen wären dieses ständige Mißgeschick, die Beschränkung und das Fiasko nichts, wessen man sich brüsten könnte, obwohl er wüßte (wer?), daß alles, was gut an ihm ist, von daselbst stammt. (Von den Calvino-Nachempfindungen würde die Novelle steif und gereizt absehen – wenn ein Reisender an einem Sommertag . . .: Die Erkenntnis dessen würde einfach nicht in seinem Interesse stehen!)

3

Warm wäre es, und Mittag gibt es nicht. Deshalb könnte sich die Novelle angesichts des mittäglichen Glockenläutens – das hierzulande seit Jahrhunderten von unserem über die tückischen Türken errungenen Sieg kündet: so wenige Male mochten wir dessen teilhaftig geworden sein, daß wir dies vor dem Mittagessen zu hören wünschen, dies bringt unsere Magensäfte in Gang, wie anderswo ein trockener Sherry – auf den Weg machen, hinterher die ganze Familie, der Vater, die Mutter und drei oder vier Kinder, in dem aufgeregten Gewimmel läßt sich dies schwer feststellen, und schon stünde sie dort an der heruntergekommenen Pforte eines sogenannten »Fischergartens«, blickte sich um, sofort wäre klar, daß sie, die Novelle, hier ihre eigentlichen Dimensionen annehmen würde, feierlich wäre sie nicht, gerührt, das wäre sie, lang ist es her, daß sie hier gewesen, ihr Blick würde das grandiose Aquarium suchen, aber nicht finden, wovor zu jeder Tageszeit Kinder standen und gaffend sich mit den hochmütigen Karpfen unterhielten, auch könnte sie nicht mehr die uralte Platane sehen (monatelang wurde der »Garten« durch eine kraterartige

* In meinem Traum war Hrabal ein Krug Bier. Na, dann Prost.

Grube verunstaltet, durch Grubeneinsturz, durch den Fleck, an dem der Baum gestanden hatte), statt dessen sähe sie ein betoniertes Rechteck, das dampfend nun Wärme spiee, ringsherum den Zaun entlang wären sie da, wären sie vorhanden, die Boxen, mit grün gestrichenen rhombisch geformten Holztrennwänden (wie im Beichtstuhl), auch einen bescheidenen Rest Schatten gäbe es (grau und lumpig), und der Schotter, der gute Donauschotter, knirschte unter den Füßen: wie immer.
Auch wenn wir nicht zu Hause sind, heimatliche Gefilde haben wir erreicht, wir sind angekommen.

4

»Da bist du ja, mein Junge«, stürzte sich der alte Kellner am Portal auf mich, die vielen Fliegen, sein Gesicht von Bartstoppeln überwuchert, auf seiner weißen Jacke wölbten sich Tausende und Abertausende von Flecken. Als wehte ein scharfer Wind von hinten, ein unsichtbarer Sturm, seine hochgeschossene dürre Gestalt wankte, mit tänzerischen, schnellen Schritten gleich einer alten Frau tippelte er, unerwartet verharrend in der Grätsche, und dann erfaßte mich die Woge seines Gefühlsausbruchs. Seine Schultern einen halben Schritt noch ihm voraus. Eilends, wie jemand, der Angst hat, umarmte er mich, küßte mich rechts und links, tief mußte ich seinen säuerlichen Geruch einatmen. Streng packte er mich am Hemd.
»Weißt du, wer ich bin? ... Nicht, das weißt du nicht, auch du weißt es nicht. Ich will es dir sagen ... Mein Sohn war der Bandi: Der bin ich.«
Ich hab's: verdorbenes Beuschel. Das war der Geruch, der widerlich saure. Im Sommer einmal hatten wir es draußen am Küchenfenster vergessen. Wir fahndeten sozusagen nach der Quelle des Gestanks.
»Jawohl!« Mein Hemd ließ er nicht los, entsprechend seinen Akzenten rüttelte und drückte er mich, hob und hielt er mich empor, »Ihr wart die Abwehr! Mittelfeld?! Die Läufer! Mein Bandi und du! Der Bandi war der Kopf, und du das Herz!

Wenn ihr bei Laune wart, habt ihr manchmal sogar getauscht. Die Direktoren, nur so haben sie euch genannt. Denn was auf dem Spielfeld zu geschehen hatte, das wurde von euch entschieden, von dir und meinem Bandi, auf Regierungsebene. Euch gehörte das letzte Wort ... Aber jetzt bist nur du mir geblieben, mein Junge ... O, meine Dame, dorthin bitte nicht, den, den Tisch habe ich dem ... Herrn Direktor und seiner Familie zugedacht.« Er zwinkerte mir zu und rannte davon.

5

Der Kellner eilt, die Novelle verweilt. Sie würde auf Schwierigkeiten stoßen, die Ärmste. Die Schwierigkeit würde derjenigen der Übersetzung gleichen.
Es geht nicht nur darum, daß Hrabals literarischer Ton von der gesprochenen Sprache lebt, es ist ein lebensgefährliches Feld, das System der Anreden, der persönlichen und landesweiten Komplizenschaften, Intimitäten, der hierin verkörperten gesellschaftlichen Verhältnisse (Übereinkünfte, Kompromisse, Betrügereien, Kämpfe, Traditionen, Ruinen, Vergangenheit und Zukunft – mit einem Wort: die eigenartige Gegenwart) zu übertragen, vielmehr gäbe es noch und vor allem jenes spezielle (spezigemäße) tschechische Palaver, jenes tschechische Geschwafel, jenes tschechische Gewäsch, jenen tschechischen Bafel. Das ist nicht nur ein sprachliches Phänomen (Erscheinung!), das Problem (?) ist nicht darin zu sehen, was und wie etwas gesagt wird, sondern wer redet.
»Gestatten Herr Lojza, dies gehört Ihnen.« Niemand, der hier so sprechen müßte, denn sie sind dort, in Prag, in Nymburk, in Aussig, diese tschechischen Großmäuler, diese Typen!
Dies findet sich selbst noch in den mittelmäßigen tschechischen Werken, und das ist gut so, ein unpersönliches Wissen wäre dies also, Gemeingut, das heißt Kultur. Unlängst beispielsweise gab es einen (war zu sehen) mehr als hochstaplerischen tschechischen beziehungsweise nicht wahr tschechoslowakischen Fernsehfilm, dort erklärte ein feiner alter Herr, fast alter Herr, der zumindest ein Doppelspiel betrieb – eine Arie

fürwahr –, einem in Sachen Frau noch unerfahrenen Jungen, wie man mit Frauen umgehen müsse, mit den Frauen müsse man so verfahren, daß du, hopp, während du das Fräulein mit der Relativitätstheorie belaberst, ihm schon das eine Schuhchen ausgezogen hast, und hopp! $E = mc^2$, schleuderst du's in eine entlegene Ecke, und fertig. Fertig? Blödian, warum fragst du jetzt nicht, was mit dem anderen Schuh passiert? Wieso, was passiert mit dem anderen Schuh? Nichts! Mit dem anderen Schuh absolut nichts! Und wissen Sie warum, mein Herr?! Weil sich das Fräulein des Schuhs eigenhändig entledigen wird. Er entschwindet, mein Herr, der verbliebene Schuh. Warum, könnten Sie, mein Herr, zu Recht fragen. Hier nun, Václav, kommt wieder die Wissenschaft, daß nämlich, verstehst du, das weibliche Geschlecht die Asymmetrie einfach nicht leiden, nicht ertragen kann, und so weiter, mein Junge, Václav, wis-sen-schaft-lich.
Solch erfrischenden Unsinn hat die Novelle schon lange nicht gehört. Sie wird es ausprobieren ... Allmählich indes würde ihr ein Licht aufgehen – lux oritur, ein spätes ungarisches Licht! –, daß es schließlich auch hier solche Figuren gibt, natürlich gibt es sie, zum Beispiel bei Mándy. Direkt schön, denn dieser ist siebzig Jahre alt: Iván Mándy. Nur sind seine Gestalten nicht geschwätzig, eher brummig und zucken mit den Schultern. Jene sanften, verstaubten und wilden Bewegungen! Doch das gleiche Wissen, die gleiche Herkunft!
Das wäre ein Jamboree, sie zusammenkommen zu lassen, die Mándy-Typen und die Hrabal-Typen, sie würden sich einen Lubitsch-Film ansehen, dann würden sie einen Humpen Bier trinken. Auf die Mándy-Type würden die Caféfräulein warten, auf die Hrabal-Type dagegen die Postfräulein. Was nun?
Es bedarf nur eines neuen Absatzes, und die Damen sind vergessen, denn sie würden sich an ihren Papa erinnern; der Papa der Hrabal-Type fuhr Motorrad, mit ihm hatten sie gerade genug Probleme, er war flink wie ein Wiesel, während die Mama, wie jede Mutter, einem ein bißchen auf die Nerven ging, doch der Vater beruhigte sie: »Komm nur, Maryška, du wirst sehen, die gute Luft wird dir gut tun«, also sprangen sie

auf die Maschine, bloß daß der Vater, sobald sie ein paar Fuhrwerke hinter sich gelassen hatten, flugs die Nerven der Mutter vergaß, und er beugte sich nach vorn, und er brüllte auf: »Targa Florio!«, und schon rasten sie davon. Seine Mutter sah er nur durch einen Nebelschleier hindurch, wie sie seinen jüngeren Bruder an die Brust preßte und die ganze Fahrt über schrie: »Francin, Francin, um Gottes willen, Francin!«, aber der Vater nahm das Gas nicht zurück, damals waren solche Popelinmäntel in Mode ... na und die blähten sich auf, daraus entstand ein derartiger Buckel auf des Vaters Rücken, daß er bis zum Kopf der Hrabal-Type reichte; und der Vater der Mándy-Type ... er war ein Vater, Gyula Zsámboky, Journalist, zum Beispiel, oh, er also finanzierte das Burgtheater, was für ein Film war das! ein Kunstwerk! Bloß jetzt ist von etwas anderem die Rede, es ist durchaus möglich, daß er Olga aus dem Spiel läßt. Jedenfalls macht er ein Blatt, noch dazu auf der Margarethen-Insel, er ist sogar schon handelseinig geworden mit ihnen, mit dem Generalstab des Restaurants, des Hotels, das sind eben doch europäische Köpfe, sie haben begriffen, was darin steckt, was für eine Möglichkeit. »Das ist eine Idee, Herr Redakteur! Sie haben eine Konzeption!« Wöchentlich erscheint das Blättchen, das ganze hat ein paar Seiten, während das Format vielleicht einer Menükarte gleicht, die Gäste des Restaurants bekommen das Druckwerk, es wird ihnen dort neben den Teller geschmuggelt, beiläufig, elegant, und für die Hotelgäste oben, in die Zimmer, auf den Nachtschrank oder auf den Tisch ... Er wird über die Insel darin berichten ... über die Vergangenheit der Insel, wie das große Hotel und das kleine Hotel errichtet worden sind, all das natürlich illustriert, von den hervorragendsten Illustratoren, er holt Walter Trier vom Berliner Uhu, trifft eine Verabredung mit ihm; Vater, der Vater der Mándy-Type und der liebe Papa, der Vater der Hrabal-Type, Tausende und Abertausende von Vätern: Jetzt schweigt die Novelle ...*

* Im Traum war Hrabal mein Vater, doch darin will ich mich jetzt nicht verstricken lassen.

6

Meine Frau erwischte den Kellner am Rockschoß. Sie packte das kleine Fräckchen und zog den Mann zurück wie ein Katzenjunges. Sehr sanft fragte sie:

»Onkel Bandi, was ist mit dem Auge Ihres Kollegen, warum ist es so herrlich, warum schillert es in so vielen Farben und mit solcher Kraft, daß ich immer nur dorthin sehen könnte, doch wenn ich dorthin sehe, muß ich die Augen schließen, und schauen Sie, auch jetzt noch sind sie feucht, wie kommt das?«

»Weil es aus Glas ist, mein Engelchen. Muraner Glas, das feinste vom feinsten, sein Vater hat das erledigt, auf Regierungsebene ist sein Vater. Er hat ihm das Auge ausgeschossen, mit der Dienstpistole.« Er sah mich an. »Aber daraus darfst du keine Schlußfolgerungen auf das System ziehen. Ich weiß, das machst du gern.«

Und meine Frau benimmt sich gern wie eine alte Frau, die schon jenseits von Gut und Böse, die geschlechtslos ist, und wenn sie jemand *dennoch* für schön hielte, so wäre das lediglich die Weisheit des Alters, nicht der Rede wert. Das macht auf einen beträchtlichen Teil der Männer, vor allem der jüngeren, großen Eindruck. Gleich einem Kaninchen vor der Schlange knallte der Pikkolo mit rotem Gesicht das verhexte ungarische Bier auf unseren Tisch, der Alte schleuderte uns das Eßbesteck hin. Unsere Kinder feixten andächtig.

»Sie sind geschäftig.«

»Sie sind emsig!«

»Sie sprudeln?«

»Onkel Bandi, wir haben doch die Bestellung noch gar nicht entgegengenommen.«

Der Alte sah meine Frau an. »Wieso?«

»Wie heißt der Junge?« Das fragte meine Frau, und der Junge wurde wieder rot. »Nicht Miklós?«

»Das ist Regierungsebene, mein Engel. Genauso heißt er.«

»Miklós, nehmen Sie die Bestellung auf.« Das sagte meine Frau, und ihre Stimme klang blaß und bestimmt von irgendwoher vom Anfang des Jahrhunderts herüber.

»Jawohl, gnädige Frau.« Und als Vorspeise schlug er Gänseleber mit Morcheln vor, ein Gläschen Chardonnay, kalte Gurkensuppe, als Zwischengericht Kalbsmilch oder ein wenig Lachs, und obwohl es mit Walnuß gefüllten Wels und auch in Orangensaft geschmorte Ente gäbe, empfehle er doch eindeutig, entgegen der Saison, Rehlende mit schier unglaublich leichten Knödeln.

»Und wenn schon von Leichtigkeit die Rede ist, zum Abschluß, hier gibt's kein Pardon, einen Zitronenauflauf! Der fliegt weg, wenn es dem lieben Gast hierauf zu blasen beliebt... Wenn es ihm freilich nicht zu blasen beliebt...«

Kichernd liefen sie beide davon, an der Tür brüllte Onkel Bandi zurück.

»Direktor, dann bringe ich also die Fleckerln, die Kaldaunen und die Fischsuppen! Mit Rogen! Ich stopfe sie voll mit Milch und Rogen, Direktor, okay?!«

7

Hier würde die Novelle, grob gesagt, dezent die Zeit darstellen, was keine leichte Aufgabe ist, ein mißlicher Job. Doch die Vergleiche, die den Ort, und die Attribute, die das Leid beschreiben würden, die ewigen Subjekte und Prädikate und die Satzkonstruktionen, die von deren nicht tragischer, eher schwieriger, dennoch heiterer Beziehung zwischen den Schranken von Glücklichsein und Unglücklichsein künden würden – unter dem Gras gleichsam würden sie die Gelassenheit der Zeit erschaffen, etwas Gewisses also, das verglichen mit schleierhaften Fragmenten und Konkreta, mit dem Sommerduft, mit dem rauschenden Weiß, mit der langsamen Wärme, mit dem ins Asphalt gepreßten Schotterstück und dem vom vergangenen Jahr gebliebenen, trockenen und staubigen Pappelblatt und mit den all dies umrahmenden weiblichen Bestandteilen(?) den Jahrhundertbeginn weniger logisch heraufbeschwören würde, kaum nostalgisch (schleimig wäre das nicht, bloß wäre es nicht ganz wahr), jedenfalls würde sie, die Novelle, davon sprechen, als gäbe es Zeit, Zeit dafür, wozu

es ihrer bedarf, für jene Bewegung, jenes Wort, jenes Schweigen und Lügen und Bier, was wir so sehr wünschen, als könnten wir aus dem großen Felsbrocken der Zeit dennoch die persönlichen Brosamen herausmeißeln, die wir dann nicht in der Art eines kleinen jämmerlichen Taschendiebs verbergen müßten, sondern die uns gehören würden.
Hrabals Geist würde dieses Konjunktivgesülze zwar nur murrend ertragen – ein Geburtstag hat seinen Preis! –, dennoch würde die Novelle in einigen bestimmten Zügen skizzieren – Kraft und Freude bekämen wir zu spüren –, wie ein Tag plötzlich seinen Glanz erhält, gleich einem begeisterten oder andächtigen Augenpaar, und zu strahlen anfängt.
Sonntag wäre es. Das würde sich herausstellen.
Was dort über den armseligen rostigen eisernen Gartentischen erschiene, zwischen den vibrierenden Sommerschatten, im Psalmodieren der Kinder, im Gekeife einer fernen Schenke, in der Nähe einer Frau und all dies in jener unerwarteten, existierend-nicht-existierenden patriarchalischen Stille, am Sonntag – was also wesentlich mehr ist als die Möglichkeit des Nichtstuns, eher eine verblüffende Achtung vor uns selbst –, was also dort erschiene oder sich wenigstens ankündigte, das wäre nicht die »Freizeit«, sondern die *freie Zeit*, nichts anderes wäre dieses, als die Freiheit selbst. Beziehungsweise besser die Unabhängigkeit.
Schließlich und endlich – die Paraphrase! – würde alles davon künden, von dem Kampf, der um die Rast der Zeit geführt wird, mit wechselndem Erfolg, manchmal mit abschreckend geringen Chancen, mit einer finsteren Zuversicht, daß jemand vielleicht doch überlebt, dieser Betreffende muß nicht unbedingt der Ich-Erzähler sein (Lob sei dafür dem Schöpfer!), möglicherweise wird er es sein, und möglicherweise wird es der Polizist sein oder das wahnsinnig gewordene gefallene Mädchen oder unsere tote Mutter, möglicherweise ist sie die Überlebende, und möglicherweise gibt es keinen Überlebenden. Wissen kann man dies jetzt nicht, es gibt nicht einmal ein Jetzt, wo man dies in Erfahrung bringen könnte.

8

Na, auch das hätten wir geschafft, würde sich die Novelle wohlig strecken. Das wahrlich, indes – tatsächlich nur wegen einer Bruchteile von Sekunden währenden Unaufmerksamkeit? oder angesichts der Sonntäglichkeit außer Rand und Band geraten? – die Novelle würde den Kopf verlieren und, berauscht von ihrer lieblichen Vision betreffs der tschechischen Kultur, zu plaudern beginnen, Goldenes Prag! wollen Sie das Goldene Prag sehen?, daß es sie gäbe, jene *subtile* tschechische Kultur, die selbst jene geistige Öde nach 1968 überdauert, sie blüht nicht, aber sie lebt, und daß es gewiß phantastische Prager Wohnungen gäbe, Schwejk und Kafka würden eine Stippvisite abstatten, und jedermann würde in einer derart unanfechtbaren Unabhängigkeit leben, zusammenleben, als befänden wir uns beinahe in Europa, und um wie vieles sympathischer wäre ihm in dieser Vision der Tschechische Biertisch, als die Große Ungarische Ausschweifung ...
Oh, oh. Eine unbehagliche Stille würde sich ausbreiten. Arme ungarische Literatur, als suchte sie über das Liebenswürdige hinaus krampfhaft ihre Bezugspunkte. Als sei sie neidisch! Prag – bleibt Prag! Goldenes Prag, Kafka, Schwejk, das ist ein Emblem, das ist wenigstens ein Ausgangspunkt, Prager Literatur, das bedeutet schon etwas!
Hier besänne sich die Novelle endlich eines Besseren, und um zu retten, was zu retten ist, vermacht sie den Kellnern das Wort; so könnte sie wenigstens die snobistischen Untertöne vermeiden, die Anklage, sie biederte sich an. Wohin fliegt unser schöner Sonntag? An den Montag denken wir jetzt trotzdem nicht.

9

»Nicht doch. Das Bier. So meinen Sie!« Der Alte nickte bestätigend, der Kellnerstift stellte die Suppenterrinen zusammen, meine Kinder beobachteten sein Auge, jenes aus Glas. Unter dem Tisch stieß ich sie an. »Also das Bier ... wäre eine tiefe

und schöne Sache ...« – Wütend nickte der Junge. »Haben Sie, Kollege, das Ungarische Pimodan gelesen?«
»Hab' ich gelesen«, errötend der Junge.
»Von Endre Ady?«
»Ja.«
»Gut. Dann lesen Sie's noch einmal.«
Sie räumten weiter.
»Was wollten Sie? Wollten Sie hier Tscheche sein? Kulturmensch? Recht haben Sie. *Hier* Tscheche zu sein, ist angenehm! Was würden Sie wollen?«
»Das wissen Sie sowieso ...«
»Weiß ich. Sag ruhig ... sag es ruhig dem Herrn Direktor.«
Der Junge sprach zu meiner Frau, ängstlich und unverschämt, wie ein Schüler mit seiner strengen, aber gerechten Biologielehrerin.
»Mit meinem einen Auge möchte ich mir Murano, Burano und Torcello ansehen. All das werde ich mir ansehen.« Aber er starrte nur meine Frau an.
Die Kinder begannen zu toben.
»Murano!«
»Burano!«
»Torcello!«
Die beiden Kellner wurden sich zusehends ähnlich, verwaist lungerten sie an unserem Tisch herum, sie sammelten Kraft, um die Betonwüste zu durchqueren.
»Hier, nehmen wir einmal an, befände sich also dieses Mitteleuropa. Das ist kein Blödsinn, das können Sie mir glauben. In Budapest zum Beispiel kenne ich ein weibliches Wesen, das sich auf Regierungsebene mit dem Bier befaßt. Bier und Hölderlin, dies sind seine beiden Fachgebiete ... *Zentraljuropdriem.* Wenigstens nimmt der gebildete Westen zur Kenntnis, daß es zwischen ihm und den Russen ein Loch gibt. Ein schwarzes Loch. Und da gabeln wir hinein, was kreucht und fleucht – mit größter Zuvorkommenheit, nach Ihnen Pan Gombrowicz, er, doch nicht etwa Danilo Kiš, den sein Leitstern hierher verschlagen hat, dieser Kobold?! –, und wenn sie dann auf einem Fleck zusammengetrieben sind, kann man sie sich besser merken. Nicht ganz seriös die Sache, aber beinahe.

Wenn alles gutgeht, können sie sich gegenseitig Fetzen aus ihren Romanen zurufen. Wenn alles gutgeht, können sie sich, nachdem sie uns als massiver Block erschienen sind, sogleich wieder voneinander trennen, und jedermann kann wieder er selbst sein ... Freilich wenn alles gutgeht ...«
»Die Donau, sie wäre ihr Symbol!« der junge Kellner war Feuer und Flamme.
»Die Donau ist zu groß. Zumindest gemessen an Prag. Stellen Sie sich nur vor, dort unter der Karlsbrücke die Donau ... Das wäre übertrieben. Daraus, Kollege, entstünden Schwierigkeiten auf Regierungsebene. Großungarische Wunschträume vom Schwarzwald bis zum Schwarzen Meer. Da sollten Sie mal sehen.«
»Die Donau ist kein ungarischer Fluß.«
»Aber geh', mein Sohn, bis sich das herausstellt ...«
Meine Frau und ich mochten das Bier derart, daß wir, nun ja, die ganze Kneipe entsetzten, als wir das erste Glas vorgesetzt bekamen, mit der Hand schöpften wir den Schaum ab, rieben damit unser Gesicht und das der Kinder ein, schmierten ihn uns und den Kindern in die Haare, gleich jenen Juden, die sich die Schläfenlocken mit Zuckerwasser einreiben, und beim zweiten Bier wiederholten wir das Einreiben, so daß wir schon von weitem glänzten und nach Bier dufteten. Obwohl dies ein Pennälerstreich war, artikulierte sich darin doch vor allem unsere Bierbegeisterung und die Begeisterung der aus uns (trotz unseres Alters) hervorbrechenden Jugend. Biergecken waren wir.*

* Im Traum betrank ich mich zusammen mit Hrabal schrecklich. Wir sitzen und schauen. Es kommt ein Polizist, auch der bestellt ein Bier. Und hier, oh Schmerz, folgt ein unübersetzbares Wortspiel, welches – ausnutzend den Umstand, daß im Ungarischen, wenn jemand »tschechisch steht«, es eben schlimm bestellt ist um ihn – mit Hilfe der Wörter *Sklave (rab), Schaum, (hab), links, (bal)* im Dreieck sein Unwesen treibt, abgesteckt durch die Freiheit, das Bier und den Jubilar.

10

Von hier und da fegte die Frau, wie Krümel vom Tisch, die Kinder zusammen. Sie verabschiedeten sich von ihnen, als würden sie auf eine lange Reise gehen.
»Wir bleiben noch hier mit euerm Vater und trinken das Bier.«
Der Mann nahm das Jüngste auf den Schoß und umarmte es, die Frau küßte sie inzwischen der Reihe nach und zeichnete ihnen ein Kreuz auf die Stirn.
»Seid brav. Helft euch gegenseitig. Und eßt Abendbrot.«
Bis zum Gartentor trieben sie die kleine Bande, dann verpaßten sie ihnen einen Schubs in den Rücken, sie sollten sich auf den Weg machen. Erschreckt stoben die Kinder davon, immer wieder blickten sie zurück zu den beiden erwachsenen Fremden, zu ihren Eltern.

11

Wasser lassen mußte er, er ging hinaus. Aus der Damentoilette neben ihm hörte er Stimmen, die einer Frau und die eines Mannes.
»Schauen Sie, lieber Meister...«, hörte er die Frau sagen.
»Ich bin kein Meister«, hörte er den Mann sagen.
»Bohumil.«
»Bohumil bin ich für Sie nicht.«
»Tja... weder Meister, noch Bohumil... was gibt's noch?«
Sie betätigten die Spülung, es rauschte das Wasser, es schluchzte die Leitung.
»So soll ich Sie anreden?«
»Exakt.«
Plötzlich kamen ihm die Stimmen sehr bekannt vor. Er ging hinaus. Aus der einen Box langte nach ihm ein sympathischer Mensch mit gebräuntem Gesicht, ein Polizist außer Dienst.
»Ihre Frau, die kleine Schwarze?«
»Korrekt.«

»Dann stellen Sie sich jetzt vor, daß Beethovens Achte erklingt, Ludwig van Beethoven, dieses zügellose Wiener Genie, das nicht einmal den großen Goethe grüßte. Ich warte. Haben Sie's? ... Ich will Ihnen nicht dreinreden, doch Sie sollten wenigstens wissen, was Sie an ihr haben!«
»Ich habe noch ein Bier bestellt«, sagte die Frau zu ihm, als er zum Tisch zurückkam. Sie sahen sich nicht an.

12

»Den Miklós habe ich nach Hause geschickt.« Der Alte ließ sich neben ihnen nieder. Sein Bier hatte er mitgebracht. Das Gartenlokal war leer, alles war gemächlich geworden. Behäbiges Hochwasser, unaufhaltsam wurden sie erfaßt von der osteuropäischen Schwermut der Sonntagnachmittage, Schlamm und Steingeröll; in jenes tiefe Tal waren sie hinabgeglitten, von wo uns nur die Zeit hinausstößt, die gleichgültig vergängliche Zeit. Der Mann hätte die Frau gern ins Gesicht geschlagen oder so.
»Das solltest du allerdings nicht vergessen, Direktor, daß du nur ein Halbdirektor bist. Mein Bandi und du, so wart ihr ein ... Ihr habt den Ball direkt gestreichelt, habt ihn nicht einmal gekickt, auf einem Präsentierteller habt ihr ihn dargeboten ... Bei Direktors weint der Ball nicht, so sagten sie. Daß ihr noch Achtung habt vor dem Ball, so sagten sie. Du sollst den Ball nicht duzen, eine uralte Weisheit. Mein Bandi war der Kopf, und du das Herz.« Schluchzend erwischte er die Hand des Mannes und küßte sie unaufhörlich. »Kopf und Herz ... eine ideale Paarung ... nur ...« Wie einen Krug donnerte er plötzlich seine Hand auf den Tisch nieder. In seinen alten, geröteten, feuchten Augen müder Haß. »Warum mußtest du wechseln? Warum genügte dir der Sprint nicht, wie du zu sprinten imstande warst? Der Job, über das Spielfeld zu rasen, warum sollte das eine Schande sein? ... Zu zweit wart ihr sowieso eins ... Denn zu dritt wart ihr nicht einmal mehr eins ... Warum hast du zugelassen, daß mein Bandi das Herz sein sollte?« ... Dann lernte er Ibike kennen ...

»In Ibike war er hineingeplumpst, wie Celestin in die Fleischsuppe«, brabbelte die Frau, die allerliebst betrunken war. »Eine große Überraschung war dies für Julis, daß sich die städtischen Herren ihrer Sache annahmen und nicht den Unbilden überantworteten, wie die gerupfte Krähe, die fliegen sollte, wenn sie könnte. Man muß sie zum Englischkurs wechseln lassen.« Und schon schlief sie.

Der Mann war mit Bandi in der Grundschule in eine Klasse gegangen. Ein phantastischer Fußballer war er und phantastisch dumm. Wie die Erde, tatsächlich. Doch war er ein ausgesprochen liebenswürdiger Junge, weshalb ihm die Lehrer diese totale Finsternis nicht ganz glaubten. Sie wollten den verborgenen Schatz in ihm heben. Lächelnd schüttelte er den Kopf, Kiddings, ihr braucht mir nicht vorzusagen, es hat keinen Sinn. ... Er spielte geschickt Gitarre, von ihm hatten sie zuerst von den Beatles gehört, auch eine Band hatte er gegründet, drei Gitarren, Schlagzeug. Hals über Kopf heiratete er diese Ibi, den Fußball gab er auf, der Mann verlor ihn aus den Augen, er hörte, daß sie zwei Kinder hätten und daß der Blumenladen gut gehe.

Stille war beziehungsweise nur Pause. Und danach erklang die alte Kellnerstimme, an der Grenze des Schweigens, gleich einer in sich gekehrten miesen Geige: Sollte diese krächzende, versoffene Stimme, bloß sie, das Entsetzen, das Glück, die Langeweile des Sonntagnachmittags artikulieren, die Einmaligkeit und Rätselhaftigkeit eines beliebigen Menschenlebens; dessen Heiligkeit? (und das Vertrauen, die Hoffnung und den Ehrgeiz des Zuhörers?).

Daß der Direktor, der Halbdirektor, anno dazumal einen Fehler begangen hätte, weil die Ibike gewiß ... weil durch die Ibike ... sehr vieles ... er, der Alte, ist allabendlich immer sehr müde, weil während des langen Tages das Getränk allmählich in Form von Alkohol in ihn eindringt, nicht auf Regierungsebene, dafür aber qualitativ, und Ibike holte ihn jedesmal zur Sperrstunde mit der Schubkarre ab, packte ihn hinein und schob ihn nach Hause, Schubkarren gab es zwei, eine für Blumenerde und eine für Dung, ihn schob sie in der Dungkarre, *Väterchen befindet sich noch im Wachstum*, blubberte das

Riesenweib, auch der Direktor konnte jenen Berg Sinnlichkeit am Rand des Fußballplatzes sehen, jene massige kräftige Frau, jenes wohlproportionierte Urtrampel, und zu Hause angekommen, kippte sie ihn aus, herrlich anzusehen, diese Kraft in ihr, dann schleifte sie ihn wie einen Sack Kartoffeln bis zum Bett, vor der Schwelle rüttelte sie ihn, damit der Mist von ihm abfiele, am Bett war ihre Wut plötzlich verraucht, oder ihre Kräfte hatten einfach nachgelassen, und sie betrachtete ihn, als sei er ein Kind, *was für ein schöner Mann Sie sind*, kicherte sie, *würden Sie bloß nicht so stinken*, und daß die Nachbarin ihnen nicht immer auflauern würde, *na, Ibilein, schwer der Schubkarren? wie man's nimmt, Marilein, aber immerhin ein Schubkarren*, und kippte ihn aus. *Du weißt ja, Ibilein. Ich weiß ja, Marilein.*
Und so ging das jahrelang, genau zwölf Jahre ging das so, Tag für Tag so, und drei Wochen zuvor fragte ihn dann sein Sohn, der Bandi, *ob er sich nicht verabscheue, das Väterchen*, doch bevor er noch hätte antworten können, gab der Sohn die Antwort, der Bandi, *nein, du verabscheust dich nicht. Aber ich*!
Und das lag drei Wochen zurück, und vor einer Woche hatten sie Bandi aus der Donau gefischt, und am nächsten Tag ging Ibike mit den beiden Kindern weg, mit seinen beiden Kindern. Seines Wissens nach Szentes. Jetzt also würde es sicher nicht mehr eine solche Abwehr geben, wie die Direktoren.
»Du hast sie geliebt, was?« Seine Augen leuchteten.
»Das nun doch nicht. Die Frau meines Sohnes? Das nun doch nicht. Bloß begehrt habe ich sie, ewig, bis in den Tod ...«

13

Abend ist es. Kühl. Auf den Tisch gesunken träumen die beiden Männer ihre kosmischen Träume. Mit weit geöffneten Augen beobachtet die Frau starr die Finsternis.*

* Im Traum war ich Hrabal, und so redete ich mich, Hrabal, an, oder umgekehrt: Du könntest ruhig auch mal von mir träumen, du wirst sehen, im Traum, ich werde mich dankbar erweisen.

14

Die Novelle würde an der Seite der Männer niedersinken, auf das dicht beschriebene Papier. Woraufhin sie erschrecken würde, die Blätter waren leer; aufgeweicht von Tränen und Speichel, einfach weiß.
Oder sie würde emporfliegen, sich ein Herz fassen und von dieser staubigen Budapester Vorstadt emporfliegen, fliegen, empor, weg.
Die Mándy-Type würde durch eine Kopfbewegung andeuten:
»Also jetzt sehen Sie selbst. Das ist nicht die richtige Art. Allzu einfach ist das. Jawohl, allzu einfach.«
»In der Tat, mein Herr, so ist das ganz verpfuscht, von Adam bis Eva«, nickt die Hrabal-Type.
»Sie können fliegen?« feixt die Mándy-Type. Jener antwortet nicht. »Auf Regierungsebene, in diesem Sinne?«
»Ich bin keine Renaissancefigur, Kamerad. Über mir der Sternenhimmel, aber welches Moralgesetz in mir? Was?! Alter...«
Nach der Novelle kommen sie in Schwung, schwingen sich auf, hinweg.
»Summertime, Kollege, summertime«, sie lachen. So wäre denn die Novelle zu Ende, die Katze Celestin würde ihnen vielleicht noch aus der Schwärze des Firmaments zulachen, im Maul (da auch ich die Asymmetrie nicht ertrage) das Grün des Selleries, summertime, Kollegen, summertime...

Jindřich Toman

Fressen, Essen

Und andere Unterschiede zwischen Hašek und Hrabal

Vergleiche zwischen Hašek und Hrabal sind in der tschechischen Literaturkritik nicht selten und scheinen auf den ersten Blick nicht unplausibel zu sein. Im folgenden Beitrag gehen wir daher der vermeintlichen Verwandtschaft dieser Autoren nach und stellen entgegen den gängigen Meinungen fest, daß Hašek und Hrabal einander diametral entgegengesetzt sind. Die Analyse ist eine Art Lehrstück: nicht alle Tschechen sind Schwejks, nicht alle tschechischen Schriftsteller schreiben wie Hašek.

I

Geht man Hašeks Werk aufmerksam durch, so fällt auf, daß er sich viel mit den Äußerungen des Elementaren beschäftigt, vor allem im Bereich des Essens, der Lebensmittel, der »Bankette« und dessen, was Michail Bachtin in *Rabelais und seine Welt* als »niedrigere Körperfunktionen« bezeichnet. Nur selten spricht aber Hašek vom Essen positiv. Natürlich sind Stellen bekannt, die dieser Feststellung zu widersprechen scheinen, etwa die enthusiastische Beschreibung eines richtig zubereiteten Ragouts, die Pater Lacina, eine der zahlreichen Randfiguren des *Schwejk*-Romans, von sich gibt:

> Ragout mit Pilzen, meine Herren, ist um so besser, je mehr Pilze drin sind, aber die Pilze müssen zuerst auf Zwiebeln gedünstet werden, und dann gibt man erst ein Lorbeerblatt zu und die Zwiebel ...

Die Stelle ist berühmt, Hašek kreierte hier eine Reihe von Neologismen, die dem Pater – nicht so sehr den Übersetzern – die Zubereitung des Ragouts wenigstens verbal erleichterten. Das Ragout darf unter keinen Umständen »überpfeffert, überpapriziert, übernelkt, überzitroniert, überneugewürzt, übermuschkatiert« werden. Mit diesen letzten Worten schlummert der Pater ein, um »vom Fressen«, wie es Schwejk nennt, ungehindert zu träumen. Der ekstatische Ausruf »Mehr Soße!«, mit dem er sich selbst fast weckt, bezeugt die Natur des Traums eindeutig. Nun ist Lacinas Träumerei kein unkomplizierter Ausdruck des Elementaren, denn Lacina ist Feldkurat. Er sollte sich eigentlich um das seelische Wohl der Soldaten kümmern, aber dabei ertappen wir ihn, ähnlich wie den Feldkuraten Katz, nie. Das einzige, worum er sich systematisch und professionell kümmert, sind eben Dinge wie das Pilzragout. Zum Zeitpunkt seiner kulinarischen Phantasie ist er im übrigen völlig betrunken. So zeigt es sich, daß Vorsicht geboten ist, denn diese positiv erscheinende Stelle über das Essen ist eigentlich eine Karikatur eines Geistlichen, sie hat also eine ganz bestimmte, charakterisierende Funktion. In Hašeks Welt gehören Klerus und Völlerei zusammen.

Auch Baloun, die im *Schwejk*-Roman mit dem Essen am vordergründigsten verknüpfte Figur, ist kaum im Rahmen einer positiven Vision vom Essen und vom Elementaren her zu verstehen. Baloun ißt, sich selber dabei verzehrend; seine Eßlust stellt keine Manifestation des Essens-zum-Vorteil-des-Menschen dar, wie Bachtin es in seinem Rabelais-Buch als einen Akt der Befreiung der menschlichen Natur beschreibt. Auch ohne die romantisierende Sicht Bachtins muß man bald zum Schluß kommen, daß Baloun ein Triebfresser ist, eine groteske Gestalt schlechthin, und daß seine Phantasien über das Essen kein Ausdruck der Selbstverwirklichung sein können, sondern nur eine Obsession. Sie stellen dabei nicht unbedingt ein Ergebnis der widrigen Kriegsumstände (Lebensmittelknappheit und -rationierung) dar. Baloun ist nämlich, wie er es selbst auch ahnt, ein Monstrum. An einer Stelle teilt er Schwejk vertraulich mit:

> In mir, Kamerad, lösen sich sogar Fischgräten und Zwetschgenkerne auf. Einmal hab ichs absichtlich gezählt. Ich hab siebzig Zwetschgenknödel aufgegessen, und wie meine Stunde gekommen is, bin ich hinter die Scheune gegangen, hab drin mit einem Hölzl herumgestochert, hab die Kerne beiseite geschoben und gezählt. Von siebzig Kernen ham sich in mir mehr wie die Hälfte aufgelöst.

Baloun ist ein Monstrum und ist es auch immer gewesen. Obwohl er sich bei der Erinnerung an das reichhaltige Essen zu Hause darüber beklagt, daß der Krieg »uns das alles genommen hat«, zeugen diese Ausflüge in die dörfliche Vergangenheit von keiner bäuerlichen Idylle, sondern von einer obsessiven, gewaltgeladenen Freßlust, die ihn dauernd zugrunde richtet.

Die Tatsache, daß viele von Balouns Freß-Reminiszenzen »im Frieden« lokalisiert sind, ist insofern wichtig, als sie darauf hinweist, daß bei Hašek die groteske Verzerrung der elementaren Funktionen nicht immer eine Folge der Kriegsdarstellung ist.

Das erste große Bankett findet bereits am Anfang des Buchs statt, zu einem Zeitpunkt, da die Armee noch nicht als eine kriegslüsterne Militärmaschine erscheint, sondern sich vorerst ihrer Untertanen bemächtigen will, um voll über sie zu verfügen. Gemeint ist das Gastmahl im Simulantenhospital, das sich im Anschluß an den Besuch von Baronin von Botzenheim entfesselt. Die Baronin, die in Zeitungen von Schwejks Patriotismus gelesen hat, bringt bei ihrem Besuch eine Reihe von für die Insassen unerreichbaren Speisen mit, darunter gebratene Hähnchen und Wein. Dies alles verbieten die Essensvorschriften des Hospitals, was die Baronin zu ignorieren scheint. Die Aufsicht müßte das mitgebrachte Essen von den Soldaten fernhalten, doch sie hat Angst vor dem Besuch – die Baronin ist zu prominent, sie könnte Beziehungen haben. Die Kontrolle läßt sich also nicht restlos durchführen, und den Soldaten gelingt es, die Delikatessen samt Zahnpasta und Nagellack, an die die Baronin ebenfalls gedacht hatte, zu verzehren. Doch die spontane Befreiung, die in diesem Akt sichtbar wird, ist nur eine Verzweiflungstat. Die Institution kontrolliert auch das, was ansonsten privat sein dürfte, den Mageninhalt. Die Offiziere lassen allen den Magen auspumpen – eine reine Monstrosität.

Wir sehen, der gesamte Bereich des Essens, eine elementare Dimension, wird bei Hašek systematisch verzerrt, und diese Verzerrung ist nicht unbedingt als eine simple Folge der Kriegsumstände zu interpretieren. Die Lebensmittel sind bereits in ihrer Substanz entstellt, der Akt des Essens ist durch die Dimension der Subordination bestimmt, spontanes, natürliches Essen ist schließlich mit der Logik einer organisierten Aktion unvereinbar. Und an Stellen, an denen das Essen scheinbar positiv dargestellt wird, geschieht es zum Zweck einer negativen Charakterisierung, einer Satire.

II

Wie sieht es nun bei Hrabal mit dem Essen aus? Gibt es bei ihm beispielsweise ein obsessives Essen à la Baloun? Auf den ersten Blick scheint die Antwort positiv zu sein. Die Sammlung *Schneeglöckchenfeste* enthält die Erzählung *Im Gärtchen*, in der ein gewisser Herr Karl auftritt. Er wiegt 130 Kilo, hat einen riesigen Bauch und wird stets von unermeßlichem Hunger geplagt. Im übrigen betreibt er folgenden Sport: im Lichtschacht seiner Wohnung, der ausgerechnet vom Klosett aus erreichbar ist, hängt er immer eine Salami auf, in der festen Absicht, sie dort mindestens zwei Wochen trocknen zu lassen. So lange hält er es jedoch nicht aus. Schon am ersten Tag läßt er sich von der Vision beherrschen, daß da im Lichtschacht eine »goldene Salami« von der Decke hängt:

> sie strahlt und glänzt wie die Krönungsinsignien, und ich beschatte mir die Augen mit der Hand, aber die Salami lockt mich durch ihre Schönheit so sehr, daß ich mir selber gut zureden muß, du trocknest die da doch für deine Kameraden.

Die Selbstermahnung hat keine Wirkung. Zuerst ißt Herr Karl die eine Hälfte, nach einer Weile den Rest.

Bereits die Idee einer goldenen Salami, glänzend wie ein beinahe sakraler Gegenstand, verleiht der Obsession des Herrn Karl eine lyrische Qualität. Zwar versucht er zuerst, sich damit herauszureden, sein Hunger sei an allem schuld, aber letztlich gibt er ohne Umschweife zu, daß es eher seine Gelüste sind als sein Hunger. Dementsprechend ißt er mit Freude und Wollust. Und der Erzähler billigt es, indem er einen Kommentar hinzufügt, der an seiner Sympathie für Herrn Karl nicht zweifeln läßt. Als sich Herr Karl am Ende der Erzählung entfernt, bemerkt der Erzähler wie zum Abschied:

> daß Herr Karl schönes krauses Haar hat, so wie die Neger, ein krauses Drähtchen neben dem anderen, wie ein wolliger Helm dicht am Kopf angeschmiegt. Eigentlich ist Herr Karl mit seinen Hungeranfällen und Gelüsten ein schöner Mann, und also auch ein König des Lebens.

Es gibt keinen Zweifel, daß Herr Karl als eine Figur dargestellt wird, die das Essen stets als Essen-zum-Vorteil-des-Menschen versteht. Im übrigen gibt sich Hrabal Mühe, die lustvolle Völlerei nicht zu einem männlichen Attribut werden zu lassen. Dies wird beispielsweise in der *Schur* deutlich. Die Heldin dieser längeren Erzählung ist alles in allem eine Art weibliches Gegenstück zu Herrn Karl. Nachdem bei ihr zu Hause ein Schwein geschlachtet worden war, träumt sie in der Nacht nicht nur einfach von Braten und Schnitzel, sondern davon, daß sie das ganze Schwein aufgegessen hätte. Schließlich erwacht sie durstig und holt sich eine Flasche Bier. Da sie aber schon einmal wach ist, macht sie sich noch schnell zwei »magere Naturschnitzel«, um dann im Bett weiter zu träumen. Auch sie ist unmäßig, aber mit Baloun ganz unvergleichbar. Das Essen ist für sie ein Akt des erotischen Enthusiasmus, die Lebensmittel figurieren in zweideutigen Spielen, auf die sie sich einläßt. Und was das Zubereiten des Essens betrifft, das Handhaben von Lebensmitteln, so bedeutet dies für sie einen Akt dichterisch-ritueller Natur. Als der Metzger bei der Zubereitung der Blutwurst die Qualität prüft, beschreibt sie dies folgendermaßen:

> Er kostete sie, schaute zur Decke hinauf und war in dem Moment so schön wie ein Dichter, er schaute in der Ekstase zur Decke hinauf und wiederholte vor sich hin: Pfeffer, Salz, Ingwer, Thymian, Semmel, Knoblauch, ...

Kurzum, obsessives Essen gibt es bei Hrabal nicht. Das Essen bleibt ein Akt der Freude, ein Ausdruck des Enthusiasmus, deutlich erotisiert.

Im Gegensatz zu Hašek gibt es bei Hrabal auch keine verdorbenen Lebensmittel, keine Reglementierung des Essens, kein Zwang. Das Essen, und dies ist in der Tat der springende

Punkt, findet außerhalb der Institutionen statt – die Zunge und der Speichel sind bei allen gleich. Die an und für sich denkbare Perspektive der Bankett-Gemeinschaft als Klassengemeinschaft wird nicht aufgenommen. Dies läßt sich an mehreren Stellen nachweisen, hier sei lediglich das größte Gastmahl erwähnt, das Hrabal bisher entworfen hat. Es ist das Festessen zu Ehren des äthiopischen Kaisers, eine bekannte Episode aus *Ich habe den englischen König bedient.*

> Dann geschah etwas, was weder wir noch ich und vielleicht nicht einmal der Herr Oberkellner Skřivánek je erlebt hatten: Zuerst erhob sich irgendein Regierungsrat, ein bekannter Feinschmecker, er war so begeistert von dem Essen, dem Kamel, daß er aufstand und zu schreien begann, er schrie, und sein Gesicht loderte vor Begeisterung darüber, wie sehr es ihm schmecke, doch da ihm die Grimassen nicht ausreichten, begann er gewissermaßen herumzuturnen wie auf einem Sportfest, er schlug sich vor die Brust und nahm sich wieder ein Stück aus der Tunke, und jetzt wirkte das Essen so auf ihn, daß sogar die schwarzen Köche mit ihren Schächtermessern innehielten und zum Kaiser hinsahen, doch der Kaiser war derlei anscheinend gewöhnt, er lächelte nur, also lächelten auch die schwarzen Köche, sie lächelten, und auch die Häuptlinge nickten, die in teure Stoffe gewickelt waren mit Mustern, wie Großmutter sie immer auf der Schürze hatte, oder in farbigem Duvetine, und der Regierungsrat konnte sich nicht fassen und lief hinaus und schrie auf dem Gang und stürzte wieder herein und nahm sich noch ein Stück mit der Gabel, und das war der Höhepunkt, denn er rannte wieder hinaus und schrie, er rannte bis vor das Hotel und schrie dort und tanzte und jauchzte und schlug sich an die Brust und kam wieder zurückgerannt, und in seiner Stimme war Gesang und in seinen Beinen ein Tanz der Danksagung für das so gut zubereitete gefüllte Kamel, und urplötzlich verbeugte er sich vor den drei Köchen, tief, zuerst nach russischer Sitte bis zum Gürtel und dann bis zur Erde …
> Ein anderer Schlemmer wiederum, irgendein pensionierter General, sah nur zur Decke hinauf und gab einen langgezoge-

> nen, bangen Ton von sich, ein langes, wonniges Wimmern, das in Kadenzen anstieg. Immer wenn er einen weiteren Bissen nahm, kaute, winselte und wimmerte er und biß von dem Fleisch ab, und nahm er dazu einen Schluck vom Žernoseker Riesling, dann richtete er sich auf und winselte so sehr, daß selbst die schwarzen Köche begriffen und fröhlich riefen: »Yes, yes, Samba, yes.«

Die Schilderung dieses Schmauses spricht für sich selbst – die Ekstase macht nicht einmal vor einem General a.D. halt, in ihr sind keine Schranken zwischen Weiß und Schwarz zu erkennen.

Angesichts dessen, was wir bisher gesagt haben, fällt eine abschließende Betrachtung nicht schwer. Der gleiche Themenbereich (Essen, »Gastmähler«, Lebensmittel) ist bei Hašek und Hrabal so unterschiedlich dargestellt, daß man die These von einer Wesensverwandtschaft zwischen Hašek und Hrabal zumindest für große Teile ihres Werks nicht aufrechterhalten kann. Während bei Hašek das Essen so gut wie nie ein spontaner, befreiender Akt ist, scheint es bei Hrabal stets einen Hinweis auf eine menschliche Grunddisposition darzustellen.

Dieser Schluß ist in einem breiteren Zusammenhang zu sehen, denn die Analyse anderer Themenbereiche aus der Domäne des Elementaren bestätigt diesen Kontrast zwischen den beiden Autoren. Bei Hašek wird nicht nur die Domäne des Essens, sondern auch die Domäne des Erotischen grotesk und verzerrt dargestellt. Die erotischen Beziehungen sind im *Schwejk*-Roman nicht nur aus der Perspektive der Subordination beschrieben (Bordelle nach Offiziersrängen), auch die Reminiszenzen Schwejks an seine Liebesbeziehungen in der Vorkriegszeit verraten Brutalität und Groteskes. Und nicht zuletzt zeigt sich bei Hašek auch der Bereich der zwischenmenschlichen Kommunikation verzerrt. Erinnert sei an das dadaistische Babbeln der Betrunkenen, an absurde Konversationen, in denen sich die Partner nie verständigen können, weil sie verschiedene Sprachen sprechen.

Diese Bereiche sind bei Hrabal analog zur Domäne des Essens als Handlungen Zum-Vorteil-des-Menschen dargestellt und somit wiederum mit Hašek unvereinbar. Kurz gesagt sind

Hrabals Helden Demonstrationen eines inneren Enthusiasmus, der durch Impulse verschiedenster Art ausgelöst werden kann: durch die Schönheit von Frauen (und auch von Männern), durch heftige Naturereignisse wie etwa den Münchner Föhn oder eben durch das Essen. Dieser Enthusiasmus ist ein Teil der menschlichen Natur, er ist eine Grunddisposition, die weder durch bewußte Anstrengung noch durch rationale Einsicht (etwa in die rosa Zukunft einer klassenlosen Gesellschaft) erworben werden kann. Er ist daher keine Folge äußerer Umstände. Auch die unmenschliche Arbeit im sozialistischen Stahlwerk in *Jarmilka*, die in der ursprünglichen Fassung dieser Kurzgeschichte explizit mit der Arbeit im Konzentrationslager verglichen wird, kann diese Disposition nicht unterdrücken.

Die Funktion des Geschichten-Erzählens bei Hrabals Figuren läßt sich ebenfalls aus dieser Sicht interpretieren: *pábení*, das Bafeln, ist eine Realisierung des elementaren Enthusiasmus, zum Vorteil des Menschen. Demgegenüber ist weniger klar, wie das Erzählen Schwejks einzustufen ist. Ob sich Schwejk von dem ganzen Roman, der durch die Geste des Grotesken strukturiert ist, eben gerade durch sein Reden abhebt, d.h. ob seine Geschichten letztlich doch Zum-Vorteil-des-Menschen sind – diese These scheint nicht ganz zu stimmen. Ist der Mangel an Dialogen im Schwejk nicht auffallend – und wird er nicht just durch die Fülle der Verhöre kompensiert?

III

Neben thematischen Unterschieden lassen sich bei beiden Autoren auch Unterschiede in der Verfahrensweise feststellen. Um dies zu dokumentieren, kehren wir abschließend zu Herrn Karl und seinem Bauch zurück.

Wie schon erwähnt, ist der Bauch von Herrn Karl riesig. Genauer gesagt, wenn Herr Karl in seinem Schrebergarten jätet, liegt er auf dem Boden, und sein riesiger Bauch liegt quasi neben ihm. Wenn er dann mit einer Zeile fertig ist, nimmt er den Bauch, schiebt ihn weiter und legt sich wieder neben ihn hin. Dieses Bild hat einige Varianten. Vergleichen wir beispielsweise die folgende Stelle aus den *Tanzstunden für Erwachsene und Fortgeschrittene*. Onkel Pepin erzählt:

> [...] natürlich basierte Österreich nicht so sehr auf dem üppigen Haarwuchs als auf dem üppigen Busen; der war in der Tat bei manchen Weibern so groß, daß sie einen Rucksack tragen mußten, mit einem Ziegelstein drin, um nicht nach vorne zu kippen, so sehr zog er sie herunter; das war was, dieser riesige Busen, vom frühen Morgen an dachte ganz Österreich an nichts anderes als daran ...

Diese Stelle – eine unter vielen – verdeutlicht einen charakteristischen Zug von Hrabals künstlerischer Methode. Offensichtlich liegen hier Variationen eines Bildes vor, Permutationen einer Vorstellung, die an Salvador Dalí und seine verselbständigten Körperteile erinnern. Es liegt nahe zu fragen, ob sich auch Hašek eines solchen Verfahrens bedient und somit wenigstens in einem Punkt eine Verwandtschaft mit Hrabal aufweist.

Wenn wir Hašeks gesamtes Werk in Betracht ziehen, das ganze Text-Universum des *Schwejk*-Romans und der Hunderten von Erzählungen, so sehen wir, daß hier in der Tat eine gewisse Kombinatorik gefunden werden kann. Sie läßt sich vor allem bei den zahlreichen Randfiguren beobachten: Alle die Offiziere, Priester, Gymnasialprofessoren, Familienväter, Laden- und Hausbesitzer lassen sich im wesentlichen immer als Variationen gewisser Schablonen auffassen; ihre Einzelrealisierungen sind relativ gut durchschaubar und in ihrer Qualität oft geradezu vorhersagbar. Und hier, so scheint es, liegt ein großer Unterschied zwischen der Variationskunst Hašeks und derjenigen von Hrabal. Hašek zeigt sich an diesen Stellen vor allem als Satiriker, der über ein relativ festes Repertoire von Schablonen verfügt, die er sicherlich auch aus der quasi journalistischen Notwendigkeit, auf die Tagesereignisse reagieren zu müssen, variiert. Ähnlich sind die Karikaturisten im Münchner »Simplizissimus«, oder in der Pariser »L'Assiette au beurre« verfahren, ähnlich ist auch Hašeks Anarcho-Freund, der Maler Josef Lada, in den Prager »Karikatury« vorgegangen. Die Grundschablonen lassen sich gut katalogisieren und gewissen Typen von politischen Ereignissen zuordnen.

Hašek hat eine ganze Armee von Marionetten aufgebaut, deren Glieder er je nach Bedarf austauschen und woanders einsetzen konnte. Ganz anders Hrabal. Sein Verfahren läßt sich in die Nähe der modernen Lyrik und insbesondere des Surrealismus bringen. Dabei denken wir weniger an die Tatsache, daß die Periode, da er sich als Schriftsteller formte, von der Faszination durch den »klassischen« Surrealismus der dreißiger und vierziger Jahre mitgeprägt war, sondern hauptsächlich an typologische Merkmale. Bemerkenswert erscheint vor allem, daß die zu variierenden Elemente keinem Kanon unterliegen, wie es etwa bei Hašek der Fall ist. Hrabals Variationen sind unvorhersagbar und verraten kaum utilitaristische Absichten. Es sind private innere Bilder, die der Dichter wiederholt zu realisieren versucht.

Dies illustriert die berühmte »Stempelszene« aus den *Scharf beobachteten Zügen*. Der Bahnhofsvorsteher erzählt:

> Kurzum, der Herr Fahrdienstleiter Hubička hat einmal bei der Nachtschicht die Zdena einfach gegrabscht, hat ihr den Rock hochgezogen und einen Stationsstempel nach dem anderen rund um ihren Hintern herum aufgedruckt. Nicht einmal den Datumsstempel hat er vergessen, ihr drauf zu knallen. [...] Einfach entsetzlich!

In einem viel früheren Text, veröffentlicht in den *Knospen*, wird diese Szene aus einer anderen Perspektive dargestellt; hier redet der Erzähler in direkter Rede einen Bahnhofsvorsteher folgendermaßen an:

> Nun haben Sie Ihren Gott gefunden! Ihr ein und alles! Als Sie sich im Büro einsperrten, zogen Sie sich bis auf die nackte Haut aus und bestempelten den ganzen Körper mit all den Stempeln, die Ihre Station und Sie als deren Vorsteher benutzten. Alle Farben waren dabei, so daß Sie nach einer halben Stunde aufmerksamer Arbeit wie ein Riesenpapagei aussahen. [...] Also keine einzige Stelle haben Sie ausgelassen! Und dann haben Sie sich mit einem winzigen Revolver mit Perlmuttgriff in die Schläfe geschossen. Als der Bezirksarzt Ihren ruhigen, kalt werdenden Körper untersuchte, stellte er fest, daß Sie den Selbstmord nach gewissen ästhetischen Regeln komponiert hatten. Und als er die Vorhaut

Ihres Gliedes zurückzog, siehe, da kam ein Buchstabe nach dem anderen zum Vorschein, bis der Name jener Station zu lesen war, wo Sie als junger Mann so gerne Ihren Dienst getan hatten. Erinnern Sie sich wenigstens, Herr Vorsteher, noch an diese Station im Grenzland?

Die chronologisch vorläufig letzte Variante erzählt Onkel Pepin im *Städtchen, in dem die Zeit stehenblieb:*

> Als er da beim Dienst eingeschlafen war, da hat ihm die Telegrafistin das Glied rausgeholt, und der Fahrdienstleiter hat es ihm mit der schönsten Stempelfarbe bepinselt, und der Jarunka, als er dann in der Früh nach Hause gekommen ist, wollte, so wie er grad in der Uniform war, von seiner Frau den wunderbarsten Liebesbeweis, wozu sie auch ja sagte, aber als er sein Glied herausnahm, damit er, um mit der Schrift des Herrn Batista zu reden, die Kohabitation bzw. den Beischlaf ausübte, da hat die Frau Jarunka von diesem violett gepinselten Glied so richtig einen Schrecken gekriegt und ist sofort zum Bahnhofsvorsteher gerannt, was da denn eigentlich in der Dienstzeit für Schweinereien passierten, bzw. Unordnung ...

Es ließen sich noch andere Bilder erwähnen, die Hrabal seine Protagonisten variieren läßt. Nicht alle sind erotischer Natur, doch das gewählte Bild bietet die Möglichkeit, den Kontrast zwischen der lustlosen Erotik Hašeks und dem erotischen Enthusiasmus Hrabals zu unterstreichen. Zudem sehen wir, daß die zugrundeliegende Einstellung ähnlich wie beim Motiv des Essens und des »verselbständigten Körperteils« wieder pansexuell ist. Die Rollen sind beim Variieren des Grundbildes nicht festgelegt: Einmal bestempelt der Fahrdienstleiter Hubička die Telegrafistin, dann wird der Stationsgehilfe vom Fahrdienstleiter bepinselt, und die Telegrafistin hilft dabei. Und ursprünglich war es der Bahnhofsvorsteher, der sich selber bestempelte.

Es ist also deutlich, daß Hrabal innere Bilder variieren läßt, die einen ganz anderen Stellenwert haben als Hašeks satirische Schablonen. Und obwohl Hrabals Spiele insgesamt außerhalb des Bereichs der äußeren Determination stattfinden, stehen sie in keiner wesentlichen Beziehung zu Hašek, sind keine Grotesken. Dies ist auch verständlich, denn in Hrabals Zivilisation des Enthusiasmus hat der Begriff der Schönheit immer noch eine Bedeutung. Sie ist deren eigentliche Substanz.

Josef Škvorecký
Amerikanische Motive bei Hrabal

Von Lehnmotiven und Einflüssen zu sprechen, kann seine Tücken haben: Wenn es sich nicht um geradezu ins Auge springende Zusammenhänge handelt oder der Autor nicht bestätigt, entlehnt und nachgeahmt zu haben, dann könnten wir es auch mit zufälligen Affinitäten zu tun haben. Daher darf die Formulierung »amerikanische Motive« im Titel dieses Beitrags nicht im Sinne einer geradlinigen und kausalen Verbindung verstanden werden, sondern eher im Sinne einer komplexen Korrespondenz. Statt nach Beweisen für Nachahmung zu fahnden, sollten wir eine Erklärung lieber im Netzwerk der Massenmedien suchen, das unser Jahrhundert kennzeichnet und nicht zuletzt natürlich auch die Bücher um vieles erschwinglicher und verfügbarer gemacht hat. Dieses Netzwerk überzieht Europas geistige Landschaft. Einige der immer wiederkehrenden Motive der amerikanischen Literatur und Kunst zeichnen sich vor diesem Hintergrund ab, wenn man sie aus der Zweidimensionalität des gedruckten Wortes und des elektronischen Bildes herauslöst und in die dreidimensionale Wirklichkeit hebt.

> Vor dem Ofen der Zentralheizung lag eine zusammengekrümmte Puppe. Sie war versengt, und das rechte Auge, hervorgequollen durch die Glutshitze, glotzte mich an. Als ich einige Stufen hinabstieg, zerplatzte es und zerfloß leise auf dem Boden.

Wer hat das geschrieben? Ist es vielleicht eine Zerfalls-Vision aus *Der Fall Charles Dexter Ward*, jener Schauergeschichte aus dem zwanzigsten Jahrhundert, in welcher der Held die Künste des Teufels aus dem unnennbaren »Necronomicon« lernt, das im Prag des sechzehnten Jahrhunderts von Dr. John Dee, unterstützt von Edward Kelley, aus dem Enochischen übersetzt und seit den Zeiten Kaiser Rudolfs des Zweiten in den Kellergewölben des Hradschin unter Verschluß gehalten wurde? Nein, die Geschichte, aus der ich zitiert habe, hat zwar eine Menge mit Prag zu tun, aber nichts mit dem »Necronomicon«, und sie stammt auch nicht aus der Feder H.P. Lovecrafts, der das Gefühl der Sicherheit so gekonnt in Grauen umschlagen lassen konnte. Eine weitere Passage:

> Ich habe einen religiös veranlagten Menschen gekannt, der sich derart nach Heiligkeit sehnte, daß er eines Nachts in einer Kirche den Deckel der Krypta hochhob; nachdem er sich in die Gewänder, die versteinerten Gedärme und die Gebeine irgendeiner seliggesprochenen Frau gewühlt hatte, durchschoß er sich den Schädel und schloß zugleich den Deckel über sich, so daß man ihn erst nach Jahren fand! Als er fast schon jener Seliggesprochenen glich, nach der er so verlangt hatte!

Beide Zitate stammen aus der *Kainslegende*. Es ist kaum bekannt, daß diese die Originalversion, der »Ur-Faust« sozusagen, einer Geschichte ist, deren Verfilmung später weltberühmt werden und einen Oscar erhalten sollte: *Scharf beobachtete Züge*. Die ursprüngliche Fassung ist in einem Band mit zeitgenössischen Erzählungen enthalten, in den *Moritaten und Legenden* von Bohumil Hrabal. (Sie fehlt in der deutschen Übersetzung.) Wenn der Name Edgar Allan Poe für eine morbide Bilderwelt steht, dann ist die *Kainslegende* in der Tat poesk.

Welches aber ist das Verbindungsglied zwischen beiden? Ist hier ein direkter literarischer Einfluß am Werk, haben wir es mit der Wirkung massiver Dosen von Poe zu tun, der schließlich so oft wie kein anderer amerikanischer Autor ins Tschechische übersetzt worden ist? Oder sind es die oben erwähnten Umstände, nämlich die Tatsache, daß die zweidimensionalen Schreckensmotive, die Poe angeblich aus Deutschland entlehnt hat und von denen er behauptet, daß sie seinem Seelenleben entsprungen seien, in Bergen-Belsen, Treblinka, Maidanek eine dritte Dimension erhalten haben?

Alle drei Zusammenhänge sind wahrscheinlich. Hrabals Generation – also meine eigene – hat *Das vorzeitige Begräbnis* gelesen; mit eigenen Augen aber haben wir gesehen, wie SS-Männer zu Tode gequält und, noch zuckend, in ein Massengrab gestoßen wurden, unmittelbar hinter einer künstlichen Ruine im Stil des neunzehnten Jahrhunderts, im Stil Lovecrafts. Es

war die Ruine einer gotischen Kirche aus dem 12. Jahrhundert, die sich auf dem Militärfriedhof unweit des mittelalterlichen Schlosses meiner Geburtsstadt Náchod befand. Diese SS-Männer waren zweifellos Zeugen ähnlicher Dinge gewesen, Dinge, wie sie Menschen von Menschen angetan worden waren, sehr wahrscheinlich von eben diesen Männern, einige Monate oder Jahre früher und in einem anderen Land.
Der Rabe wurde mit seinen mehr als dreißig Übersetzungen Teil der tschechischen Großstadt-Folklore, so daß nicht nur das Gedicht als solches, sondern auch Elemente der von ihm inspirierten ästhetischen Theorie, wie sie in Poes berühmten Essay *Die Methode der Komposition* vorliegt, bis in das Thekenpalaver der Kneipen-Don Juans vorgedrungen sind. In Hrabals Erzählung *Der Tod des Herrn Baltisberger* führt der Schürzenjäger Onkel Pepin folgende Konversation mit einem jener makabren Fräuleins, die Hrabals komisch-schreckliche Geschichten bevölkern, offensichtliche Leonore- oder Berenice-Inkarnationen:

> »... würden Sie zu uns zum Abendessen kommen?« Ich aber hielt den Mund, denn ihr Bruder hatte die Syphilis. So sagte Heda dann zu mir: »Mir fällt das Atmen schwer, ach läg ich doch schon auf dem Friedhof...« Und ich stimmte ihr zu und sagte ihr zum Trost, daß nach Meinung der Dichter das Schönste auf der Welt eine tote Schöne sei.

Die Schriftsteller, die Literatur und die Wirklichkeit – diese Trinität erklärt meiner Meinung nach die Affinität von Motiven, und nicht nur im Falle Hrabals. Edgar Allen Poe, aber auch Walt Whitman, Henry Longfellow, Bret Harte und Ambrose Bierce – und natürlich das morbid-komische Amalgam des erwachsensten aller amerikanischen Kinderbuchautoren, Samuel Langhorne Clemens – sind Bestandteile der imaginären Welt eines jeden tschechischen Lesers, der selbst Zeuge wurde, wie im Lande Schwejks die Grausamkeiten Injun Joes in die Tat umgesetzt wurden, genauso wie die finsteren Greuel des *Elternmörder-Clubs* mit seiner beklemmenden Vorahnung von Menschen, die zu Seife verarbeitet werden, eines Lesers, der erlebte, wie »Hopp-Frosch« leibhaftige Gestalt annahm.
Aber aus den gleichermaßen grausamen wie vergnüglichen

Geschichten von Bierce, Twain, Harte und anderen hervorragenden Unterhaltungskünstlern der rauhen Welt des amerikanischen Westens ging ein neues künstlerisches Genre hervor, das nach dem Ersten Weltkrieg die ganze Welt überflutete und ein fester Bestandteil der unterbewußten geistigen Landschaft der europäischen Leser und Schriftsteller wurde: die Stummfilm-Komödie, der berühmte Zweiakter und seine absolut einzigartige Kunst. Hrabals Erzählung *Ein fader Nachmittag* beginnt so:

> Kurz nach Mittag erschien in unserer kleinen Kneipe ein junger Mann, so ein Jüngelchen. Niemand wußte, wer er war und woher er kam. Er setzte sich gleich an einen Tisch, unter den Ventilator, bestellte sich dreißig Zigaretten und Bier. Dann schlug er ein Buch auf, und von da an las er nur noch, trank und rauchte. Seine Finger waren ganz gelb, und das lag wohl daran, daß er so lange an der Zigarette sog, bis ihm die Kippe die Lippen verbrannte. Dann tastete er auf dem Tischtuch nach einer neuen Zigarette, zündete sie an der Kippe an und qualmte weiter. Doch seine Augen wichen keine Sekunde von den Zeilen des Buches.

Abgesehen von der Anhäufung von Bildern, die für den amerikanischen Western charakteristisch sind – die an einen Saloon erinnernde Szenerie, das Geheimnis, das den Fremden umgibt – ist die Eröffnung mit ihrem Akzent auf dem Visuellen wahrhaft kinematographisch. Der Junge, der in sein Buch vertieft ist – der Titel wird nie verraten –, wird zum Leitmotiv dieser langen Kurzgeschichte. Die Handlung verlagert sich, verschiedene Personen erscheinen und verschwinden wieder, der Wirt knüpft ein Gespräch mit einem Gast an, der absurderweise stets eine Kasserolle Sauerkraut mit sich herumschleppt. Stammgäste unterhalten sich abwechselnd über Fußball und über die unerhörte Gleichgültigkeit des lesenden Jungen. Mit dem Fortgang der Geschichte wird unsere Aufmerksamkeit immer wieder auf den unersättlichen Leser gelenkt, und jedesmal wächst das Gefühl der Absurdität.

> Der Wirt ließ absichtlich ein angeschlagenes Halbliterglas zu Boden fallen, es krachte wie ein Kanonenschuß, doch der Junge las weiter und lächelte sogar. Der Wirt fuchtelte ihm

> mit den Händen vor den Augen herum, die sich ins Buch bohrten, doch das Jüngelchen lachte selig.

Hier tritt der Junge zum zweiten Mal in der Geschichte auf. Nach einem Meinungsaustausch über den berühmten Mittelstürmer Bican schwenkt die Kamera des Autors zum Jungen zurück:

> Der Wirt bückte sich, ging in die Hocke und schaute dem Jungen von unten ins Gesicht. Als er genug gesehen hatte, richtete er sich auf und sagte: »Haltet mich fest! Der verdammte Bengel flennt ja!« Er zeigte auf den Leser, der jedoch weiterlas, während seine Tränen auf die Seiten tropften, daß man es hörte ... pitsch, pitsch, pitsch, pitsch! Wie ein Bierhahn.

Es folgt eine weitere Diskussion über die Stärken der englischen Sportskanone Jimmy Otaway und des deutschen Fußball-Asses Kanhäuser, und

> der Jüngling las weiter und röhrte vor Lachen, er tastete nach dem Wirt und nahm ihm das Glas aus der Hand und tat mit Behagen einen tiefen Zug, wobei er nach unten, auf die Zeilen des Buches, schielte. Der Gastwirt schlug die Hände zusammen. »Das sechste Bier, die einundzwanzigste Zigarette. Na, wir kriegen vielleicht eine Jugend, alles, was recht ist!«

Inzwischen werden jene Leser, die den Irrsinn der amerikanischen Stummfilm-Komödie mit der Muttermilch eingesogen haben, wohl den technischen Kunstgriff erraten haben, der hier eingesetzt wird. In dieser schönen, doch leider vergessenen Kunst wurde er »extended gag« genannt. Erinnern Sie sich an den Zweiakter mit Chaplin in der Hauptrolle? (Oder war es Keaton? Oder vielleicht Lupino Lane? Oder Harry Langdon? In dieser demokratischsten aller Künste löst sich die persönliche Leistung oft in der wilden Schönheit des anonymen Genres auf.) Wie auch immer, Chaplin (oder Lloyd oder Ben Turpin) fängt mit seiner schrecklich wichtigen und ebenso stupiden Arbeit an, plötzlich aber, kurz nach Beginn des Films, erscheint im Zeitraffer-Tempo eine dicke Dame, die in rasender Geschwindigkeit einen Kinderwagen schiebt. Der Kinderwagen prallt auf einen vornehm aussehenden alten Herrn mit einem seiner Erscheinung entsprechenden Bart, der einen akrobatischen Purzelbaum vollführt, um, wie ein Stehaufmännchen wieder auf den Beinen, der verschwindenden Dame mit der Faust zu drohen. Dann wechselt die Handlung wieder zu dem komischen Job Chaplins (oder Lloyds oder Larry Semons), nur um kurz darauf zu der den Kinderwagen schiebenden Dame zurückzukehren, die nach wie vor hartnäckig ihr geheimnisvolles Ziel verfolgt. Diesmal kracht der Wagen in einen Eierstand. Wieder Schnitt zu Chaplin, dann zurück zu der rasenden Dame, deren Vehikel diesmal mit der Wucht einer Granate das Hinterteil eines Polizisten trifft.

Ich glaube, jetzt ist klar, worauf ich hinaus will: Sowohl im Film als auch in Hrabals Geschichte folgen wir dem höchst ungewöhnlichen, zielstrebigen und exzentrischen Verhalten einer Person, die ihre Umgebung vergißt, eine Umgebung, deren Wahnsinn von Szene zu Szene zunimmt. In Hrabals nächster Szene gehorcht der lesende Junge einem natürlichen Bedürfnis:

> Mit der Geste eines Grafen schob er den Stuhl weg und stellte sich mitten ins Lokal und las, so interessant war die Seite. Und dann stelzte er nach hinten zu der Tür, auf der ein Pfeil und zwei Nullen aufgemalt waren. Er öffnete sie und ging ruhig weiter, als kenne er sich hier aus, er durchquerte unseren ehemaligen Klubraum [...] »Das ist eine Nummer!« Der Wirt wies auf die Tür, die sich eben schloß. Da gab es in dem ehemaligen Klubraum einen Krach, ein Flaschengeklirr und Geschepper, das sofort wieder verstummte. Der Wirt riß die Tür auf, damit alle es sahen ... und der junge Mann tastete sich weiter und warf die leeren Flaschen um, dabei las er immer noch ... er tastete nach der Klinke und trat ins Pissoir.

Hier findet man alles: die rücksichtslose Zielstrebigkeit des exzentrischen Clowns mit den zerbrochenen Eiern und den zerdepperten Flaschen im Gefolge. Inzwischen, nach mehreren Kollisionen mit immer absurderen Hindernissen und einem gefährlichen Zickzack zwischen rasenden Autos (die Meister des extended gag nannten diese Schnittfolge »die Routine«), nähert sich unsere dicke Dame endlich der Klimax, dem, was diese Meister den »topper« zu nennen pflegten: mit einem Tempo, schneller als ein Spitzen-Rennpferd – ein Effekt, der durch den beliebten Trick mit der verlangsamt gekurbelten Kamera erzielt wurde – erreicht sie schließlich einen Hafenkai, von dem soeben ein Raddampfer ablegt. Der Abstand zwischen Anlegestelle und Dampfer wird immer größer. Es gelingt der dicken Dame, den Kinderwagen an Bord zu stoßen, sie selbst aber plumpst in den Fluß. Der durch die ganze Geschichte hindurch ausgebaute Gag ist bei seinem Topper angelangt.

Und bei Hrabal?

> Der Wirt ging auf Zehenspitzen zur Tür, öffnete sie einen Spalt breit und sah eine Weile hinein. Dann machte er sie zu, kehrte durch das Klubzimmer zurück, und als er ins Lokal kam, wandte er den Kopf ab und sagte gramvoll: »Ein grauenhaftes Bild! Dieser Viehtreiber erledigt sein kleines Geschäft, hält das Buch mit der anderen Hand und liest! [...] Schon dreißig Jahre mach ich hier den Kneipier, aber so was hab ich noch nicht gesehen. Ich weiß nicht, ich weiß nicht, aber diese Generation wird uns noch hübsch einheizen!« prophezeite der Wirt kopfschüttelnd.

Vielleicht ist der Topper hier nicht so ausgeprägt wie bei der von ihrem Kinderwagen getrennten unglücklichen Dame, aber das Prinzip ist dasselbe. Die alten Meister des Stummfilms schafften es manchmal, mehrere Gag-Routinen zu kombinieren und sie in einem einzigen Topper gipfeln zu lassen. Hrabal gelingt das nicht ganz; er verläßt den lesenden Jungen und entwickelt einen weiteren extended gag, indem er den Mann mit dem Sauerkraut ins Spiel bringt. Der sitzt noch immer in der Bar und plaudert mit dem Wirt, als draußen vor dem Fenster der Kneipe plötzlich eine attraktive Frau erscheint; sie tritt ein und geht wieder. Mit der Kasserolle voller Sauerkraut in seiner ausgestreckten Hand folgt er der erotischen Erscheinung auf die Straße. Der Fokus der Handlung verlagert sich nun auf eine Gruppe deprimierter Fußballfans, es folgen einige komische Szenen mit ihrem Anführer, der offensichtlich kurz zuvor Zeuge einer katastrophalen Niederlage seiner Mannschaft geworden war, die Handlung wandert von einer Person zur nächsten, aber von Zeit zu Zeit erhaschen wir einen flüchtigen Blick auf die zweite Hauptfigur der Geschichte, den somnambulen Mann, wie er dem sich wiegenden Hinterteil der prächtigen Frau folgt, die Sauerkraut-Kasserolle wie eine absurde Monstranz in der ausgestreckten Hand vor sich her tragend. Am Ende der Geschichte schaut ein Gast aus der Glastür:

> Er nahm überhaupt nicht wahr, daß in unsere Straße wieder das hübsche Frauenzimmer zurückgekehrt war, das immer noch sein Täschchen schwenkte ... und dahinter, in etwa drei Meter Abstand, ging wie im Traum der rechte Flügel vom De-Ef-Ce, immer noch die Krautkasserolle in der Hand – er hielt sie wie ein Wünschelrutengänger, der mit der Rute Wasser sucht ... Nun ging die Frau auf das Kino zu, und die Kasserolle mit dem Sauerkraut folgte ihr ...

Sicherlich kann man nichts beweisen. Doch wage ich zu bezweifeln, daß eine solche Folge hochstilisierter Übertreibungen jemals hätte geschrieben werden können ohne einen Chaplin, der mit verbundenen Augen auf einem geländerlosen Balkon Rollschuh fährt, um Paulette Godard zu beeindrucken, ohne einen Keaton, der auf einer vom Hurrikan verwüsteten Straße steht und die Front einbrechender Häuser nicht wahrnimmt, die gerade auf ihn niedergestürzt ist – glücklicherweise ist ein Fenster strategisch günstig plaziert, so daß es genau an der Stelle herunterkommt, wo er steht, kurzum, ohne all diese verrückten Erfindungen der Stummfilm-Genies.

Wenn man Hrabal liest, fühlt man sich oft an Faulkners Roman *Das Dorf* erinnert, der gleichfalls nicht von Shakespeare, sondern von Hollywoods unbekannten Gag-Schreibern und einstigen Kollegen Faulkners inspiriert ist:

> Sie sahen das Pferd, das der Texaner ihnen geschenkt hatte, herumwirbeln und zurückkommen und durchs Tor in Mrs. Littlejohns Hof galoppieren und die Vordertreppe hinauf und über die Holzveranda preschen und in der Tür verschwinden. Da rannten auch Eck und der Junge die Veranda hinauf. Gleich bei der Tür stand eine Lampe auf dem Tisch. In ihrem warmen Schein sahen sie, wie der Hengst den langen Flur in ein buntes und grelles und tosendes Feuerwerk verwandelte. Weiter unten im Flur stand ein gelb lackiertes

> Harmonium. Der Hengst krachte hinein [...]; der Hengst und sein riesiger, verzerrter Schatten wirbelten abermals herum und verschwanden durch eine andere Tür. Es war ein Schlafzimmer; Ratliff in Unterhose und mit nur einer Socke, die andere in der Hand, lehnte mit dem Rücken zur Tür aus dem Fenster [...]. Er sah über die Schulter zurück. Eine Sekunde starrten er und das Pferd einander an. Dann sprang er aus dem Fenster, und der Hengst stakste rückwärts aus dem Zimmer [...] und preschte den Flur hinunter und auf die Hinterveranda, wo Mrs. Littlejohn mit einem Armvoll von der Leine abgenommener Wäsche und dem Waschbrett die Treppe heraufkam.

Diese wilde Jagd mit ihren vielen gaghaften Details hat sogar einen Topper. Das Pferd prescht aus dem Dorf hinaus und eine Landstraße hinunter, wo es in einen von zwei Maultieren gezogenen Wagen hineinläuft, auf dem Mr. Tulls Familie sitzt. Die Kollision ereignet sich just in dem Augenblick, da der Wagen eine Brücke überquert. Die Maultiere, vom Hengst erschreckt, kippen den Wagen um, Tull wird nach hinten geschleudert, »zurück in den Wagen unter die umgefallenen Stühle und die enthüllten Strümpfe und Unterröcke und Hosen seiner Weibsleute« und schließlich aus dem Wagen hinaus auf die Brücke, wo er mit dem Gesicht aufschlägt.

Kann man sich etwas dem Film Ähnlicheres vorstellen? Etwas, das der Stummfilm-Komödie klassischer entspräche? Bleiben wir ein wenig bei Faulkner. Natürlich hat ihn in Prag jeder in den späten fünfziger und frühen sechziger Jahren in Übersetzung gelesen. *Eine Rose für Emily*, eine Sammlung seiner besten Kurzgeschichten, »Mink«, der letzte Teil der Snopes-Saga, *A Fable*, die virtuos geschriebene abenteuerliche Geschichte von einem dreibeinigen Rennpferd, *As I Lay Dying*, jene absurde »tour de force« schwarzen Humors; *Griff in den Staub*, Faulkners Hommage an das abgegriffene Genre des Kriminalromans. Wie Poe und wie die Stummfilm-Komödie ist Faulkner in das Unterbewußtsein der Tschechen eingegangen. Er ist einer der wenigen amerikanischen Autoren, die Hrabal ausdrücklich erwähnt – im Zusammenhang mit Mink Snopes, einer Figur, die sich übrigens in der Welt Hrabals zu Hause fühlen würde. Die Erzählung *Tanzstunden für Erwachsene und Fortgeschrittene* ist ein Tribut Hrabals an die Sprachmeisterschaft des Südstaatlers, sie besteht aus einem einzigen, endlosen »Faulknerschen« Satz. Freilich ist die Ähnlichkeit nur oberflächlich: Während der typisch Faulknersche Satz mit seinen zahlreichen labyrinthischen Verschachtelungen zu den komplexesten syntaktischen Konstruktionen in englischer Sprache gehört, ist Hrabals buchlanger Monstersatz nur eine Kette relativ simpel aufgebauter Einheiten, die durch »und« verbunden werden. Aber es gibt tiefere, hintergründigere Verwandtschaften zwischen Faulkner und Hrabal. Mitten in Hrabals Geschichten begegnet uns jener Faulkner wieder, der die schönen Ungereimtheiten der Volkserzählungen bewundert, der sich willig dem Zauber der Erzählkunst und Fabulierlust des Halbgebildeten überläßt, jener ursprünglichen Figur, die an den nebelhaften Anfängen der Literatur steht, welche allen Experimenten und allen Verfeinerungen zum Trotz wesentlich Geschichtenerzählen ist. Natürlich kommen auch andere amerikanische Paten in Betracht. Der Zentralbegriff in Hrabals ästhetischem Kanon – pábení, das »Bafeln« – ist nichts anderes als Lagerfeuer-Palaver, steht also in enger Beziehung zum amerikanischen »tall tale«, zu den exzentrischen Übertreibungen eines David Crockett, Paul Bunyan oder Pecos Bill. Diese stehen am Beginn einer Tradition, die sich über die Ungeschlachtheiten eines Artemus Ward oder eines Petroleum V. Nasby schließlich zu der Kunst Bret Hartes, Ambrose Bierces, Mark Twains, Ring Lardners, Damon Runyons etc. verfeinerte – Autoren, die in Prag durch neuere Übersetzungen alle bekannt sind.

Unter den Einflüssen, von denen Hrabal selbst spricht, stehen Maler im Vordergrund: Matisse, Munch, die Surrealisten, Jackson Pollock und viele andere. Hrabal behauptet sogar, daß er von den Malern, von der Technik der Collage, vom Abstraktionsprozeß der modernen Kunst viel mehr gelernt habe als von Schriftstellern. Das mag sein, und er wäre sicherlich nicht der einzige. Der Einfluß der Malerei auf Hemingways Landschaftsbeschreibungen wurde von Emily Watts nachgewiesen, Picassos Kubismus hat offensichtlich etwas mit Gertrude Steins »*bottom natures*« zu tun, Dos Passos' verwirrende, stark visuelle Bilder und seine verblüffenden Collagen würden ohne die Galerien von Paris nicht existieren etc. Aber es gab auch einen amerikanischen Schriftsteller, der im nachstalinistischen Prag, also zu der Zeit, da die meisten Erzählungen Hrabals entstanden oder ihre endgültige Form annahmen, sehr verbreitet war und eine Menge von den Impressionisten des 19. Jahrhunderts gelernt hatte. Er erfand jenes berühmte Bild, das in so vielen Essays über die Bildlichkeit zitiert wird: »Die Sonne war wie eine rote Oblate an den Himmel gepappt.« Es ist Stephen Crane, einer der ersten, die den Großstadt-Slang kunstvoll in die Literatur einführten, so in *Maggie, das Straßenkind*, wo sich einmal mehr Grausamkeit und Schönheit vermählen, oder in *The Bride comes to Yellow Sky* und in vielen anderen Erzählungen. Nehmen wir ein Beispiel:

> Am östlichen Himmel war ein gelber Fleck wie ein Teppich für die Füße der aufgehenden Sonne ausgelegt, und die Silhouette der riesigen Figur des Oberst auf einem riesigen Pferd zeichnete sich drohend und schwarz dagegen ab.

Oder:

> Als die nächste Nacht anbrach, marschierten die Kolonnen, in purpurne Streifen verwandelt, über zwei Ponton-Brükken. Ein hell loderndes Feuer tönte das Wasser des Flusses weinfarben. Die Strahlen fielen auf die sich bewegenden Truppenmassen und ließen es hier und da silbern oder golden aufschimmern.

Und nun dieses bei Hrabal:

> Und dann glitt ich wieder ins Wasser, in das messingfarbene Wasser, und schwamm und schwamm, immer im Kreis, und teilte im Mondschein die metallische Farbe mit meinen Händen. Jedesmal, wenn ich meine Hand aus dem Wasser hob, war sie bronzefarben.

Wir erkennen hier dasselbe Prinzip. Das ist keine Beschreibung mehr. Das ist impressionistische Malerei. Vielleicht auch expressionistische, auf jeden Fall aber Malerei. Vielleicht Hrabals Lieblingsmaler Munch, oder van Gogh, doch ist es ebenso nahe bei Crane! Lassen Sie mich mit meinem Lieblingsbild schließen, das ganz Crane ist und aus Hrabals Erzählung *Ro-*

manze stammt, als ein Zigeunermädchen eine Straße überquert:

> in der flachen Hand das halbe Brot, dessen helle Kruste dicht neben dem schwarzen Haar ihren Weg durch die Abenddämmerung zeichnete.

Schön und gut – aber bildet das alles insgesamt eine wirkliche Aufnahme amerikanischer Motive? Einen geradlinigen Einfluß? Eine Abhängigkeit von den Meistern jenseits des Atlantik? Sicherlich nicht. Es liefert nur einen – höchst ästhetischen – Beweis mehr, daß die beste Literatur jenes kleinen Landes, das nun unter russischer Herrschaft steht, nichts zu tun hat mit den literarischen Traditionen des wirklichen Ostens. Um Joseph Conrad zu zitieren, zeichnen sich deren Vertreter durch »eine Mentalität und Gefühlsbetontheit« aus, die »immer abstoßend« für uns war, eine Reserve, die gleichermaßen »ererbt wie individuell« ist. Es zeigt auch, daß die tiefsten Wurzeln unserer tschechischen literarischen Tradition im lebenspendenden Boden der westlichen Kultur liegen. Darin besteht, zumindest für mich, die grundlegende und, wenn man so will, politische Botschaft im Werk des bemerkenswert westlichen Schriftstellers Bohumil Hrabal.

Miklós Mészöly
Pardon

In einem Außenbezirk von Prag traf ich ihn, fern der Moldau, fern der Uferanhöhe, wo der heilige Georg, eingerahmt in die nicht-vergängliche Zeit, den Drachen tötet. Diesen Straßen genügte die alte Geschichte nicht, die neue Geschichte hat sie gemacht, die Leichenlicht verbreitenden Neonröhren, die hygienischen Mülltonnen, die Kohlenhaufen auf den Höfen und in einer Ecke eine streng wirkende Holzbude, mit einem Schild versehen: Büro. Aus dem Abwasserschacht, dessen Deckel beiseite gerutscht ist, kriecht von ihrem illegalen Kontrollgang zufrieden eine Katze hervor.

An einem auffallend warmen und kein Lüftchen bewegenden Sommerabend kehrte ich hier in eine Gaststätte ein, um das seit dem Morgen fällige Pilsner zu mir zu nehmen. Viele waren nicht da, so viele aber dennoch, daß der Gast in seiner Hoffnung auf Heiterkeit und Behaglichkeit nicht enttäuscht werden würde. Um einen herum Geraune, aufsteigende Rauchschwaden, ohne jede Verpflichtung können wir mit unserem Blick zu denselben Winkeln und Gesichtern zurückkehren, zu denselben Schuhsohlen unter dem Tisch, während sie über den Mosaikfußboden schurren. Das erste Glas hatte ich bereits hintergekippt, als sich von dem einen abseits stehenden Tisch ein beleibter Mann, nicht allzu untersetzt, aber auch nicht groß, erhob und auf mich zukam. Er erinnerte mich an jene raffiniert geformten langgestreckt-gedrungenen Fässer, deren Fassungsvermögen überraschend größer ist, als ein Laie ahnen würde. Seine Leinenhose schlug schlappend hin und her, gleich der des beamteten zaristischen Generals, auf sein blaues kurzärmliges Hemd zeichneten schwarze Hosenträger ihre konstruktivistische Abstraktion. Mit einem reserviert selbstsicheren Lächeln setzte er sich neben mich, mit ausgestrecktem Ellenbogen ließ er seine Hand auf die von aufgeweichten Erdteilen übersäte Tischdecke niederfallen. Zum Sinnieren gab es weder Zeit noch Grund, auch ich war bemüht, mich freundlich in seine Augen zu vertiefen, obwohl meine Aufmerksamkeit auch dadurch gefesselt wurde, daß seine Hände gemessen an dem kräftigen und behaarten Arm verblüffend klein und wohlgeformt waren. Regelmäßige, halbmondförmige Fingernägel (es war zu sehen, daß er sie nicht nur schnitt, sondern auch sorgfältig feilte), die Fingerkuppen weich gewölbt und sinnlich, die Finger dafür um so strammer, knöchern und abgemessen. Als läge vor mir ein Instrumentenkasten, in den man gerade alle Teile hineingelegt hatte. Während er sein Lächeln unwiderstehlich steigerte, stellte er das zugedeckte Ersatzglas vor sich hin, schenkte sich ein und teilte mir in ziemlich gutem Ungarisch mit, daß ich Ungar sei. In den ersten Minuten solcher Bekanntschaften kann man sich immer auf irgendeinen Knalleffekt gefaßt machen; ich meinerseits erwartete zufälligerweise nichts dergleichen. Aber das tat meiner guten Laune keinen Abbruch, im Gegenteil. Was entwickelt sich aus dem Nichts? – Dieses Spiel ist schließlich aufregender. Den knalleffektlosen Knalleffekt hatten wir gar bald überstanden. Hierzu gehörte, daß er wenigstens zehn Jahre kein Ungarisch gesprochen und wie sehr er sich gefreut hatte, es jetzt tun zu können. Na und wie er auf mein Anderssein gekommen war. In dem Augenblick hatte ich ihn eigentlich in mein Herz geschlossen. Binnen fünf Jahren hatte er bei den Ungarn zweimal gesehen, daß sie den Schaum des überlaufenden Biers nicht abschlürften, sondern mit dem Finger oder mit dem Bierdeckel abstrichen. Als wir klärten, daß ich keines von beidem getan hatte, klopfte er mir verschmitzt auf die Schulter, gut und schön, seine Augen ließen sich nicht täuschen, die Bewegung sei aber in meiner Hand schon angelegt gewesen, das solle ich ja nicht leugnen! Was blieb mir anderes übrig, ich gab es zu. Auf seinem Gesicht breitete sich tiefste Zufriedenheit aus, gleich jemandem, der genau damit gerechnet hatte. Teuflisch an der ganzen Sache lediglich der Umstand, daß ich tatsächlich Ungar bin. Danach fanden wir auch noch heraus, daß wir fast gleichaltrig sind. Was in solchen Zeiten nicht wenig ist, dennoch stimmten wir darin überein, daß dies bei weitem nicht ausreiche. Schön wäre es, Dinge zu erleben – die Kindheit lassen wir hier, auch wenn es angenehm war, daß uns jemand anders den Hintern abwischte –, die bis zum Tod wünschenswert bleiben.

Ich mußte ihn nicht ermuntern, um ihn von selbst den Faden dieser kleinen Geschichte finden zu lassen. Er erzählte, daß er seit ein paar Jahren Rentner sei, und er könne mir gar nicht sagen, wieviel neuer Freuden er teilhaftig werde, als komme sein Leben erst jetzt zur wahren Entfaltung. Er sei auf die Kaninchenzucht verfallen. Und diese sei eine Welt für sich. Ich solle mir die Front der mehrgeschossigen Kaninchenställe vorstellen, wenn morgens die Sonne dorthin scheine! Die feuchten, schnuppernden Nasen, wie sie sich in die Öffnungen des Drahtgitters hineinspickten. Es werde einem warm ums Herz. Und nicht nur der Geruch der frischen Streu sei unnachahmlich, sondern auch die Stille ihres nächtlichen Schnaufens, das anarchische Durcheinander beim Erwachen. Hier herrscht wirklich Leben! Ungestört kann man selbst ihre geheimsten Regungen beobachten, das Buch liegt geöffnet vor uns. Und dann ihre Vermehrung. Wie sich der Trieb in ihnen aufbäumt und die Schelme nicht eher ruhen, als bis sie etwas unternommen haben. Über ihr Gerammel könnte man einen Roman schreiben. Wir sollen bloß nicht glauben, daß ihnen Haß, Kampf und Krieg fremd wären, sogar Verschwörung gibt es! Zwei verbünden sich gegen fünf oder umgekehrt, und fertig ist die Kalamität. Freilich, alles hängt von den Kräfteverhältnissen ab, obwohl durchaus vorstellbar ist, daß die zwei Beharrlichen stärker sind als die fünf, und schon sieht es auch so aus, daß es am Endergebnis keinen Zweifel geben wird: Irgendwer wird siegen. Oder etwa nicht? Und schrill lachte er auf. Bloß, in einer solchen Situation muß man sich geschickt einmischen. Wenn der gute Halter so etwas bemerkt, nimmt er einfach eine Umgruppierung vor, das eine hierhin, das andere dorthin, sonst hapert es an der Qualitätszucht, das Gewicht bleibt auf der Strecke. Sie kümmern sich nicht um das, worum sie sich zu kümmern haben. Und schön daran ist vor allem, daß all das auf einem Fleck abgewickelt wird, es gibt kein Umhergerenne, kein Umhergereise: Am Ufer der Moldau habe ich ein schönes Haus mit Garten, ich brauche nur aus dem Fenster zu blicken, und schon habe ich sie alle in der Hand. Wenn jemand dies zu schätzen weiß, dann ich. Die unzähligen Verhöre, Fahndungen, Protokolle, worin mein Leben verflossen ist, und fortwährend unterwegs, denn so für vier renitente Kreise war ich zuständig ... irgendwann wird man müde. Wenn du nie weißt, was hinter dem Vorhang steckt, auf dem Boden, im Keller ... und hinter den Stirnen! So ein Inspektorendasein – dieses dezent überholte und unsichere Wort benutzte er – erhöht früher oder später gefährlich die Magensäureproduktion. Die Säure beginnt an einem zu nagen, und das ist das Vorzimmer zum Krebs. Und dann kann auch schon der Priester zum Verhör kommen! Das Haus mit allem Drum und Dran macht mir Freude und Vergnügen, ist mein Hobby, ein Rentner denkt nun schon gezwungenermaßen so. Nebenbei bemerkt, die Gescheckten mag ich mehr, weiß der Teufel warum, vielleicht weil ihre Vergangenheit verdächtig ist? Wenn ich morgens aufwache, führt mich mein erster Gang zu den Kaninchenställen, um eine Zählung vorzunehmen. Eine kindische Angst, dennoch mache ich das gern. Dann das Füttern, Tränken und dergleichen, alles Routinesache, doch selbst das geht nicht ohne Herz, da kann der Mensch zeigen, ob er eines hat. Und das Schlingen! und wie sie sich gegenseitig treten! Froh bin ich nicht, wenn das Auto kommt, um die Gemästeten abzuholen. Obwohl es auch ein besseres Geschäft gibt, ich habe einen ortsansässigen Abnehmer, er nimmt mir nur Gehäutete und Ausgenommene ab, wöchentlich liefere ich die vertraglich festgelegte Menge. Sie können sich vorstellen, was für eine andere Sache das ist, mit derlei hatte ich vorher keine Erfahrung, als Rentner mußte ich mich da erst hineinknien. Das war genau so, als wenn sie einen ohne viele Worte in eine andere Staatssicherheitsabteilung versetzten! – Und er öffnete das dritte einladende Pilsner. Nun ja, so irgendwie sei es auch ihm ergangen. Ich könnte sagen, daß mir die Kunst des Fellabziehens und Zerlegens Herzenssache geworden sei. Können Sie sich einen Begriff davon machen, wie viele Finessen ein gefälliges Ergebnis hat? Damit man verkaufen kann und einem nicht vorgeworfen wird, das Häuten und Ausnehmen sei Pfusch. Werfen Sie einen Blick in die Tiefkühltruhe eines Spitzengeschäfts, danach werden Sie auch daran denken, was Ihnen bisher nicht in den Sinn gekommen ist: Das ist Kunst. Gesund wird die Welt erst dann werden, wenn jedermann seine eigene Kunst haben wird. Meine Hasen kann man sich ansehen – wie die präpariert sind! An denen finden Sie keinen einzigen unrichtigen Schnitt, ihr Inneres gleicht dem Mond. Wissen Sie, und ein Lächeln spielte um seinen Mund, diese Arbeit mache ich gern bei Sonnenschein. Wenn ich ihnen das weiche Fell abziehe, wird das bißchen Feuchtigkeit, die das Fleisch ausscheidet, durch die starke Sonne schnell getrocknet, und dann kann ich mit der Messerspitze leichter unter das Fell gelangen, ich rutsche nicht ab. Das Fleisch muß bleiben wie Marmor. Auf seine alten Tage begreift der Mensch erst wirklich, was Kunst ist.

Das war es im großen und ganzen, was er von sich erzählt hat, sonst eigentlich nichts anderes – freilich viel farbiger, lebendiger und unvergeßlich. Ich würde nicht wagen, mich auf den Versuch einzulassen, den Zauber wiederzugeben, in dessen Bann ich geraten war; selbst nach so vielen Jahren will es mir scheinen, als hätten wir gestern zusammengesessen. Sein Wesen, seine Ursprünglichkeit machten einen derart tiefen Eindruck auf mich, daß ich, ohne zu überlegen, die vierte Flasche Pilsner aufmachte. Doch kam ich schon nicht mehr dazu, mir einzuschenken, plötzlich warf er einen Blick auf die Uhr und sprang, sich an den Kopf greifend, auf. Er warf das Bier um. Jetzt gab es nicht einmal mehr aufgeweichte Erdteile auf der Tischdecke, nur ein unendliches Meer. Mit einem mächtigen Lachen breitete er die Arme aus und umarmte mich.

»Pardon! Meine letzte Straßenbahn geht . . .!«

Und eilte hinaus in den bläulich-bleichen Neonschummer.

Längst schon war er zur Tür hinausgetreten, als ich ihm, da mir plötzlich die Schuppen von den Augen fielen, erneut hinterherblickte und ihm meine Anerkennung nicht verweigern konnte: Irgendwo habe ich dich schon gelesen, du schöne Figur! Besonders dieses *Pardon* hatte es mir angetan.

In Hrabalscher Stimmung siedelte ich mit meinem Glas auf ein anderes Festland über.

Hans Manz
Bemerkungen eines späten Lesers

Er muß schon entschuldigen, der Hrabal, daß ich so einfältig profan umspringe mit seiner Literatur. Schließlich bin ich nur ein simpler Leser, der sich nicht mit Klugscheißerei herumplagen mag. Hrabals Bücher möchte ich zuallerletzt von der Blutleere theoretischer Erörterungen gebleicht wissen. Mein Reich ist von dieser Welt. Mir ist die Salami wichtig, die Salami, die so lange reift, bis sie endlich doch auch in ein Himmelreich eingeht: in das der Würste. Noch wichtiger sind mir höchstens die Menschen, die unter dem Einsatz ihres Lebens und einem Anspruch, den nur hochrangige Kunstwerke erfüllen, sich eben dieser Salamis annehmen. Und am allerwichtigsten sind mir Autoren, die solche Menschen nicht nur kennen, sondern sie auch noch so zu beschreiben vermögen, daß man in Zuneigung zu ihnen entbrennt und allmählich wieder Achtung vor dem Menschlichen gewinnt. Allerdings muß in diesem Zusammenhang gleich eine Beschwerde vorgetragen werden: Mir liegen nicht nur Salamis, Kuttelflecksuppen, mit Gefülltem gefüllte Kamele am Herzen, mich interessieren ebenso die Tische, Tafeln, Lokalitäten, wo sie einem vorgesetzt werden. Wunderbare Wirts- und Waldhäuser, glänzende Hotels gibt's in Hrabals Geschichten zuhauf. Als naiver Leser, der ich bin, habe ich gleichwertige Bewirtungsstätten in meiner alltäglichen Umgebung (der sogenannten Wirklichkeit also) gesucht und nirgends gefunden. Folglich bin ich, auf der unaufhörlichen Jagd nach diesseitigen Paradiesen, bis ans Ende meines Lebens auf Hrabals Beschreibung von Orten, die das stumpfe Dasein erst zum Leben erwecken, angewiesen. Diese Abhängigkeit ärgert mich. Und ich will diesen Ärger rächen: Ich teile öffentlich, ohne Umschweife und bar jeder Scham mit, einer in literarischen Kreisen verpönten Ungeheuerlichkeit zu frönen: Ich verleibe mir Hrabals Romane, Erzählungen, Moritaten kulinarisch ein. Ich bin ein später Leser Hrabalscher Literatur. Die ersten (mutmaßlichen) drei Viertel meines Lebens bin ich ohne ihn einigermaßen zurecht gekommen. Der Nachholbedarf hat nämlich Vorteile: Die Eigenschaft der Gier ist mir nicht ganz fremd. Und so liegen nun Hrabals Bücher turmförmig neben meinem Bett – ein Turm, der sich rasch abträgt. Und jawohl (es sei wiederholt): Ich genieße sie. Sie tun mir wohl. Das kann man gut brauchen in einer Welt, die man offenbar nur als Sieger mit Gewinn durchschreiten kann. Nach jeder Lektüre gehe ich ermunterter, ermutigter, lächelnder, gestärkter, beschwingter, nachsichtiger, einsichtiger durch den Tag als üblich. Und dies auf Hrabals Kosten. Selbst ein unbedarfter oder doch unwissender Leser macht sich so seine Vorstellungen. Und dies ist die meine: Alles, was ich, der Leser, an Bilderreichtum, an atemraubender Sprachkadenz, erzählerischem Hakenschlagen, Emotionsfülle empfange, hat er, Hrabal, aus sich herausziehen, herausquetschen müssen, sich ausgewrungen, ausgegeben. Anders ist die Magie seiner Texte nicht zu erklären. Ich kann mir Hrabal am Ende eines Buches nicht anders als völlig erschöpft vorstellen. Und es wundert mich, daß er überhaupt den Mut findet, sich wieder an ein nächstes heranzuwagen, nur um sich neuerdings auszusetzen, alles dranzugeben, dem Chaos der Assoziationen und dem Maß der Übertreibungen die ordnende Kraft der Poesie aufzuzwingen. (Mein Gott, das sind ja literaturpäpstliche Worte!) Und woher nimmt Hrabal diesen Vorrat an Zärtlichkeiten?

Ich (der ich in einem früheren Leben einmal Schulmeister gewesen bin, und Schulmeister fragen immer nach der Nutzanwendung einer Geschichte) habe bei Hrabal gelernt, daß es nicht drauf ankommt, ob gewisse nackerte Fräuleins die grandiose Liebesbezeugung über sie ausgestreuter Blumen gebührend zu schätzen wissen, sondern daß der, welcher die Blumen ausstreut, allein durch diese unerhörte Geste jene Liebesbezeugung unauslöschlich in die Welt gesetzt hat. Er hat einen Maßstab gesetzt, der nicht mehr ungestraft unterboten werden darf. Zärtlichkeit, Sinnlichkeit, Erotik – sie nisten genau so intensiv in Föhren, bestimmen den Akt des Bierbrauens, prägen die Bedienung des abessinischen Kaisers.

»Eigentlich ist Herr Karl mit seinen Hungeranfällen und Gelüsten ein schöner Mann und also ein König des Lebens.« Doch nicht nur deshalb, Herr Hrabal! Herr Karl ist ein schöner Mann, weil er seitwärts am Boden liegend, den Kopf aufs Kissen gebettet, den faßdicken Bauch neben sich ruhen lassend, das Petersilienbeet jätet! Dichter verkennen oft die wahre Größe ihrer Helden. Und so soll Hrabal ja nicht glauben, er könne einem Leseneuling Sand in die Augen streuen. Manche seiner Könige des Lebens sind zum Fürchten, sind grausam, sich selbst und andern gegenüber. Warum bin ich dann auf ihrer Seite? Weil sie in ihrer Verschlagenheit, ihrer Untreue, hinter ihren absurden Unternehmungen und gaunerischen Umtrieben den Charme bewahren. Weil sie sich ein Ecklein, ein Gärtlein freihalten, dem sie ihre ganze leidenschaftliche Hingabe zuwenden. Und das ist nicht wenig.

Es ist in mir, während ich meine Bemerkungen formuliere, schon mehrmals der Verdacht aufgetaucht, daß auch Hrabal so etwas wie ein schöner Mann, Mensch sein könnte. Man braucht's ihm ja nicht unter die Nase zu binden. Eitelkeit verdirbt die Zärtlichkeit. Jedenfalls: Mir scheint, daß in seinem Werk die gleiche Lust und Besessenheit tätig ist wie jene, die der Pikkolo in die Ausgestaltung seiner Liebesnester legte. Sein Schreiben ist wie die Hände Herr Juneks, der seine Kartoffeln behandelte wie der Geburtshelfer das Kind, oder wie die Geduld der Salamipfleger, die ihre Salamis reifen lassen, die mir so wichtig sind und jetzt eben den Bogen meiner Bemerkungen geschlossen haben.

Jiří Kolář
Hommage à Hrabal

Drei Collagen

14
85
64
78
93
100

»Ich bin ein erschrockener menschlicher Aufschrei, der unter einer Schneeflocke zusammenbricht.«

Der Großvater: Tomáš Kilián

»In meinen Adern fließt französisches Blut: Mein Urgroßvater, ein Soldat Napoleons, wurde bei Austerlitz verletzt, von Frauen in Sicherheit gebracht und derart gesundgepflegt, daß er eines dieser Mädel schwängerte und in Mähren blieb.«

Die Großmutter: Kateřina Kilianová

»Mein Opa konnte sich aufregen wie kein zweiter, Oma mußte stets Schränke kaufen, mindestens viermal im Jahr, alte Schränke vom Trödler, denn wenn Opa sich wieder mal gräßlich aufregte, führte ihn Oma schnell ins Gartenhäuschen, drückte ihm eine Axt in die Hand, und schon schlug Opa los.«

Der Vater: Francin Hrabal

»Mein Vater war tagtäglich von Sorgen erfüllt, er hatte Angst vor der Gegenwart und setzte seine ganze Hoffnung in die Zukunft, diese Zukunft war für ihn ein Traum, in dem er alles schön sehen durfte.«

Die Mutter: Maryška Kilianová

»Die Haare meiner Mutter«, meinte der Herr Friseur Červinka, »seien ein Überrest aus den alten goldenen Zeiten.«

»Ich denke, ich war weniger gern zu Hause als andere Kinder. Vom dritten Lebensjahr an war ich ein Kind, das dem ganzen Städtchen gehörte.«

Die Eltern mit Bohumil (zwischen den Eltern) und Bruder Slávek

»Ich wollte eine Mutter haben, wie die anderen Jungen eine hatten, sie dachte aber immerfort nur ans Theater und ans Vergnügen, sie war für mich unfaßbar.«
»Mein Vater war ein ehrgeiziger Mensch und arbeitete sich langsam hoch und hatte nichts anderes im Kopf. Mein eigentlicher Vater war der Onkel Pepin.«

Nymburk.

»Die Brauerei in Nymburk war ganz anders als die in Polná, in Polná war sie fast ein Teil der Wohnung gewesen, hier aber lag sie hinter einem großen Garten, und sie war fast so hoch wie die Kirche in Polná.«

Bohumil (links) mit Bruder Slávek (rechts)

»Die Schule war für mich immer eine Qual. Ich sah und hörte, daß das, was der Herr Lehrer erzählte, wirklich für kleine Kinder war. Ich hatte meine Schule auf dem Hof der Brauerei, in den Gesindestuben. Und die Schule der Schulen, die Universität der Universitäten waren für mich der Fluß und die Bäume und die endlosen Spaziergänge.«

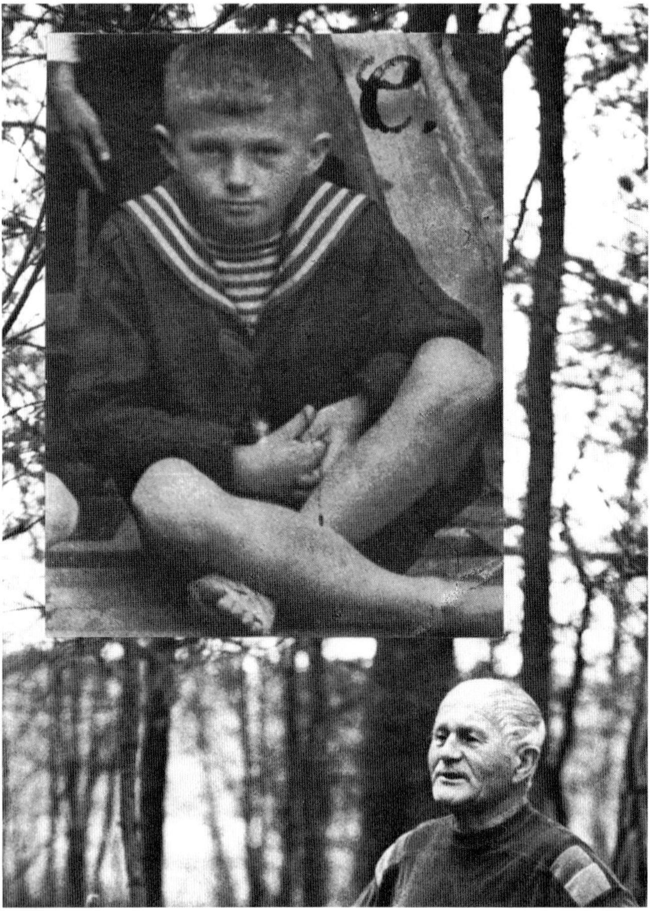

Von Bohumil Hrabal angefertigte Collage

Dr. jur. Bohumil Hrabal anläßlich der Promotion 1946, mit seiner Mutter

»Das Gefühl, daß in und mit den Händen etwas entstand, wirkte auf mich wie ein Traum. Deshalb setzte ich die Jurisprudenz nicht in die Praxis um, obwohl ich sie studiert hatte, sondern arbeitete nach der Art amerikanischer Autoren in den verschiedensten Berufen und hörte geduldig Gesprächen zu, ohne zu wissen, was ich einmal damit anfangen würde.«

Josef Hrabal, Onkel Pepin, als k. u. k. Soldat

»Und wieder hat der österreichische, der kaiserliche Soldat gesiegt!« Und der Onkel Pepin brüllte: »Gegen mich durfte sich nie einer etwas herausnehmen! Ich zog sofort den Revolver, und peng peng, gleich wälzten sich alle im Blut, und alle schossen Purzelbäume. Die Schönsten der Schönen haben sich meinetwegen gegenseitig beschossen, damals in Mähren war ich der schöne Mann Nummer eins!«

»Wer meine Muse, meinen Onkel Pepin, gekannt und das Glück gehabt hat, mit diesem Menschen zu plaudern, der weiß, daß er so gedacht, gefühlt, erzählt und gehandelt hat, wie ich ihn geschildert habe.«

Hrabals Schwägerin, Josef Hiršal, Onkel Pepin und Bohumil Hrabal

»Der Onkel spricht nicht. Er schreit. Brüllt. Er macht den Mund halb auf, quiekt mickrig und zeigt seinen einzigen Schneidezahn.«

Libeň, Am Damm Nr. 24

»... dann schämte ich mich und zog nach Libeň, in ein einziges Zimmer, wo aber alles mir gehörte, ich liebte damals die rauhe Realität und fand in ihr alle Poetik, die schöne Kleinstadt habe ich eingetauscht gegen die Großstadt-Folklore.«

Vor der Rohstoff-Sammelstelle in der Spalená-Gasse

»Mit Haňťa aus der *Allzu lauten Einsamkeit* habe ich von 1954 bis 1958 in der Rohstoff-Sammelstelle gearbeitet, und die Erfahrung jener Zeit ist dermaßen stark gewesen, daß ich meine Erlebnisse ständig in den Kneipen zum besten gab, bis ich nicht mehr zwischen Haňťa und mir unterscheiden konnte.«

Hochzeit mit Eliška Plevová 1956

»Als ich meine Frau kennenlernte, arbeitete sie in der Küche des Hotels Paris, und vermutlich liebte sie mich damals, als wir noch ledig waren, sehr, denn sie brachte mir in einer Kasserolle das Essen mit. Mein Schreiben war für sie, als würde ich Briefmarken oder Streichholzschachteln sammeln.«
»Meine Frau hat sich sehr gefreut, als ich sie heiratete, denn sie wußte, daß ihr mit dieser Hochzeit geholfen war. Den Ehering mußte sie selber kaufen, dafür gab ich damals im Monat mehr aus, als ich verdiente.«

»Manch einer könnte sagen, meine Reisen seien sinnlos gewesen, da sie sich nicht in dem, was ich schreibe, widerspiegeln. Auch das ist möglich, daß ich vergeblich durch die Welt gereist bin. Nach jeder Rückkehr atme ich erleichtert auf, wenn ich endlich wieder über die staubige, mit Papierfetzen bedeckte Nationalstraße gehen oder mit dem Fahrrad an der Elbe entlang radeln kann, das ist für mich der Gipfel, nach dem ich mich stets sehne.«

»Der Weg entlang der Elbe ist für mich der schönste Weg auf der Welt. Hier stolpere ich über meine Kinder- und Jugendjahre. Hier denke ich nach und bin glücklich.«

»Mein Freund Karel Marysko war mein Lehrer, wir haben damals, vor ungefähr sechzig Jahren, eine sogenannte Sternenfreundschaft geschlossen, wie vor hundert Jahren Richard Wagner und Friedrich Nietzsche.«

Mit Karel Marysko, Prag, vierziger Jahre

Mit Karel Marysko, Kersko, Anfang achtziger Jahre

(Von links nach rechts)
Jiří Kolář, Emanuel Fryntá,
Egon Bondy 1952,
Josef Hiršal 1988, Jiří Menzel 1965

Jagd des Goldenen Prag, 1988. Bohumil Hrabal 2. von links, obere Reihe.

»So spüle ich abends bei der Wasserpumpe das Geschirr, trockne mit dem Lappen alle Teller und Tassen und Gläser und Bestecke und habe dabei ständig den Eindruck, daß es sehr lange dauern wird, bis ich unter dem Riesenhaufen von Hemden und Hosen und Jacken und Krawatten, die meine Besucher zurückgelassen haben, die eigenen Kleider wieder finden werde.«

Kersko, ca. 40 km von Prag entfernt
Arbeitszimmer in Kersko, mit Porträt Hrabals von Josef Jíra

»Ich habe mir ein Häuschen gekauft, um die Einsamkeit zu finden, aber innerhalb von zwei Tagen habe ich dort mehr Freunde gefunden, als ich sie zu Hause in Prag habe.«

In der Wohnung in Prag-Kobylisy

»Ich bin es gewohnt, nur am Morgen, so bis Mittag zu schreiben, eigentlich habe ich kein einziges Buch in den Abendstunden geschrieben.«
»Das Schönste am Schreiben ist, daß einen niemand dazu zwingt.«

Vladimír Boudník

»Vladimír, obwohl Proletarier, war ein Aristokrat, der durch seine Art zu leben, all diejenigen zur Nachahmung bewegen wollte, die noch daran glaubten, daß das Leben es wert ist, voll und ganz gelebt zu werden.«

»Meine Frau hat mich in diesen zwanzig Jahren Ehe kaum zehnmal schreiben gesehen. Wenn meine Frau mich anblickt, blockiert sie nicht nur meine Gedanken, sondern auch meine Schreibmaschine.«

»Das ist mein Prag, wo ich tagtäglich in den Kneipen sein muß. Eigentlich habe ich ein Vierteljahrhundert lang nur in meinen Kneipen zu Mittag gegessen.«

»Die Kneipe ist eine Bethlehemskapelle, wo jeder Gast im Gespräch zu dem wird, was er einmal war oder sein möchte, die Kneipe ist jene laute und lärmige Einsamkeit, in der es sich am besten träumen läßt.«

»Mit Vergnügen gehe ich noch heute auf meinen Hof Am Damm Nr. 24, er ist verwildert, die Fenster sind zerbrochen, die Wände schief und feucht, und wenn ich dorthin schaue, wo ich ein Vierteljahrhundert lang glücklich war, stelle ich zufrieden fest, daß niemand mehr hier wohnt und wohnen kann, auf der Pawlatsche im ersten Stock sehe ich aber Windeln flattern, und ich höre, wie jemand auf der Schreibmaschine schreibt.«

Zerstörung des Damms zur Ewigkeit, April 1988

»Ich habe eigentlich niemanden mehr, nur meine Katzen, über die ich einen Fortsetzungsroman von der Liebe schreiben will.« – »Durch meine Katzen werde ich ein wenig unsterblich.«

»Man kann den Umweg nicht überspringen, der über das Reden zum Schweigen, über die Kategorie zum Wesentlichen, über Gott zum Göttlichen führt.«

Susanna Roth und Bohumil Hrabal, Kersko 1988

»Der Stuhl« von Magdalena Jetelová. Ausstellung »Prager Hinterhöfe«, 1981

»Ich gehörte und gehöre zu den Menschen, die auf der Suche nach der Antwort zu einer präziseren Formulierung der Frage gelangen, die sie beantworten wollen.«

»Und dieses Leben ist trotzdem schön, zum Verrücktwerden schön. Nicht, daß es das wäre, aber ich sehe es so.«

Zeittafel

1914
geboren am 28. März in Brünn als Sohn der Marie (Maryška) Kilianová. Lebt zunächst in der Familie der Großeltern Tomáš und Kateřina Kilian.

1917
Die Mutter heiratet Francin Hrabal, der Bohumil adoptiert. Die Familie zieht nach Polná, wo der Vater in der Brauerei arbeitet. Geburt des zweiten Sohns Slávek.

1920
Die Familie siedelt nach Nymburk um. Der Vater wird Verwalter der dortigen Brauerei, Bohumil besucht bis 1925 die Primarschule.

1924
Francins Bruder Josef (Pepin) kommt zu Besuch, um sein Leben lang bei der Familie zu bleiben.

1934
Abitur, nach einem Jahr Gymnasium in Brünn (1925-1926) und Absolvierung der Realschule in Nymburk (1926-1934).

1935
Beginn des Studiums der Rechtswissenschaften an der Prager Karlsuniversität. Besuch von Vorlesungen über Literatur, Kunst und Philosophie. – Schreibt seit der zweiten Hälfte der dreißiger Jahre Gedichte. Beginn der Freundschaft mit dem Dichter und Musiker Karel Marysko.

1939
Schließung sämtlicher tschechischer Hochschulen durch die deutsche Besatzungsmacht. Rückkehr nach Nymburk, der Vater ist inzwischen Direktor der Brauerei. Arbeit als Notariatsangestellter, dann Besuch einer Handelsschule in Prag.

1941-1945
Im Dienst der staatlichen Eisenbahn, in verschiedenen Stellungen.

1945
Inzwischen verschollenes »Manifest des Neopoetismus«, zusammen mit Karel Marysko.

1946
Promotion zum Doktor der Rechte.

1946-1947
Versicherungsagent der Prager Gewerbeversicherung. Zieht in die Libener Gasse Na Hrázi Nr. 24, an den »Damm zur Ewigkeit«, wo er bis 1973 wohnen wird, zeitweise mit seinem Freund Karel Marysko, von Herbst 1950 bis April 1952 mit dem Graphiker Vladimír Boudník, dem »Sanften Barbaren«.

1948
Infolge der Verstaatlichungen nach der kommunistischen Machtübernahme verliert der Vater seine Anstellung in der Brauerei. Hrabals erster Gedichtband *Ztracená ulička* (Verlorenes Gäßchen) wird aus demselben Grund nicht verlegt.

1947-1949
Arbeitet als Handelsreisender der Firma K.H. Klofanda, bis auch diese verstaatlicht wird. – Schreibt u.a. *Legenda o Kainovi* (Kainslegende), eine der Vorlagen für *Ostře sledované vlaky* (Scharf beobachtete Züge), und *Utrpění starého Werthera* (Die Leiden des alten Werther), die erste Fassung von *Taneční hodiny pro starší a pokročilé* (Tanzstunden für Erwachsene und Fortgeschrittene).

1949-1952
Langfristiger Brigadeeinsatz in den Poldi-Hütten, den Stahlwerken von Kladno, beendet durch einen schweren Arbeitsunfall. Lernt dort Vladimír Boudník kennen. Beginn der Freundschaft mit Egon Bondy.

1954-1958
Altpapierpacker der Rohstoff-Sammelstelle in der Spalená-Gasse in der Prager Neustadt. – Schreibt während dieser Zeit (seit den späten vierziger Jahren) viele der Texte, die, zum Teil stark umgearbeitet, in den Erzählbänden der sechziger Jahre publiziert werden.

1956
Jiří Kolář veranlaßt die Publikation der ersten beiden Erzählungen als bibliophile Ausgabe: *Hovory lidí* (Gespräche von Leuten).
Heirat mit Eliška Plevová.

1959-1962
Kulissenschieber und Statist im S.K. Neumann-Theater in Libeň. Die Publikation des Erzählbandes *Skřivánek na niti* (Eine Lerche am Faden), die wiederum Jiří Kolář durchgesetzt hatte, wird infolge des Skandals nach der Veröffentlichung von Josef Škvoreckýs *Zbabělci* (Feiglinge) eingestellt.

1963
Die erste Erzählsammlung *Perlička na dně* (Perlchen auf dem Grund) erscheint. Seit der Zeit ist Bohumil Hrabal als freischaffender Schriftsteller tätig.
Weitere Buchveröffentlichungen:
Pábitelé (Die Bafler) und *Taneční hodiny pro starší a pokročilé* (Tanzstunden für Erwachsene und Fortgeschrittene, 1964); *Ostře sledované vlaky* (Scharf beobachtete Züge) und *Inzerát na dům, ve kterém už nechci bydlet* (Inserat. Verkaufe Haus, in dem ich nicht mehr wohnen will, 1965); *Automat Svět* (Stehimbiß Welt, Auswahlband mit Collagen von Jiří Kolář, 1966); *Bohumil Hrabal uvádí* (Bohumil Hrabals Lesebuch, Anthologie) und *Toto město je ve společné péči obyvatel* (Diese Stadt steht in der gemeinsamen Obhut ihrer Bewohner, mit Photos von Miroslav Peterka, 1967); *Morytáty a legendy* (Moritaten und Legenden, 1968).

1965
Verfilmung von mehreren Erzählungen: *Ostře sledované vlaky* (Scharf beobachtete Züge – Jiří Menzel), *Perličky na dně* (Perlchen auf dem Grund – Jiří Menzel, Jan Němec, Evald Schorm, Věra Chytilová), *Fádní odpoledne* (Ein fader Nachmittag – Ivan Passer), *Sběrné surovosti* (Gesammelte Roheiten – Juraj Herz). Zahlreiche Texte werden fürs Theater adaptiert und an verschiedenen Bühnen aufgeführt.

1966
Tod des Vaters Francin.

1967
Tod des Onkels Pepin.

1968
Tod Vladimír Boudníks.
Tschechoslowakischer Staatspreis für Literatur.
Nach der Besetzung des Landes durch die Truppen des Warschauer Paktes Publikationsverbot.

1969
Jiří Menzels Film *Skřivánci na nitích* (Lerchen an Fäden), nach Motiven aus *Inserat. Verkaufe Haus, in dem ich nicht mehr wohnen will*, wird nach der Fertigstellung konfisziert; er ist bis heute verboten.

1970
Tod der Mutter Maryška.
Die beiden Bände *Domácí úkoly* (Hausaufgaben, Betrachtungen und Gespräche) und *Poupata* (Knospen, Texte der Jahre 1938-1952, mit Illustrationen von Vladimír Boudník) werden eingestampft.
Kauf eines kleinen Hauses in der Waldsiedlung Kersko bei Nymburk. Seither verbringt Hrabal dort einen großen Teil seiner Zeit. Es entstehen zahlreiche Manuskripte, die später, mehr oder weniger stark abgeändert, publiziert werden:
Postřižiny (Die Schur, 1970); *Obsluhoval jsem anglického krále* (Ich habe den englischen König bedient, 1971); *Městečko, kde se zastavil čas* (Das Städtchen, in dem die Zeit stehenblieb) und *Něžný barbar* (Der sanfte Barbar, 1973).

1973
Hrabal und seine Frau geben die Wohnung Am Damm zur Ewigkeit in Libeň auf und ziehen in einen Neubau nach Prag-Kobylisy.

1975
Ein Interview in der Wochenzeitung *Tvorba* bildet den Auftakt zu erneuter offizieller Publikationstätigkeit.

1976
Schreibt *Příliš hlučná samota* (Allzu laute Einsamkeit). *Die Schur* erscheint als erster Text nach 1968.
Weitere Buchveröffentlichungen:
Slavnosti sněženek (Schneeglöckchenfeste, 1978); *Krasosmutnění* (Schöntrauer) und *Každý den zázrak* (Jeden Tag ein Wunder, Auswahlband, 1979); *Harlekýnovy milióny* (Harlekins Millionen) und *Kluby poezie* (Poesieclubs, 1981); *Městečko u vody* (=Nymburker Trilo-

gie: Die Schur, Schöntrauer, Harlekins Millionen), *Domácí úkoly z pilnosti* (Fleißaufgaben) und *Obsluhoval jsem anglického krále* (Ich habe den englischen König bedient) in der halboffiziellen Edition Jazzpetit (1982); *Hovory lidí* (Gespräche von Leuten, Auswahlband, 1984); *Život bez smokingu* (Ein Leben ohne Smoking, 1986); *Můj svět* (Meine Welt, Auswahlband, 1989); *Příliš hlučná samota* (Allzu laute Einsamkeit, 1989).

1977
Seit diesem Jahr werden in der Tschechoslowakei wieder mehrere Adaptationen von Hrabal-Texten an verschiedenen Theatern gespielt. Jiří Menzel verfilmt 1980 *Die Schur*, 1983 *Schneeglöckchenfeste*.

1982-1985
Schreibt die autobiographische Trilogie *Svatby v domě* (Hochzeiten im Haus), die 1986-1987 in Toronto erscheint.

1987
Tod des Bruders Slávek.
Tod von Eliška Hrabalová.

1988
Die Gasse Am Damm in Libeň wird samt dem Haus, in dem Hrabal ein Vierteljahrhundert lang lebte, abgerissen.
Italienischer Literaturpreis für *Allzu laute Einsamkeit*.
Tod von Karel Marysko.

CORDUAS, SERGIO (*1943 in Viterbo), lebt in Venedig. Bohemist und Übersetzer. Professor für tschechische Literatur an der Universität Venedig.
Veröffentlichungen u. a.:
»Jaroslav Hašek, dadaplebeo e maledetto di Praga«, in: Jaroslav Hašek, *Švejk contro l'Italia*, übersetzt v. S. Corduas, Milano 1975 (Garzanti)
»Hrabal, ferroviere di Dio«, in: Bohumil Hrabal, *Treni strettamente sorvegliati*, übersetzt v. S. Corduas, Roma 1982 (edizioni e/o)
»Lettera con avvertimenti e note per Ladislav Klíma«, in: Ladislav Klíma, *I dolori del principe Sternenhoch*, übersetzt v. Dania Amici und S. Corduas, Roma 1983 (edizioni e/o)
»Golem-Robot-Švejk«, in: *Ebrei e Mitteleuropa*, hg. v. Quirino Principe, Brescia 1984 (Shakespeare & Company)
»Praga, il sigillo che sta sulla piaga«, in: Jaroslav·Seifert, *Vestita di luce*, übersetzt v. S. Corduas, Torino 1986 (Giulio Einaudi)
»Hrabaliana«, in: Bohumil Hrabal, *Una solitudine troppo rumorosa*, übersetzt v. S. Corduas, Torino 1987 (Giulio Einaudi)

ESTERHÁZY, PÉTER (*1950 in Budapest), lebt in Budapest. Schriftsteller.
Veröffentlichungen u. a.:
Die Hilfsverben des Herzens, übersetzt v. Hans-Henning Paetzke, Salzburg 1985
Wer haftet für die Sicherheit der Lady?, übersetzt v. Hans-Henning Paetzke, Salzburg 1986
Kleine ungarische Pornographie, übersetzt v. Zsuzsanna Gahse, Salzburg 1987
Fuhrleute, übersetzt v. Zsuzsanna Gahse, Salzburg 1988
(alle Residenz Verlag)

FEJTÖ, FRANÇOIS (*1909 in Nagykanisza, Ungarn), lebt seit 1938 in Paris. Historiker und Journalist
Veröffentlichungen u. a.:
Un Habsbourg révolutionnaire: Joseph II. Portrait d'un despote éclairé, Paris 1954 (Plon)
Judentum und Kommunismus. Antisemitismus in Osteuropa, Wien 1967 (Europa Verlag)

Die Geschichte der Volksdemokratien, Graz 1972 (Styria) und Frankfurt a.M. 1988 (Eichborn, erweiterte Ausgabe)
Chine-U.R.S.S. 1. La fin d'une hégémonie, Paris 1960; 2. Le conflit, Paris 1966 (Plon)
Mémoires. De Budapest à Paris, Paris 1986 (Calmann-Lévy)
Requiem pour un Empire défunt. Histoire de la destruction de l'Autriche-Hongrie, Paris 1988 (Lieu Commun)

FRYNTA, EMANUEL (1923 Slapy – 1975 Prag), Literaturkritiker und Lyriker. Einer der bedeutendsten Übersetzer russischer Literatur (Lermontow, Puschkin, Tolstoj, Dostojewski, Jessenin)
Veröffentlichungen u.a.:
Franz Kafka lebte in Prag, Prag 1960 (Artia)
Jan Lukas, Prag 1961 (Odeon)
Reni und das Reh, Prag 1962 (Artia)
Eva Fuková, Prag 1963 (Odeon)
Hašek der Schöpfer des Schwejk, Prag 1965 (Artia)

GERMAIN, SYLVIE (*1954 in Châteauroux), lebt seit 1986 in Prag. Schriftstellerin.
Veröffentlichungen u.a.:
Le livre des Nuits, Paris 1985 und 1987 (folio 1806)
Nuit d'Ambre, Paris 1987 (beide Gallimard)

HIRŠAL, JOSEF (*1920 in Chomutičky u Hořic), lebt in Prag. Lyriker und Übersetzer. Wichtigster Vertreter der konkreten Poesie in der Tschechoslowakei und namhafter Übersetzer aus dem Deutschen und Englischen (Heine, Heissenbüttel, Bense, Enzensberger, Morgenstern, Jandl, Poe)
Veröffentlichungen u.a.:
Soukromá galerie, Prag 1965
JOB-BOJ (mit Bohumila Grögerová), Prag 1968
Intertexte (mit B. Grögerová), Kassel 1970
Píseň mládí, Toronto 1986 (68 Publishers)
Vínek vzpomínek 1. 1937-1945; 2. 1945-1952; *Let let* (mit B. Grögerová) 3. 1952-1955, alle Prag 1987, 4. 1956-1960, Prag 1988 (Samisdate)
Mehrere inoffizielle Werke.

K., Josef (Pseudonym), lebt in Prag. Kunsthistoriker.
Veröffentlichungen u. a.:
»Mitteleuropa: Geschichte und Anekdote«, in: *Lettre International* 1, 1988
Mehrere inoffizielle Essays.

Kolář, Jiří (*1914 in Protivín), lebt seit 1980 in Paris. Schriftsteller und bildender Künstler.
Veröffentlichungen u. a.:
Die Weisheiten des Herrn April, übersetzt v. Erich Bertleff, Prag 1963 (Artia)
Unser Täglich Brot (Die Grube). Komödie keiner Irrung, übersetzt v. Konrad Baldur Schäuffelen, Wien 1966 (Universal Edition)
Das sprechende Bild. Poeme-Collagen-Poeme, übersetzt v. Konrad Baldur Schäuffelen und Tamara Kafková, Frankfurt a.M. 1971 (Suhrkamp)
Suite, übersetzt v. Ruth Kotík, Berlin 1980 (LBC-Editionen 58)

Král, Petr (*1941 in Prag), lebt seit 1968 in Paris. Schriftsteller und Publizist.
Veröffentlichungen u. a.:
Routes du Paradis, Paris 1981 (Pierre Bordas)
Surréalisme en Tchécoslovaquie, Paris 1983 (Gallimard)
Le Burlesque ou Morale de la tarte à la crème, Paris 1984 (Stock)
Pour une Europe bleue, Saint-Nazaire 1985 (Arcane 17)
Les Burlesques ou Parade des somnambules, Paris 1986 (Stock)
Prázdno světa, München 1986 (Poezie mimo domov)
Prague, Seyssel 1987 (Champ Vallon)

Manz, Hans (*1931 in Wila, Schweiz), lebt in Zürich. Früher Lehrer, jetzt Schriftsteller.
Veröffentlichungen u. a.:
Konrad, Zürich 1970 (Diogenes)
Worte kann man drehen, Weinheim 1974 (Beltz und Gelberg)
Adam hinter dem Mond, Weinheim 1976 (Beltz und Gelberg)
Zwischen den Zeilen, Weinheim 1978 (Beltz und Gelberg)
Grund zur Freude, Olten und Freiburg i.Br. 1980 (Walter)
Lieber heute als morgen, Weinheim 1988 (Beltz und Gelberg)

Marysko, Karel (1915 Třebechovice pod Orebem – 1988 Prag). Musiker und Dichter, 1944-1981 Cellist im Orchester des Prager Nationaltheaters.
Veröffentlichungen u. a.:
Poetický zápisník, Výbor z básní z let 1939 až 1946, Prag 1970 (Mladá Fronta)
Mehrere inoffizielle Gedichtbände.

Mészöly, Miklós (*1921 in Szekszard), lebt in Budapest. Schriftsteller.
Veröffentlichungen u. a.:
Bunker, übersetzt v. Eva Haldimann, Berlin 1965 (Felix Bloch Erben)
Der Fensterputzer, übersetzt v. Eva Haldimann, Berlin 1965 (Felix Bloch Erben)
Der Tod des Athleten, übersetzt v. György Sebestyén, München 1966 (Carl Hanser)
Saul, übersetzt v. Barbara Frischmuth, München 1970 (Carl Hanser) und v. Gyöngyi und Hans-Henning Paetzke, Leipzig 1970 (St. Benno)
Gestaltungen, übersetzt v. Barbara Frischmuth, Berlin 1975 (LCB-Editionen 38)
Landkarte mit Rissen, übersetzt v. Hildegart Grosche, München 1976 (Carl Hanser)
Rückblenden, übersetzt v. Hildegart Grosche, München 1979 (Carl Hanser)
Hohe Schule, übersetzt v. Hans Skirecki, Berlin DDR 1981 (Volk und Welt)

Roth, Susanna (*1950 in Winterthur), lebt in Wien. Slawistin und Übersetzerin.
Veröffentlichungen u. a.:
Laute Einsamkeit und bitteres Glück. Zur poetischen Welt von Bohumil Hrabals Prosa, Bern 1986 (Peter Lang)
»Bohumil Hrabal: Un poète, son temps et sa ville«, in: *Critique* 483-484, 1987 (Prague cité magique)

Sidon, Karol (*1942 in Prag), lebt seit 1980 in Heidelberg. Schriftsteller.
Veröffentlichungen u. a.:
Sen o mém otci, Prag 1968
Sen o mně, Prag 1970

Dvě povídky o utopencích, Köln 1988 (Index-Edice Paternoster)
Zahlreiche inoffizielle Publikationen.

ŠKVORECKÝ, JOSEF (*1924 in Náchod), lebt seit 1969 in Toronto. Schriftsteller. Leitet zusammen mit Zdena Salivarová den bedeutendsten tschechischen Exilverlag 68 Publishers.
Veröffentlichungen u. a.:
Legende Emöke, übersetzt v. Věra Černá, München 1966 (Carl Hanser)
Feiglinge, übersetzt v. Karl-Heinz Jähn, Neuwied 1968 (Luchterhand) und Nördlingen 1986 (Franz Greno)
Junge Löwin, übersetzt v. Ludmilla Sass, Neuwied 1971 (Luchterhand)
All the bright young men and women; a personal history of the Czech cinema, übersetzt v. Michael Schonberg, Toronto 1971 (Peter P. Martin Associates)
Jiří Menzel and the history of the Closely watched trains, New York 1982 (Boulder, East European Monographs)
The Swell season: a text on the most important things in life, übersetzt v. Paul Wilson, Toronto 1982 (Lester & Orpen Dennys)

TOMAN, JINDŘICH (*1944 in Prag), lebt in Ann Arbor, USA. Linguist und Slawist. Professor für Slawistik an der University of Michigan.
Veröffentlichungen u. a.:
Wortsyntax. Eine Diskussion ausgewählter Probleme deutscher Wortbildung, Tübingen ^{2}1987 (Niemeyer)

VACULÍK, LUDVÍK (*1926 in Brumov), lebt in Prag. Schriftsteller und Publizist. Herausgeber der wichtigsten Samisdat-Reihe Edice Petlice (Edition hinter Schloß und Riegel)
Veröffentlichungen u. a.:
Das Beil, übersetzt v. Miroslav Svoboda und Erich Bertleff, Wien 1971 (Molden) und Frankfurt a.M. 1974 (Fischer)
Die Meerschweinchen, übersetzt v. Alexandra und Gerhard Baumrucker, Luzern 1971 (Bucher)
Stunde namens Hoffnung. Almanach tschechischer Literatur 1968-1978, hg. v. L. V., Jiří Gruša u. a., Luzern 1978 (Reich) und Frankfurt a.M. 1978 (Fischer)
Tagträume – Alle Tage eines Jahres, übersetzt v. Alexandra Baumrucker, Hamburg-Luzern 1981 (Hoffmann und Campe)
Milí spolužáci! 1-2, Köln 1986 (Index)

ZIEGLER, HILDE (*1939 in Lörrach), lebt in Leymen im Elsaß. Schauspielerin und Schriftstellerin.
Veröffentlichungen u.a.:
Während der Verlobung wirft einer einen Hering an die Decke, Basel 1988 (Lenos)

Quellen- und Übersetzerhinweise

PÉTER ESTERHÁZY
Wollen Sie das Goldene Budapest sehen? (Akarja látni arany Budapestet? 1988)
Der Beitrag wurde für den vorliegenden Band geschrieben.
Abdruck mit freundlicher Genehmigung des Autors.
Aus dem Ungarischen von Hans-Henning Paetzke.

FRANÇOIS FEJTÖ
Ein Dichter in dürftiger Zeit (Bohumil Hrabal, 1988)
Der Beitrag wurde für den vorliegenden Band geschrieben.
Abdruck mit freundlicher Genehmigung des Autors.
Aus dem Französischen von Andrea Marenzeller.

EMANUEL FRYNTA
Kneipengeschichte und Surrealismus (Náčrt základů Hrabalovy prózy, 1964)
Für den vorliegenden Band gekürzte Fassung des Nachworts zu Bohumil Hrabal, *Automat Svět*, Prag 1966, S. 319-331.
Abdruck mit freundlicher Genehmigung von Vítezslava Fryntová.
Aus dem Tschechischen von Thomas Durrer.

SYLVIE GERMAIN
Hrabal – ein Archipel (Hrabal en Archipel, 1988)
Der Beitrag wurde für den vorliegenden Band geschrieben.
Abdruck mit freundlicher Genehmigung der Autorin.
Aus dem Französischen von Mariette Müller.

JOSEF HIRŠAL
Bohouš' Start (1955-1959) (Start Bohouše Hrabala v »Letu let«, Auswahl 1988)
Vom Autor für den vorliegenden Band ausgewählte Auszüge aus den Memoirenbänden *Let let*, Prag 1987.
Abdruck mit freundlicher Genehmigung des Autors.
Aus dem Tschechischen von Alexandra Baumrucker.

BOHUMIL HRABAL
Lob eines Berufes (Chvála povolání) In: *Domácí úkoly*, Prag 1970, S. 36-40 (Auflage eingestampft).

Abdruck mit freundlicher Genehmigung von Susanna Roth.
Aus dem Tschechischen von Alexandra Baumrucker.

Das schönste Silvester (Nejkrásnější silvestr) In: *Domácí úkoly*, Prag 1970, S. 95-97 (Auflage eingestampft).
Abdruck mit freundlicher Genehmigung von Susanna Roth.
Aus dem Tschechischen von Alexandra Baumrucker.

Wer ich bin (Kdo jsem) In: *Pražská ironie*, Manuskript, Kersko 1985.
Der Beitrag wurde für den vorliegenden Band erheblich gekürzt.
Abdruck mit freundlicher Genehmigung von Susanna Roth.
Aus dem Tschechischen von Susanna Roth.

Bilder, die mich umflattern (Poletující obrazy) In: *Pražská ironie*, Manuskript, Kersko 1985.
Abdruck mit freundlicher Genehmigung von Susanna Roth.
Aus dem Tschechischen von Susanna Roth.

Keine Kollektion. Mathias. 1947-1948 (Kolekce není. Mathias. 1947-1948)
In: *Básnění*, Manuskript, Prag 1987, S. 49-58.
Abdruck mit freundlicher Genehmigung von Susanna Roth.
Aus dem Tschechischen von Susanna Roth.

Bilder, von denen ich lebe (Obrazy, ze kterých žiji) In: *Domácí úkoly z pilnosti*, Prag 1982, S. 9-27.
Abdruck mit freundlicher Genehmigung der DILIA, Prag.
Aus dem Tschechischen von Peter Sacher.

Gespräch mit Karol Sidon
Als »Hovor s Hrabalem« (Gespräch mit Hrabal) In: *Listy* 8/1969 und »Namísto doslovu« (Anstelle eines Nachworts) In: Bohumil Hrabal, *Domácí úkoly*, Prag 1970, S. 99-103 (Auflage eingestampft).
Für die vorliegende Ausgabe wurde das Interview gekürzt.
Abdruck mit freundlicher Genehmigung von Karol Sidon.
Aus dem Tschechischen von Alexandra Baumrucker.

Gespräch Am Damm zur Ewigkeit (Interview na Hrázi Věčnosti) In: *Domácí úkoly z pilnosti*, Praha 1982, S. 52-61.
Der Beitrag wurde für den vorliegenden Band gekürzt.
Abdruck mit freundlicher Genehmigung der DILIA, Prag.
Aus dem Tschechischen von Peter Sacher.

Gespräch mit mir selbst (Rozhovor sám se sebou) In: *Domácí úkoly z pilnosti*, Prag 1982, S. 208-218.

Der Beitrag wurde für den vorliegenden Band gekürzt.
Abdruck mit freundlicher Genehmigung der DILIA, Prag.
Aus dem Tschechischen von Anne-Margret Kiessl.

Prager Ironie (L'ironia praghese) Interview mit Sergio Corduas (Prag 1982) In: Bohumil Hrabal, *Treni strettamente sorvegliati*, Roma 1982, S. 107-115.
Abdruck mit freundlicher Genehmigung der Edizioni e/o, Rom.
Aus dem Italienischen von Annette Seemann.

Interview mit einem verrohten Pierrot (Intervista con un Pierrot incrudito)
Interview mit Sergio Corduas (Kersko, September 1987) In: Bohumil Hrabal, *Una solitudine troppo rumorosa*, Torino 1987, S. 115-118.
Abdruck mit freundlicher Genehmigung des Verlags Giulio Einaudi, Turin.
Aus dem Italienischen von Annette Seemann.

JOSEF K.
Hrabals *Verlorenes Gäßchen*
Nachwort (Ztracená ulička znovu nalezená) In: Bohumil Hrabal, *Básnění*, Manuskript, Prag 1987. S. 59-66.
Der Text wurde für den vorliegenden Band gekürzt.
Abdruck mit freundlicher Genehmigung des Autors.
Aus dem Tschechischen von Susanna Roth.

JIŘÍ KOLÁŘ
Hommage à Hrabal: Drei Collagen, 1988
Die Collagen wurden für den vorliegenden Band angefertigt.
Abdruck mit freundlicher Genehmigung des Künstlers.

PETR KRÁL
Er akzeptiert die Wirklichkeit (Hrabal ou le réel accepté, 1988)
Der Beitrag wurde als Nachwort für die französische Übersetzung von B. Hrabal, *Inserat. Verkaufe Haus, in dem ich nicht mehr wohnen will* (Paris 1989, Robert Laffont) geschrieben.
Für den vorliegenden Band wurde der Text geringfügig überarbeitet.
Abdruck mit freundlicher Genehmigung des Autors.
Aus dem Französischen von Mariette Müller.

HANS MANZ
Bemerkungen eines späten Lesers, 1988

Der Beitrag wurde für den vorliegenden Band geschrieben.
Abdruck mit freundlicher Genehmigung des Autors.

KAREL MARYSKO
Dem Freund
Es handelt sich um eine für diesen Band überarbeitete und gekürzte Fassung des Manuskripts *Krátká úvaha na téma Hašek-Hrabal* (Kurze Betrachtung zum Thema Hašek-Hrabal), Prag 1978.
Abdruck mit freundlicher Genehmigung des Autors.
Aus dem Tschechischen von Anne-Margret Kiessl.

MIKLÓS MÉSZÖLY
Pardon (Pardon) In: *Sutting ezredes tündöklése*, Budapest 1987.
Abdruck mit freundlicher Genehmigung des Autors.
Aus dem Ungarischen von Hans-Henning Paetzke.

JOSEF ŠKVORECKÝ
Amerikanische Motive bei Hrabal (American Motives in the Work of Bohumil Hrabal) In: *Cross Currents*. A Yearbook of Central European Culture, Ann Arbor 1982, S. 207-218.
Der Beitrag wurde für den vorliegenden Band gekürzt.
Abdruck mit freundlicher Genehmigung des Autors.
Aus dem Englischen von Klaus Nellen.

JINDŘICH TOMAN
Fressen, Essen. Und andere Unterschiede zwischen Hašek und Hrabal
Es handelt sich um eine für den vorliegenden Band umgearbeitete Fassung eines 1983 in Bamberg gehaltenen Vortrags.
Abdruck mit freundlicher Genehmigung des Autors.

LUDVÍK VACULÍK
Auf Hrabal-Fang (Chytání Hrabala, Feuilleton vom 30.5.1988)
Der Beitrag wurde für den vorliegenden Band geschrieben.
Abdruck mit freundlicher Genehmigung des Autors.
Aus dem Tschechischen von Alexandra Baumrucker.

HILDE ZIEGLER
Rabal, 1988
Der Beitrag wurde für den vorliegenden Band geschrieben.
Abdruck mit freundlicher Genehmigung der Autorin.

Zum Bildteil

Bei der Formulierung der Bildlegenden, die von Susanna Roth übersetzt sind, bezog sich Bohumil Hrabal auf folgende Bücher bzw. Manuskripte:

241 B. H., *Život bez smokingu*, Československý spisovatel Prag 1986, S. 157

242 B. H., *Pražská ironie*, Manuskript, Kersko 1985, S. 95

243 B. H., *Die Schur.* Erzählung. Aus dem Tschechischen von Franz Peter Künzel, Suhrkamp Verlag Frankfurt am Main 1983, S. 90

244 B. H., *Schöntrauer.* Aus dem Tschechischen von Franz Peter Künzel, Suhrkamp Verlag Frankfurt am Main 1983, S. 76

245 B. H., *Die Schur.* Erzählung. Aus dem Tschechischen von Franz Peter Künzel, Suhrkamp Verlag Frankfurt am Main 1983, S. 33

246 B. H., *Domácí úkoly z pilnosti*, Československý spisovatel Prag 1982, S. 140

247 B. H., *Městečko, kde se zastavil čas*, Sixty-Eight Publishers, Corp. Toronto 1989
B. H., Gespräch mit Karol Sidon. Aus dem Tschechischen von Alexandra Baumrucker, in: *Hommage à Hrabal*, hg. v. Susanna Roth, Suhrkamp Verlag Frankfurt am Main 1989, S. 99

248 B. H., Bilder, von denen ich lebe. Aus dem Tschechischen von Peter Sacher, in: *Hommage à Hrabal*, hg. v. Susanna Roth, Suhrkamp Verlag Frankfurt am Main 1989, S. 50

249 B. H., *Domácí úkoly z pilnosti*, Československý spisovatel Prag 1982, S. 140

251 B. H., Gespräch mit Susanna Roth, Manuskript, Kersko 1987

252 B. H., *Schöntrauer.* Aus dem Tschechischen von Franz Peter Künzel, Suhrkamp Verlag Frankfurt am Main 1983, S. 21

253 B. H., *Domácí úkoly.* Úvahy a rozhovory, Mladá Fronta Prag 1970, S. 55
J. Hiršal, Bohouš' Start. Aus dem Tschechischen von Alexandra Baumrucker, in: *Hommage à Hrabal*, hg. v. Susanna Roth, Suhrkamp Verlag Frankfurt am Main 1989, S. 136

255 B. H., *Svatby v domě*, Sixty-Eight Publishers, Corp. Toronto 1987, S. 11

256 B. H., Gespräche mit Sergio Corduas: Interview mit einem verrohten Pierrot. Aus dem Italienischen von Annette Seemann, in: *Hommage à Hrabal*, hg. v. Susanna Roth, Suhrkamp Verlag Frankfurt am Main 1989, S. 110

B.H., *Domácí úkoly z pilnosti*, Československý spisovatel Prag 1982, S. 141

B.H., *Život bez smokingu*, Československý spisovatel Prag 1986, S. 53

258 B.H., *Domácí úkoly*. Úvahy a rozhovory, Mladá Fronta Prag 1970, S. 45

a.a.O. S. 56

259 B.H., Interview mit Erik Mossel vom 1. 6. 1988 (unveröffentlicht)

262 B.H., Gespräch mit Susanna Roth, Manuskript, Kersko 1973

263 B.H., *Domácí úkoly*. Úvahy a rozhovory, Mladá Fronta Prag 1970, S. 49

264 B.H., *Domácí úkoly z pilnosti*, Československý spisovatel Prag 1982, S. 66

B.H., Wer ich bin 3. Aus dem Tschechischen von Susanna Roth, in: *Hommage à Hrabal*, hg. v. Susanna Roth, Suhrkamp Verlag Frankfurt am Main 1989, S. 68

265 B.H., Der sanfte Barbar, in: B.H., *Sanfte Barbaren*. Aus dem Tschechischen von Peter Sacher, Suhrkamp Verlag Frankfurt am Main 1987, S. 252

266 B.H., *Domácí úkoly z pilnosti*, Československý spisovatel Prag 1982, S. 67

B.H., Wer ich bin 1. Aus dem Tschechischen von Susanna Roth, in: *Hommage à Hrabal*, hg. v. Susanna Roth, Suhrkamp Verlag Frankfurt am Main 1989, S. 35

267 B.H., *Moritáty a legendy*, Československý spisovatel Prag 1968, S. 39

268 B.H., *Život bez smokingu*, Československý spisovatel Prag 1986, S. 48

270 B.H., Wer ich bin 4. Aus dem Tschechischen von Susanna Roth, in: *Hommage à Hrabal*, hg. v. Susanna Roth, Suhrkamp Verlag Frankfurt am Main 1989, S. 74

B.H., *Domácí úkoly z pilnosti*, Československý spisovatel Prag 1982, S. 138

271 B.H., Gespräch Am Damm zur Ewigkeit. Aus dem Tschechischen von Peter Sacher, in: *Hommage à Hrabal*, hg. v. Susanna Roth, Suhrkamp Verlag Frankfurt am Main 1989, S. 95

275 B.H., Gespräch mit mir selbst. Aus dem Tschechischen von Anne-Margret Kiessl, in: *Hommage à Hrabal*, hg. v. Susanna Roth, Suhrkamp Verlag Frankfurt am Main 1989, S. 118

276 Handschriftliche Notierung auf dem Plakat Jonás Klub Prag o.J.

Die folgenden Photos, deren Reproduktion Milan Jankovič besorgte, stammen aus dem Privatbesitz von:

Bohumil Hrabal: S. 242, 243, 244, 245, 246, 247, 248 (unten), 249, 251, 252, 257, 259 (oben), 261 (Jiří Menzel), 268, 270
V. Fryntová: S. 255, 260
Egon Bondy: S. 261

Die folgenden Photos stammen von:

Jan Burgau: S. 263, 272-273
Hana Hamplová: S. 259 (unten), 260 (J. Hiršal), 267, 271, 272
Tibor Hrapka: S. 250
Milan Jankovič: S. 248 (oben), 258 (unten), 266
Karel Kestner: S. 264
Jiří Kolář: S. 253, 256
Ladisláv Michálek: S. 254, 258 (oben), 262, 265, 269
Jiří Stach: S. 260-261
Pavel Štoll: S. 241